中华人民共和国食品安全法

注释本

法律出版社
LAW PRESS CHINA

图书在版编目(CIP)数据

中华人民共和国食品安全法注释本 / 法律出版社法规中心编. --2版. --北京 : 法律出版社, 2020(2021.8重印)
(法律单行本注释本系列)
ISBN 978-7-5197-4253-9

Ⅰ. ①中… Ⅱ. ①法… Ⅲ. ①食品卫生法-法律解释-中国 Ⅳ. ①D922.165

中国版本图书馆CIP数据核字(2020)第025722号

中华人民共和国食品安全法注释本
ZHONGHUA RENMIN GONGHEGUO SHIPIN ANQUANFA ZHUSHIBEN

法律出版社法规中心 编

责任编辑 陶玉霞
装帧设计 李 瞻

出版发行 法律出版社
编辑统筹 法规出版分社
责任校对 张红蕊
责任印制 张建伟
经　　销 新华书店

开本 850毫米×1168毫米 1/32
印张 9.5 **字数** 260千
版本 2020年4月第2版
印次 2021年8月第2次印刷
印刷 三河市兴达印务有限公司

地址:北京市丰台区莲花池西里7号(100073)
网址:www.lawpress.com.cn
投稿邮箱:info@lawpress.com.cn
举报盗版邮箱:jbwq@lawpress.com.cn

销售电话:010-83938349
客服电话:010-83938350
咨询电话:010-63939796

书号:ISBN 978-7-5197-4253-9 **定价**:26.00元

编辑出版说明

现代社会是法治社会，社会发展离不开法治护航，百姓福祉少不了法律保障。遇到问题依法解决，已经成为人们处理矛盾、解决纠纷的不二之选。然而，面对纷繁复杂的法律问题，如何精准、高效地找到法律依据，如何完整、准确地理解和运用法律，日益成为人们“学法、用法”的关键所在。

为了帮助读者快速准确地掌握“学法、用法”的本领，我社开创性地推出了“法律单行本注释本系列”丛书。本丛书自首次出版至今已十余年，历经多次修订完善，现已出版近百个品种，涵盖了社会生活的重要领域，已经成为广大读者学习法律、应用法律之必选图书。

本丛书具有以下特点：

1. 出版机构权威。成立于1954年的法律出版社，是全国首家法律专业出版机构，始终秉承“为人民传播法律”的宗旨，完整记录了中国法治建设发展的全过程，享有“社会科学类全国一级出版社”“全国百佳图书出版单位”等荣誉称号。

2. 编写人员专业。本丛书皆由相关法律领域内的专业人士编写，并引入匿名审稿评估制度，确保图书内容始终紧跟法治进程，反映最新立法动态，体现条文本义内涵。

3. 法律文本标准。作为专业的法律出版机构，多年来，我社始终使用全国人民代表大会常务委员会公报刊登的法律文本，积淀了丰富的标准法律文本资源，并根据立法进度及时更新相关内容。

4. 条文注解精准。本丛书以立法机关的解读为蓝本，对每个条文提炼出条文主旨和适用提要，并对重点条文进行注释，使读者能精准掌握立法意图，轻松理解条文内容。

5. 配套附录实用。书末“附录”部分收录的均为重要的相关法律、法规和司法解释，使读者在使用中更为便捷，使全书更为实用。

需要说明的是，本丛书中“适用提要”“条文主旨”“条文注释”等内容皆是编者为方便读者阅读、理解而编写，不同于国家正式通过、颁布的法律文本，不具有法律效力。本丛书不足之处，恳请读者批评指正。

我们用心打磨本丛书，以期待为法律相关专业的学生释法解疑，致力于为每个公民的合法权益撑起法律的保护伞。

法律出版社法规中心

2020年3月

目　　录

附录一

附录二

《中华人民共和国食品安全法》适用提要

我国食品安全的法制化管理始于20世纪50年代,当时卫生部发布了一些单项规章和标准,对食品卫生进行监督管理。此后,国务院于1965年发布了《食品卫生管理试行条例》,使我国的食品卫生管理工作更加规范。随着经济社会的发展,五届全国人大常委会第二十五次会议于1982年11月通过了《中华人民共和国食品卫生法(试行)》。在这部法律试行了十多年后,八届全国人大常委会第十六次会议于1995年10月通过了正式的食品卫生法。2009年2月,在食品卫生法的基础上,十一届全国人大常委会第七次会议通过了食品安全法。该法施行以来,对规范食品生产经营活动、保障食品安全发挥了重要作用,食品安全形势总体稳中向好。但同时我们也应当看到,食品企业违法生产经营现象依然存在,食品安全事件时有发生,监管体制、手段和制度等尚不能完全适应食品安全保障的需要。党的十八大以来,我国进一步改革完善食品安全监管体制,着力建立最严格的食品安全监管制度,积极推进食品安全社会共治格局。为了以法律形式固定食品安全监管体制改革成果,完善食品安全监管制度机制,解决食品安全领域存在的突出问题,更好地保护人民群众的食品安全,有必要修订食品安全法。

食品安全法修订草案于2014年6月由国务院提交十二届全国人大常委会第九次会议进行初次审议;2014年12月,十二届全国人大常委会第十二次会议进行再次审议;2015年4月,十二届全国人大常委会第十四次会议进行第三次审议,并于4月24日表决通过,该法自2015年10月1日起施行。

2018年12月29日，十三届全国人大常委会第七次会议通过的《全国人民代表大会常务委员会关于修改〈中华人民共和国产品质量法〉等五部法律的决定》，主要根据2018年国务院机构改革的要求，对食品安全法中的相应条款进行了调整。

为深化“证照分离”改革，2021年4月29日，十三届全国人大常委会第二十八次会议通过《关于修改〈中华人民共和国道路交通安全法〉等八部法律的决定》，对食品安全法第35条第1款的内容作出修改。

一、我国的食品安全工作方针

（一）预防为主

食品安全工作实行预防为主，是指各项工作要关口前移，不要等到发生问题再查处、追责，要通过加强日常的监管工作，消除隐患，防患于未然。例如，规定了责任约谈制度，明确食品生产经营过程中存在食品安全隐患，未及时采取措施消除的，县级以上人民政府食品安全监督管理部门可以对食品生产经营者的法定代表人或者主要负责人进行责任约谈。县级以上人民政府食品安全监督管理等部门未及时发现食品安全系统性风险，未及时消除监督管理区域内的食品安全隐患的，本级人民政府可以对其主要负责人进行责任约谈。地方人民政府未履行食品安全职责，未及时消除区域性重大食品安全隐患的，上级人民政府可以对其主要负责人进行责任约谈。被约谈的食品安全监督管理等部门、地方人民政府应当立即采取措施进行整改。又如，增设了生产经营者自查制度，要求食品生产经营者应当建立食品安全自查制度，定期对食品安全状况进行检查评价。生产经营条件发生变化，不再符合食品安全要求的，食品生产经营者应当立即采取整改措施；有发生食品安全事故潜在风险的，应当立即停止食品生产经营活动，并向所在地县级人民政府食品安全监督管理部门报告；等等。

（二）风险管理

风险管理涉及食品安全法规定的食品安全风险监测、风险评估、风险监督管理和风险交流等各项制度。本法在很多方面强化了风险管理原则，如在食品安全风险监测方面，增加风险监测计划调整、监测结果通报等规定；在风险评估方面，明确应当开展风险评估的法定情形；在风险监督管理方面，增加风险分级管理要求，规定监管部门根据食品安全风险监测、评估结果等确定监管的重点、方式和频次，实施风险分级管理；在风险交流方面，增加风险信息交流制度，规定食品安全监督管理部门和其他有关部门、食品安全风险评估专家委员会及其技术机构，应当按照科学、客观、及时、公开的原则，组织食品生产经营者、食品检验机构、认证机构、食品行业协会、消费者协会以及新闻媒体等，就食品安全风险评估信息和食品安全监督管理信息进行交流沟通；等等。

（三）全程控制

2015 年修订食品安全法时，有针对性地补充完善相关制度，强化食品安全全程监管。如在食用农产品管理方面，明确食用农产品的市场销售适用食品安全法，在索证索票、进货查验等方面，新增对食用农产品市场销售的规定；在食品生产环节，新增原料控制及成品检验等关键事项的控制要求，以及婴幼儿配方食品出厂逐批检验等义务；在食品销售环节，新增批发企业的销售记录制度和网络食品交易相关主体的食品安全责任；在餐饮服务环节，新增餐饮服务提供者的原料控制义务以及学校等集中用餐单位的食品安全管理规范；完善食品追溯制度，细化生产经营者索证索票、进货查验记录等制度，新增食品安全全程追溯协作机制，补充规定保健食品、特殊医学用途配方食品、婴幼儿配方食品的产品注册和备案制度以及广告审批制度，规范保健食品原料使用和功能声称；补充食品添加剂的经营规范和食品相关产品的生产管理制度；等等。

（四）社会共治

食品安全社会共治，是指调动社会各方面力量，包括政府监管部门、食品生产经营者、行业协会、消费者协会乃至公民个人，共同参与食品安全工作，形成食品安全社会共管共治的格局。食品安全法在一些具体制度的规定上，着力体现社会共治原则：一是明确食品行业协会应当按照章程建立健全行业规范和奖惩机制，提供食品安全信息、技术等服务，引导和督促食品生产经营者依法生产经营。二是规定消费者协会和其他消费者组织对违反本法规定，侵害消费者合法权益的行为，依法进行社会监督。三是规定食品安全违法行为有奖举报制度。明确对查证属实的举报，应给予举报人奖励；对举报人的相关信息予以保密，保护其合法权益；对举报所在企业食品安全违法行为的内部举报人给予特别保护，明确企业不得通过解除或者变更劳动合同等方式，对举报人进行打击报复。四是规范食品安全信息公布制度。强调监管部门应当准确、及时、客观地公布食品安全信息，鼓励新闻媒体对食品安全违法行为进行舆论监督，同时规定有关食品安全的宣传报道应当真实、公正，任何单位和个人不得编造、散布虚假食品安全信息；等等。

二、我国的食品安全监管体制

我国的食品安全监管体制一直随着监管实践的需要而调整。1979 年的《中华人民共和国食品卫生管理条例》规定了卫生部门、工商行政管理部门、食品生产经营主管部门、国家商品检验局等有关部门的食品卫生管理职责。1982 年的《中华人民共和国食品卫生法（试行）》规定，食品生产经营企业的主管部门负责本系统的食品卫生工作，并对执行该法情况进行检查；各级卫生行政部门领导食品卫生监督工作。1995 年的食品卫生法则规定，国务院卫生行政部门主管全国食品卫生监督管理工作。国务院有关部门在各自的职责范围内负责食品卫生管理工作。为了进一步理顺有关监管部门的职责,《国务院关于进一步加强食品安全工作的决定》(国发〔2004〕23号,2015年宣布失效)确立了分段监管为主、品种监管为辅的体制,规定:“农业部门负责初级农产品生产环节的监管;质检部门负责食品生产加工环节的监管,将现由卫生部门承担的食品生产加工环节的卫生监管职责划归质检部门;工商部门负责食品流通环节的监管;卫生部门负责餐饮业和食堂等消费环节的监管;食品药品监管部门负责对食品安全的综合监督、组织协调和依法组织查处重大事故。”2009年的食品安全法维持了分段监管的体制,规定:“国务院卫生行政部门承担食品安全综合协调职责,负责食品安全风险评估、食品安全标准制定、食品安全信息公布、食品检验机构的资质认定条件和检验规范的制定,组织查处食品安全重大事故。国务院质量监督、工商行政管理和国家食品药品监督管理部门依照本法和国务院规定的职责,分别对食品生产、食品流通、餐饮服务活动实施监督管理。”随着食品安全监管工作的不断发展,这种监管体制开始暴露出一些问题。

2013年,根据食品安全法“国务院根据实际需要,可以对食品安全监督管理体制作出调整”的规定,国务院对食品安全监管体制进行了改革。2015年修订后的食品安全法确认了食品安全监管体制改革的成果,规定:“国务院食品药品监督管理部门依照本法和国务院规定的职责,对食品生产经营活动实施监督管理。国务院卫生行政部门依照本法和国务院规定的职责,组织开展食品安全风险监测和风险评估,会同国务院食品药品监督管理部门制定并公布食品安全国家标准。国务院其他有关部门依照本法和国务院规定的职责,承担有关食品安全工作。”

2018年,根据国务院机构改革方案的要求,将国家工商行政管理总局的职责、国家质量监督检验检疫总局的职责、国家食品药品监督管理总局的职责、国家发展和改革委员会的价格监督检查与反垄断执法职责、商务部的经营者集中反垄断执法以及国务院反垄断委员会办公室等职责整合,组建国家市场监督管理总局,作为国务院直属机构。相应地,本法将食品药品监督管理的相关规定的表述修改为“食品安全监督管理”,并结合机构改革实际,对相关条款的内容进行了调整。

三、配套规定

2019年3月26日,国务院第42次常务会议修订通过《中华人民共和国食品安全法实施条例》(以下简称《食品安全法实施条例》),自2019年12月1日起施行。

党中央、国务院高度重视食品安全。2018年修正的食品安全法的实施,有力地推动了我国食品安全整体水平的提升。同时,食品安全工作仍面临不少困难和挑战,监管实践中的一些有效做法也需要总结、上升为法律规范。为进一步细化和落实修正后的食品安全法,解决实践中仍存在的问题,有必要对《食品安全法实施条例》进行修订。修订后的《食品安全法实施条例》有如下几个方面的重点内容:

其一,强化了食品安全监管职责,要求县级以上人民政府建立统一权威的监管体制,加强监管能力建设,补充规定了随机监督检查、异地监督检查等监管手段,完善举报奖励制度,并建立严重违法生产经营者黑名单制度和失信联合惩戒机制。

其二,完善了食品安全风险监测、食品安全标准等基础性制度,强化食品安全风险监测结果的运用,规范食品安全地方标准的制定,明确企业标准的备案范围,切实提高食品安全工作的科学性。

其三,进一步落实了生产经营者的食品安全主体责任,细化企业主要负责人的责任,规范食品的贮存、运输要求,禁止对食品进行虚假宣传,完善了特殊食品的管理制度。

其四,完善了食品安全违法行为的法律责任,规定对存在故意实施违法行为等情形的单位法定代表人、主要负责人、直接负责的主管人员和其他直接责任人员处以罚款,并对新增的义务性规定相应设定严格的法律责任。

中华人民共和国食品安全法

（2009年2月28日第十一届全国人民代表大会常务委员会第七次会议通过　2015年4月24日第十二届全国人民代表大会常务委员会第十四次会议修订　根据2018年12月29日第十三届全国人民代表大会常务委员会第七次会议《关于修改〈中华人民共和国产品质量法〉等五部法律的决定》第一次修正　根据2021年4月29日第十三届全国人民代表大会常务委员会第二十八次会议《关于修改〈中华人民共和国道路交通安全法〉等八部法律的决定》第二次修正）

第一章　总　　则

第一条　【立法目的】[①]为了保证食品安全，保障公众身体健康和生命安全，制定本法。

条文注释[②]

“食品安全”是1974年由联合国粮农组织提出的概念，从广义上讲主要包括三个方面的内容：一是从数量角度，要求国家能够提供给公众足够的食物，满足社会稳定的基本需要；二是从卫生安全角度，要求食品对人体健康不造成任何危害，并获取充足的营养；三

①② 条文主旨和条文注释为编者所加，下同。

是从发展角度，要求食品的获得要注重生态环境的良好保护和资源利用的可持续性。本法规定的“食品安全”，是一个狭义概念，指食品无毒、无害，符合应有的营养要求，对人体健康不造成任何急性、亚急性或者慢性危害。

本法以建立严格的食品安全监管制度为重点，用法律形式固定监管体制改革成果，完善食品安全监管体制机制，强化监管手段，提高执法能力，落实企业的主体责任，动员社会各界积极参与，着力解决当前食品安全领域存在的突出问题，以法治思维和法治方式维护食品安全，为最严格的食品安全监管提供法律制度保障。

第二条 【适用范围】在中华人民共和国境内从事下列活动，应当遵守本法：

（一）食品生产和加工（以下称食品生产），食品销售和餐饮服务（以下称食品经营）；

（二）食品添加剂的生产经营；

（三）用于食品的包装材料、容器、洗涤剂、消毒剂和用于食品生产经营的工具、设备（以下称食品相关产品）的生产经营；

（四）食品生产经营者使用食品添加剂、食品相关产品；

（五）食品的贮存和运输；

（六）对食品、食品添加剂、食品相关产品的安全管理。

供食用的源于农业的初级产品（以下称食用农产品）的质量安全管理，遵守《中华人民共和国农产品质量安全法》的规定。但是，食用农产品的市场销售、有关质量安全标准的制定、有关安全信息的公布和本法对农业投入品作出规定的，应当遵守本法的规定。

条文注释

本法的适用范围如下：

1. 食品生产。食品生产包括食品生产和加工，是指把食品原料通过生产加工程序，形成一种新形式的可直接食用的产品。

2. 食品经营。食品经营包括食品销售和餐饮服务。(1)食品销售在2009年食品安全法中为“食品流通”，2015年修订时已将“食品的贮存和运输”明确列为调整范围，因此修改后的法律将本条和其他条款中的“食品流通”统一改为“食品销售”。(2)餐饮服务，根据原卫生部颁布的《餐饮服务许可管理办法》，是指通过即时制作加工、商业销售和服务性劳动等，向消费者提供食品和消费场所及设施的服务活动。

3. 食品添加剂、食品相关产品的生产经营和使用。(1)食品添加剂，是指为改善食品品质和色、香、味，以及为防腐、保鲜和加工工艺的需要而加入食品中的人工合成或者天然物质。(2)食品相关产品，是指用于食品的包装材料、容器、洗涤剂、消毒剂和用于食品生产经营的工具、设备。

4. 食品的贮存和运输。本条明确将食品的贮存和运输纳入调整范围。

关于食用农产品的法律适用，本条明确食用农产品的质量安全管理，遵守农产品质量安全法的规定。但是，食用农产品的市场销售、有关质量安全标准的制定、有关安全信息的公布和本法对农业投入品作出规定的，应当遵守本法的规定。

第三条 【食品安全工作方针】食品安全工作实行预防为主、风险管理、全程控制、社会共治，建立科学、严格的监督管理制度。

第四条 【食品生产经营者社会责任】食品生产经营者对其生产经营食品的安全负责。

食品生产经营者应当依照法律、法规和食品安全标准从事生产经营活动，保证食品安全，诚信自律，对社会和公众负责，接受社会监督，承担社会责任。

条文注释

《食品安全法实施条例》第2条规定，食品生产经营者应当依照法律、法规和食品安全标准从事生产经营活动，建立健全食品安全管理制度，采取有效措施预防和控制食品安全风险，保证食品安全。

食品生产经营者落实主体责任，应当做到以下两点：一是守法生产经营。食品安全法对生产经营者应承担的各项法定义务和要求作出了规定，如依法取得生产经营许可，建立索证索票、进货查验、出厂检验记录制度，履行对不安全食品的召回和停止经营义务，等等。二是诚信自律。在此方面，食品安全法规定了相应的制度，如倡导餐饮服务提供者公开加工过程，公示食品原料及其来源等信息。

第五条 【食品安全监管体制】国务院设立食品安全委员会，其职责由国务院规定。

国务院食品安全监督管理部门依照本法和国务院规定的职责，对食品生产经营活动实施监督管理。

国务院卫生行政部门依照本法和国务院规定的职责，组织开展食品安全风险监测和风险评估，会同国务院食品安全监督管理部门制定并公布食品安全国家标准。

国务院其他有关部门依照本法和国务院规定的职责，承担有关食品安全工作。

条文注释

《食品安全法实施条例》第3条规定，国务院食品安全委员会负责分析食品安全形势，研究部署、统筹指导食品安全工作，提出食品安全监督管理的重大政策措施，督促落实食品安全监督管理责任。县级以上地方人民政府食品安全委员会按照本级人民政府规定的职责开展工作。

2018年3月，根据十三届全国人民代表大会第一次会议批准的《国务院机构改革方案》，将国家工商行政管理总局的职责、国家质量监督检验检疫总局的职责、国家食品药品监督管理总局的职责、国家发展和改革委员会的价格监督检查与反垄断执法职责、商务部的经营者集中反垄断执法以及国务院反垄断委员会办公室等职责整合,组建国家市场监督管理总局,作为国务院直属机构。

国家市场监督管理总局对于食品安全监管的主要职责是:其一,起草市场监督管理有关法律法规草案,制定有关规章、政策、标准,组织实施质量强国战略、食品安全战略和标准化战略,拟订并组织实施有关规划,规范和维护市场秩序,营造诚实守信、公平竞争的市场环境。其二,负责食品安全监督管理综合协调。组织制定食品安全重大政策并组织实施。负责食品安全应急体系建设,组织指导重大食品安全事件应急处置和调查处理工作。建立健全食品安全重要信息直报制度。承担国务院食品安全委员会日常工作。其三,负责食品安全监督管理。建立覆盖食品生产、流通、消费全过程的监督检查制度和隐患排查治理机制并组织实施,防范区域性、系统性食品安全风险。推动建立食品生产经营者落实主体责任的机制,健全食品安全追溯体系。组织开展食品安全监督抽检、风险监测、核查处置和风险预警、风险交流工作。组织实施特殊食品注册、备案和监督管理工作。其四,在职能转变方面:(1)严守安全底线。遵循"最严谨的标准、最严格的监管、最严厉的处罚、最严肃的问责"要求,依法加强食品安全监管,强化现场检查,严惩违法违规行为,有效防范系统性风险,让人民群众买得放心、用得放心、吃得放心。(2)加快整合消费者投诉、质量监督举报、食品药品投诉、价格举报专线等。

在有关职责分工方面,主要是:(1)与农业农村部的有关职责分工。一是农业农村部负责食用农产品从种植养殖环节到进入批发、零售市场或者生产加工企业前的质量安全监督管理。食用农产品进入批发、零售市场或者生产加工企业后,由国家市场监督管理总局监督管理。二是农业农村部负责动植物疫病防控、畜禽屠宰环节、生鲜乳收购环节质量安全的监督管理。三是两部门要建立食品安全产地准出、市场准入和追溯机制,加强协调配合和工作衔接,形成监管合力。(2)与国家卫生健康委员会的有关职责分工。国家卫生健康委员会负责食品安全风险评估工作,会同国家市场监督管理总局等部门制定、实施食品安全风险监测计划。国家卫生健康委员会对通过食品安全风险监测或者接到举报发现食品可能存在安全隐患的,应当立即组织进行检验和食品安全风险评估,并及时向国家市场监督管理总局通报食品安全风险评估结果,对于得出不安全结论的食品,国家市场监督管理总局应当立即采取措施。国家市场监督管理总局在监督管理工作中发现需要进行食品安全风险评估的,应当及时向国家卫生健康委员会提出建议。(3)与海关总署的有关职责分工。一是两部门要建立机制,避免对各类进出口商品和进出口食品、化妆品进行重复检验、重复收费、重复处罚,减轻企业负担。二是海关总署负责进口食品的安全监督管理。进口的食品以及食品相关产品应当符合我国食品安全国家标准。境外发生的食品安全事件可能对我国境内造成影响,或者在进口食品中发现严重食品安全问题的,海关总署应当及时采取风险预警或者控制措施,并向国家市场监督管理总局通报,国家市场监督管理总局应当及时采取相应措施。

第六条 【地方政府职责】县级以上地方人民政府对本行政区域的食品安全监督管理工作负责,统一领导、组织、协调本行政区域的食品安全监督管理工作以及食品安全突发事件应对工作,建立健全食品安全全程监督管理工作机制和信息共享机制。

县级以上地方人民政府依照本法和国务院的规定,确定本级食品安全监督管理、卫生行政部门和其他有关部门的职责。有关部门在各自职责范围内负责本行政区域的食品安全监督管理工作。

县级人民政府食品安全监督管理部门可以在乡镇或者特定区域设立派出机构。

条文注释

《食品安全法实施条例》第4条规定,县级以上人民政府建立统一权威的食品安全监督管理体制,加强食品安全监督管理能力建设。县级以上人民政府食品安全监督管理部门和其他有关部门应当依法履行职责,加强协调配合,做好食品安全监督管理工作。乡镇人民政府和街道办事处应当支持、协助县级人民政府食品安全监督管理部门及其派出机构依法开展食品安全监督管理工作。

本条第3款规定,县级人民政府食品安全监督管理部门可以在乡镇或者特定区域设立派出机构。这里应当指出两点:一是设立派出机构的具体形式可以灵活掌握,既可以在每个乡镇各自设立一个派出机构,也可以在由几个乡镇组成的特定区域范围内设立一个派出机构;二是派出机构应以县级食品安全监督管理部门的名义执法,县级食品安全监督管理部门对派出机构执法行为的后果承担法律责任。

第七条 【评议、考核制度】县级以上地方人民政府实行食品安全监督管理责任制。上级人民政府负责对下一级人民政府的食品安全监督管理工作进行评议、考核。县级以上地方人民政府负责对本级食品安全监督管理部门和其他有关部门的食品安全监督管理工作进行评议、考核。

条文注释

食品安全监督管理责任制,是指上级政府对下级政府,本级政府对各监督管理部门,通过评议、考核等方式,监督其落实所承担的食品安全工作职责的制度。国务院于2012年颁布的《国务院关于加强食品安全工作的决定》明确提出建立健全食品安全责任制,上级政府要对下级政府进行年度食品安全绩效考核,并将考核结果作为地方领导班子和领导干部综合考核评价的重要内容。本条规定从法律上对这一制度加以确认。

第八条 【监督部门沟通配合】县级以上人民政府应当将食品安全工作纳入本级国民经济和社会发展规划,将食品安全工作经费列入本级政府财政预算,加强食品安全监督管理能力建设,为食品安全工作提供保障。

县级以上人民政府食品安全监督管理部门和其他有关部门应当加强沟通、密切配合，按照各自职责分工，依法行使职权，承担责任。

条文注释

食品安全工作经费保障主要包括两个方面：一是食品安全监管工作经费。食品安全监督管理部门对食品进行监督抽检，需要支付购买样品的费用和检验费用，这些都需要财政经费予以保障。二是食品安全风险监测和食品安全风险评估制度所需经费。

第九条　【食品行业协会等机构的责任】食品行业协会应当加强行业自律，按照章程建立健全行业规范和奖惩机制，提供食品安全信息、技术等服务，引导和督促食品生产经营者依法生产经营，推动行业诚信建设，宣传、普及食品安全知识。

消费者协会和其他消费者组织对违反本法规定，损害消费者合法权益的行为，依法进行社会监督。

条文注释

根据消费者权益保护法的规定，消费者协会应当履行的职责包括：向消费者提供消费信息和咨询服务，提高消费者维护自身合法权益的能力；参与有关行政部门对商品和服务的监督、检查；就有关消费者合法权益的问题，向有关部门反映、查询，提出建议；受理消费者的投诉，并对投诉事项进行调查、调解；投诉事项涉及商品和服务质量问题的，可以委托具备资格的鉴定人鉴定；就损害消费者合法权益的行为，支持受损害的消费者提起诉讼；对损害消费者合法权益的行为，通过大众传播媒介予以揭露、批评等。

第十条　【食品安全的宣传教育】各级人民政府应当加强食品安全的宣传教育，普及食品安全知识，鼓励社会组织、基层群众性自治组织、食品生产经营者开展食品安全法律、法规以及食品安全标准和知识的普及工作，倡导健康的饮食方式，增强消费者食品安全意识和自我保护能力。

新闻媒体应当开展食品安全法律、法规以及食品安全标准和知识的公益宣传，并对食品安全违法行为进行舆论监督。有关食品安全的宣传报道应当真实、公正。

第十一条　【食品安全基础研究】国家鼓励和支持开展与食品安全有关的基础研究、应用研究，鼓励和支持食品生产经营者为提高食品安全水平采用先进技术和先进管理规范。

国家对农药的使用实行严格的管理制度，加快淘汰剧毒、高毒、高残留农药，推动替代产品的研发和应用，鼓励使用高效低毒低残留农药。

第十二条　【举报违法行为】任何组织或者个人有权举报食品安全违法行为，依法向有关部门了解食品安全信息，对食品安全监督管理工作提出意见和建议。

条文注释

为了保障公众的知情权等权利，本法规定了食品安全信息公开制度。具体包括：(1)在食品安全风险评估方面，规定经食品安全风险评估得出食品、食品添加剂、食品相关产品不安全结论的，国务院食品安全监督管理等部门应当依据各自职责立即告知消费者停止食用或者使用，对经综合分析表明可能具有较高程度安全风险的食品，国务院食品安全监督管理部门应当及时提出食品安全风险警示，并向社会公布；县级以上人民政府食品安全监督管理部门和其他有关部门、食品安全风险评估专家委员会及其技术机构，应当按照科学、客观、及时、公开的原则，组织食品生产经营者、食品检验机构、认证机构、食品行业协会、消费者协会以及新闻媒体等，就食品安全风险评估信息和食品安全监督管理信息进行交流沟通。(2)在食品安全标准管理方面，规定省级以上卫生行政部门应当在其网站上公布食品安全国家标准、地方标准和企业标准，供公众免费查阅、下载。(3)在食品的标签、说明书管理方面，规定食品的标签、说明书必须标明的事项，强调生产者对标签、说明书的内容负责，不得含有虚假内容。(4)在特殊食品管理方面，强调食品安全监督管理部门应当及时向社会公布已注册或者备案的保健食品、特殊医学用途配方食品、婴幼儿配方乳粉的目录。(5)在食品出入境管理方面，规定国家出入境检验检疫部门应当公布进出口食品的进口商、出口商和出口食品生产企业的信用记录。(6)在食品安全事故处置方面，规定食品安全监督管理部门应当会同有关部门做好信息发布工作，依法对食品安全事故及其处理情况进行发布，并对可能产生的危害加以解释、说明。(7)在监督管理方面，规定食品安全监督管理部门应当建立食品生产经营者食品安全信用档案，依法向社会公布并实时更新，同时规定国家建立统一的食品安全信息平台，实行食品安全信息统一公布制度，要求公布食品安全信息，应当做到准确、及时，并进行必要的解释说明，避免误导消费者和社会舆论。

第十三条　【表彰与奖励】对在食品安全工作中做出突出贡献的单位和个人，按照国家有关规定给予表彰、奖励。

第二章　食品安全风险监测和评估

第十四条　【食品安全风险监测制度】国家建立食品安全风险监测制度，对食源性疾病、食品污染以及食品中的有害因素进行监测。

国务院卫生行政部门会同国务院食品安全监督管理等部门，制定、实施国家食品安全风险监测计划。

国务院食品安全监督管理部门和其他有关部门获知有关食品安全风险信息后，应当立即核实并向国务院卫生行政部门通报。对有关部门通报的食品安全风险信息以及医疗机构报告的食源性疾病等有关疾病信息，国务院卫生行政部门应当会同国务院有关部门分析研究，认为必要的，及时调整国家食品安全风险监测计划。

省、自治区、直辖市人民政府卫生行政部门会同同级食品安全监督管理等部门，根据国家食品安全风险监测计划，结合本行政区域的具体情况，制定、调整本行政区域的食品安全风险监测方案，报国务院卫生行政部门备案并实施。

条文注释

食品安全风险监测是指系统和持续收集食源性疾病、食品污染、食品中有害因素等相关数据信息，并应用医学、卫生学原理和方法进行监测。

食品安全风险监测计划是针对食源性疾病、食品污染以及食品中的有害因素进行监测的具体计划。有关部门根据分工，主要承担以下职责：(1)核实和通报食品安全风险信息。食品安全监督、农业等行政部门在监督检查和执法中都可能发现食品安全信息，在这种情况下必须立即对有关信息进行核实，并向国务院卫生行政部门通报。(2)分析研究和判断。国务院卫生行政部门接到有关部门通报的食品安全风险信息后，应当会同有关部门对该信息进行分析研究，包括食品安全风险信息的科学性、准确性，调整食品安全风险监测计划的必要性，经过分析研究认为必要的才能作为调整食品安全风险监测计划的依据。(3)及时调整食品安全风险监测计划。

《食品安全法实施条例》第6条规定，县级以上人民政府卫生行政部门会同同级食品安全监督管理等部门建立食品安全风险监测会商机制，汇总、分析风险监测数据，研判食品安全风险，形成食品安全风险监测分析报告，报本级人民政府；县级以上地方人民政府卫生行政部门还应当将食品安全风险监测分析报告同时报上一级人民政府卫生行政部门。食品安全风险监测会商的具体办法由国务院卫生行政部门会同国务院食品安全监督管理等部门制定。

关联法规

《食品安全风险监测管理规范(试行)》

《食品安全风险监测问题样品信息报告和核查处置规定(试行)》

《食品安全风险监测承检机构管理规定(试行)》

《食品安全风险监测样品采集技术要求》

第十五条 【食品安全风险监测工作】承担食品安全风险监测工作的技术机构应当根据食品安全风险监测计划和监测方案开展监测工作,保证监测数据真实、准确,并按照食品安全风险监测计划和监测方案的要求报送监测数据和分析结果。

食品安全风险监测工作人员有权进入相关食用农产品种植养殖、食品生产经营场所采集样品、收集相关数据。采集样品应当按照市场价格支付费用。

第十六条 【食品安全风险监测结果通报】食品安全风险监测结果表明可能存在食品安全隐患的,县级以上人民政府卫生行政部门应当及时将相关信息通报同级食品安全监督管理等部门,并报告本级人民政府和上级人民政府卫生行政部门。食品安全监督管理等部门应当组织开展进一步调查。

条文注释

《食品安全法实施条例》第7条规定,食品安全风险监测结果表明存在食品安全隐患,食品安全监督管理等部门经进一步调查确认有必要通知相关食品生产经营者的,应当及时通知。接到通知的食品生产经营者应当立即进行自查,发现食品不符合食品安全标准或者有证据证明可能危害人体健康的,应当依照食品安全法第63条的规定停止生产、经营,实施食品召回,并报告相关情况。

第十七条 【食品安全风险评估制度】国家建立食品安全风险评估制度,运用科学方法,根据食品安全风险监测信息、科学数据以及有关信息,对食品、食品添加剂、食品相关产品中生物性、化学性和物理性危害因素进行风险评估。

国务院卫生行政部门负责组织食品安全风险评估工作,成立由医学、农业、食品、营养、生物、环境等方面的专家组成的食品安全风险评估专家委员会进行食品安全风险评估。食品安全风险评估结果由国务院卫生行政部门公布。

对农药、肥料、兽药、饲料和饲料添加剂等的安全性评估,应当有食品安全风险评估专家委员会的专家参加。

食品安全风险评估不得向生产经营者收取费用,采集样品应当按照市场价格支付费用。

条文注释

食品安全风险评估,是指对食品、食品添加剂、食品相关产品中生物性、化学性和物理性危害因素对人体健康可能造成的不良影响所进行的科学评估,具体包括危害识别、危害特征描述、暴露评估、风险特征描述四个阶段。(1)危害识别,是指根据流行病学、动物试验、体外试验、结构－活性关系等科学数据和文献信息确定人体暴露于某种危害后是否会对健康造成不良影响、造成不良影响的可能性,以及可能处于风险之中的人群和范围。(2)危害特征描述,是指对与危害相关的不良健康作用进行定性或定量描述。可以利用动物试验、临床研究以及流行病学研究确定危害与各种不良健康作用之间的剂量－反应关系、作用机制等。如果可能,对于毒性作用有阈值的危害应建立人体安全摄入量水平。(3)暴露评估,是指描述危害进入人体的途径,估算不同人群摄入危害的水平。根据危害在膳食中的水平和人群膳食消费量,初步估算危害的膳食总摄入量,同时考虑其他非膳食进入人体的途径,估算人体总摄入量并与安全摄入量进行比较。(4)风险特征描述,是指在危害识别、危害特征描述和暴露评估的基础上，综合分析危害对人群健康产生不良作用的风险及其程度，同时应当描述和解释风险评估过程中的不确定性。

食品安全风险评估是政府为了对食品、食品添加剂、食品相关产品中的危害因素进行风险评估，防范食品安全风险而进行的一种政府行为，所需费用由国家财政支付，生产经营者对评估有配合采样的义务，但没有付费义务。本条第 4 款规定包含两层含义：一方面，评估不得向企业收取费用，对于评估机构在评估过程中的收费行为，企业有权拒绝；另一方面，评估机构应当按照市场价格向企业支付样品的费用。对于评估机构拒不支付样品费用的行为，企业有权向监管部门投诉举报。

《食品安全法实施条例》第 8 条规定，国务院卫生行政、食品安全监督管理等部门发现需要对农药、肥料、兽药、饲料和饲料添加剂等进行安全性评估的，应当向国务院农业行政部门提出安全性评估建议。国务院农业行政部门应当及时组织评估，并向国务院有关部门通报评估结果。

关联法规

《食品安全风险评估管理规定(试行)》

第十八条 【食品安全风险评估情形】有下列情形之一的，应当进行食品安全风险评估：

(一)通过食品安全风险监测或者接到举报发现食品、食品添加剂、食品相关产品可能存在安全隐患的；

(二)为制定或者修订食品安全国家标准提供科学依据需要进行风险评估的；

(三)为确定监督管理的重点领域、重点品种需要进行风险评估的；

(四)发现新的可能危害食品安全因素的；

(五)需要判断某一因素是否构成食品安全隐患的；

（六）国务院卫生行政部门认为需要进行风险评估的其他情形。

第十九条 【食品安全风险评估配合协作】国务院食品安全监督管理、农业行政等部门在监督管理工作中发现需要进行食品安全风险评估的，应当向国务院卫生行政部门提出食品安全风险评估的建议，并提供风险来源、相关检验数据和结论等信息、资料。属于本法第十八条规定情形的，国务院卫生行政部门应当及时进行食品安全风险评估，并向国务院有关部门通报评估结果。

第二十条 【卫生、农业部门信息共享】省级以上人民政府卫生行政、农业行政部门应当及时相互通报食品、食用农产品安全风险监测信息。

国务院卫生行政、农业行政部门应当及时相互通报食品、食用农产品安全风险评估结果等信息。

关联法规

《农产品质量安全法》第6、34条

第二十一条 【食品安全风险评估的作用】食品安全风险评估结果是制定、修订食品安全标准和实施食品安全监督管理的科学依据。

经食品安全风险评估，得出食品、食品添加剂、食品相关产品不安全结论的，国务院食品安全监督管理等部门应当依据各自职责立即向社会公告，告知消费者停止食用或者使用，并采取相应措施，确保该食品、食品添加剂、食品相关产品停止生产经营；需要制定、修订相关食品安全国家标准的，国务院卫生行政部门应当会同国务院食品安全监督管理部门立即制定、修订。

条文注释

食品安全风险评估结果应当作为对食品安全实施监督管理的科学依据。经食品安全风险评估，得出食品、食品添加剂、食品相关产品不安全结论的，国务院食品安全监督管理等部门应当依据各自分工履行以下监督管理职责：(1)立即发布公告，告知消费者停止食用或者使用。这一内容在2015年修订本法时作了调整，将"发布公告，告知消费者"作为监管部门首先要履行的职责。(2)采取相应措施，确保该食品、食品添加剂、食品相关产品停止生产经营。(3)需要制定、修订相关食品安全国家标准的，国务院卫生行政部门应当会同国务院食品安全监督管理部门立即制定、修订。

第二十二条 【食品安全风险警示】国务院食品安全监督管理部门应当会同国务院有关部门，根据食品安全风险评估结果、食品安全监督管理信息，对食品安全状况进行综合分析。对经综合分析表明可能具有较高程度安全风险的食品，国务院食品安全监督管理部门应当及时提出食品安全风险警示，并向社会公布。

第二十三条 【食品安全风险信息交流】县级以上人民政府食品安全监督管理部门和其他有关部门、食品安全风险评估专家委员会及其技术机构，应当按照科学、客观、及时、公开的原则，组织食品生产经营者、食品检验机构、认证机构、食品行业协会、消费者协会以及新闻媒体等，就食品安全风险评估信息和食品安全监督管理信息进行交流沟通。

条文注释

食品安全风险信息交流的主体主要包括县级以上人民政府食品安全监督管理部门和其他有关部门、食品安全风险评估专家委员会及其技术机构、食品生产经营者、食品检验机构、认证机构、食品行业协会、消费者协会以及新闻媒体等。其中，食品安全监督管理部门和卫生行政、农业行政等有关部门、食品安全风险评估专家委员会及其技术机构承担着组织各方进行风险信息交流的重要职责。政府和有关机构掌握着食品安全信息的第一手资料，是食品安全管理的执行者和监管者，从各国或地区的经验来看，都将政府或政府设立的专门机构作为组织风险信息交流的主体。

食品安全风险信息交流的内容为食品安全风险评估信息和食品安全监督管理信息。食品安全风险评估信息包括食品安全风险评估程序和管理体系，评估项目的立项背景、依据、必要性，项目的进展和食品安全风险管理建议，风险评估结果的解释和答疑，食品安全与食源性疾病的科学知识，针对性的消费建议等。食品安全监督管理信息包括食品安全领域出现的新情况、新问题，企业遵纪守法情况，重大案件的查处结果等。

《食品安全法实施条例》第9条规定，国务院食品安全监督管理部门和其他有关部门建立食品安全风险信息交流机制，明确食品安全风险信息交流的内容、程序和要求。

第三章　食品安全标准

第二十四条　【制定食品安全标准的原则】制定食品安全标准，应当以保障公众身体健康为宗旨，做到科学合理、安全可靠。

第二十五条　【食品安全标准的强制性】食品安全标准是强制执行的标准。除食品安全标准外，不得制定其他食品强制性标准。

条文注释

根据是否具有强制性，标准分为强制性标准和推荐性标准。其中，保障人体健康，人身、财产安全的标准和法律、行政法规规定强制执行的标准是强制性标准，其他标准是推荐性标准。国家标准的代号由大写汉语拼音字母构成。强制性国家标准的代号为“GB”，推荐性国家标准的代号为“GB/T”。从事科研、生产、经营的单位和个人,必须严格执行强制性标准,禁止生产、销售和进口不符合强制性标准的产品。国家鼓励企业自愿采用推荐性标准。

国务院食品安全监督管理部门、卫生行政部门已基本完成了食品安全国家标准的整合工作,并公布了一系列食品安全国家标准,包括通用标准、产品标准、生产经营规范、检验方法四类,涉及上万项安全指标和参数,基本覆盖了从农田到餐桌的食品生产加工各个主要环节对食品安全控制的要求。

第二十六条 【食品安全标准的内容】食品安全标准应当包括下列内容:

(一)食品、食品添加剂、食品相关产品中的致病性微生物,农药残留、兽药残留、生物毒素、重金属等污染物质以及其他危害人体健康物质的限量规定;

(二)食品添加剂的品种、使用范围、用量;

(三)专供婴幼儿和其他特定人群的主辅食品的营养成分要求;

(四)对与卫生、营养等食品安全要求有关的标签、标志、说明书的要求;

(五)食品生产经营过程的卫生要求;

(六)与食品安全有关的质量要求;

(七)与食品安全有关的食品检验方法与规程;

(八)其他需要制定为食品安全标准的内容。

关联法规

《食品安全国家标准 食品中污染物限量》(GB 2762－2017)

《食品安全国家标准 食品添加剂使用标准》(GB 2760－2014)

《食品安全国家标准 食品生产通用卫生规范》(GB 14881－2013)

《食品安全国家标准 食品经营过程卫生规范》(GB 31621－2014)

第二十七条 【食品安全国家标准的制定】食品安全国家标准由国务院卫生行政部门会同国务院食品安全监督管理部门制定、公布，国务院标准化行政部门提供国家标准编号。

食品中农药残留、兽药残留的限量规定及其检验方法与规程由国务院卫生行政部门、国务院农业行政部门会同国务院食品安全监督管理部门制定。

屠宰畜、禽的检验规程由国务院农业行政部门会同国务院卫生行政部门制定。

条文注释

《食品安全法实施条例》第10条规定，国务院卫生行政部门会同国务院食品安全监督管理、农业行政等部门制定食品安全国家标准规划及其年度实施计划。国务院卫生行政部门应当在其网站上公布食品安全国家标准规划及其年度实施计划的草案，公开征求意见。

第二十八条 【食品安全国家标准的制定要求和程序】制定食品安全国家标准，应当依据食品安全风险评估结果并充分考虑食用农产品安全风险评估结果，参照相关的国际标准和国际食品安全风险评估结果，并将食品安全国家标准草案向社会公布，广泛听取食品生产经营者、消费者、有关部门等方面的意见。

食品安全国家标准应当经国务院卫生行政部门组织的食品安全国家标准审评委员会审查通过。食品安全国家标准审评委员会由医学、农业、食品、营养、生物、环境等方面的专家以及国务院有关部门、食品行业协会、消费者协会的代表组成，对食品安全国家标准草案的科学性和实用性等进行审查。

第二十九条 【食品安全地方标准】对地方特色食品，没有食品安全国家标准的，省、自治区、直辖市人民政府卫生行政部门可以制定并公布食品安全地方标准，报国务院卫生行政部门备案。食品安全国家标准制定后，该地方标准即行废止。

条文注释

2009年的食品安全法规定“没有食品安全国家标准的，可以制定食品安全地方标准”，2015年修订时对此进行了修改，对制定食品安全地方标准的情形进行了限制，仅规定没有食品安全国家标准的地方特色食品可以制定食品安全地方标准。对于非地方特色食品的其他食品或者食品添加剂、食品相关产品、专供婴幼儿和其他特定人群的主辅食品、保健食品等，不能制定地方标准。对此，《食品安全法实施条例》第12条明确规定：“保健食品、特殊医学用途配方食品、婴幼儿配方食品等特殊食品不属于地方特色食品，不得对其制定食品安全地方标准。”此外还应注意，只有省级卫生行政部门，即省、自治区、直辖市人民政府的卫生行政部门，才可以制定、公布食品安全地方标准。

《食品安全法实施条例》第11条规定，省、自治区、直辖市人民政府卫生行政部门依照食品安全法第29条的规定制定食品安全地方标准，应当公开征求意见。省、自治区、直辖市人民政府卫生行政部门应当自食品安全地方标准公布之日起30个工作日内，将地方标准报国务院卫生行政部门备案。国务院卫生行政部门发现备案的食品安全地方标准违反法律、法规或者食品安全国家标准的，应当及时予以纠正。食品安全地方标准依法废止的，省、自治区、直辖市人民政府卫生行政部门应当及时在其网站上公布废止情况。

第三十条 【食品安全企业标准】国家鼓励食品生产企业制定严于食品安全国家标准或者地方标准的企业标准，在本企业适用，并报省、自治区、直辖市人民政府卫生行政部门备案。

条文注释

《食品安全法实施条例》第14条规定，食品生产企业不得制定低于食品安全国家标准或者地方标准要求的企业标准。食品生产企业制定食品安全指标严于食品安全国家标准或者地方标准的企业标准的，应当报省、自治区、直辖市人民政府卫生行政部门备案。食品生产企业制定企业标准的，应当公开，供公众免费查阅。

第三十一条　【食品安全标准的公布】省级以上人民政府卫生行政部门应当在其网站上公布制定和备案的食品安全国家标准、地方标准和企业标准，供公众免费查阅、下载。

对食品安全标准执行过程中的问题，县级以上人民政府卫生行政部门应当会同有关部门及时给予指导、解答。

条文注释

依照本法第27条、第29条、第30条的有关规定，食品安全国家标准由国务院卫生行政部门会同国务院食品安全监督管理部门制定、公布；食品中农药残留、兽药残留的限量规定及其检验方法与规程由国务院卫生行政部门、国务院农业行政部门会同国务院食品安全监督管理部门制定；屠宰畜、禽的检验规程由国务院农业行政部门会同国务院卫生行政部门制定。食品安全地方标准由省、自治区、直辖市人民政府卫生行政部门制定、公布，并报国务院卫生行政部门备案；食品安全企业标准报省、自治区、直辖市人民政府卫生行政部门备案。因此，国务院卫生行政部门应当在其网站上公布食品安全国家标准和向其备案的食品安全地方标准，省级卫生行政部门应当在其网站上公布其制定的食品安全地方标准和向其备案的食品安全企业标准。

对食品安全标准执行过程中的问题，本条规定由县级以上人民政府卫生行政部门会同有关部门及时给予指导、解答。这一规定是2015年修订食品安全法新增的内容，是对食品安全标准执行问题解答职责的明确规定。“有关部门”主要指食品安全监督管理部门、农业行政部门。

《食品安全法实施条例》第13条规定，食品安全标准公布后，食品生产经营者可以在食品安全标准规定的实施日期之前实施并公开提前实施情况。

第三十二条　【食品安全标准的跟踪评价】省级以上人民政府卫生行政部门应当会同同级食品安全监督管理、农业行政等部门，分别对食品安全国家标准和地方标准的执行情况进行跟踪评价，并根据评价结果及时修订食品安全标准。

省级以上人民政府食品安全监督管理、农业行政等部门应当对食品安全标准执行中存在的问题进行收集、汇总，并及时向同级卫生行政部门通报。

食品生产经营者、食品行业协会发现食品安全标准在执行中存在问题的，应当立即向卫生行政部门报告。

第四章　食品生产经营

第一节　一般规定

第三十三条　【食品生产经营要求】食品生产经营应当符合食品安全标准，并符合下列要求：

（一）具有与生产经营的食品品种、数量相适应的食品原料处理和食品加工、包装、贮存等场所，保持该场所环境整洁，并与有毒、有害场所以及其他污染源保持规定的距离；

（二）具有与生产经营的食品品种、数量相适应的生产经营设备或者设施，有相应的消毒、更衣、盥洗、采光、照明、通风、防腐、防尘、防蝇、防鼠、防虫、洗涤以及处理废水、存放垃圾和废弃物的设备或者设施；

（三）有专职或者兼职的食品安全专业技术人员、食品安全管理人员和保证食品安全的规章制度；

（四）具有合理的设备布局和工艺流程，防止待加工食品与直接入口食品、原料与成品交叉污染，避免食品接触有毒物、不洁物；

（五）餐具、饮具和盛放直接入口食品的容器，使用前应当洗净、消毒，炊具、用具用后应当洗净，保持清洁；

（六）贮存、运输和装卸食品的容器、工具和设备应当安全、无害，保持清洁，防止食品污染，并符合保证食品安全所需的温度、湿度等特殊要求，不得将食品与有毒、有害物品一同贮存、运输；

（七）直接入口的食品应当使用无毒、清洁的包装材料、餐具、饮具和容器；

（八）食品生产经营人员应当保持个人卫生，生产经营食品时，应当将手洗净，穿戴清洁的工作衣、帽等；销售无包装的直接入口食品时，应当使用无毒、清洁的容器、售货工具和设备；

（九）用水应当符合国家规定的生活饮用水卫生标准；

（十）使用的洗涤剂、消毒剂应当对人体安全、无害；

（十一）法律、法规规定的其他要求。

非食品生产经营者从事食品贮存、运输和装卸的，应当符合前款第六项的规定。

条文注释

食品生产经营首先应当符合食品安全标准，按照食品安全标准进行生产经营是本法对食品生产经营最基本、最核心的要求。除了应当符合食品安全标准外，食品生产经营还应当符合以下要求：

第1项是对生产经营场所的要求。主要包括三个方面：一是生产经营场所的大小和布局应当与其生产经营的规模相适应。厂房的面积和空间应与其生产能力相适应，便于设备安置、清洁消毒、物料存储及人员操作。二是生产经营场所应当整洁。生产经营场所应当有合理的功能分区，干净整洁。三是生产经营场所应当与有毒、有害场所以及其他污染源保持规定的距离，保证食品安全。

第2项是对设备、设施的要求。主要包括两个方面：一是应当根据生产经营的食品品种、数量的需要，配备与生产能力相适应的生产设备或者设施。二是应当配备其他保证食品安全的设备或者设施，如消毒、更衣、盥洗、采光、照明、通风、防腐、防尘、防蝇、防鼠、防虫、洗涤以及处理废水、存放垃圾和废弃物的设备或者设施。

第3项是对人员和制度的要求。与2009年食品安全法相比，2015年修订时在要求配备的人员前增加了“专职或者兼职”，明确食品安全专业技术人员、食品安全管理人员既可以是专职的，也可以是兼职的，具体如何配备，由生产经营企业根据企业情况和保证食品安全的需要自主决定。

第4项是对设备布局和工艺流程的要求。食品生产经营企业的设备布局和工艺流程应当合理，避免前道工序的原料、半成品污染后道工序的成品，防止食品与成品、生食品与熟食品的交叉感染。每道工序的容器、工具和用具应当固定，并有相应的标识，防止交叉使用。使用的清洗剂、消毒剂以及杀虫剂、灭鼠剂等应当远离食品，存放于专柜，并由专人管理，避免食品接触有毒、不洁的物品，保证食品安全。

第5项是对使用的食品相关产品的要求。食品生产经营者应当在使用餐具、饮具和盛放直接入口食品的容器前，将它们清洗干净，并进行消毒，消灭病原体，降低细菌数量，防止使用者互相传染，保证消费者身体健康。对使用过的炊具、用具等应当及时清洗，保持清洁，防止病菌滋生。

第6项是对贮存、运输和装卸食品的要求。主要包括三个方面：一是贮存、运输和装卸食品的容器、工具和设备应当安全、无害，保持清洁,防止污染食品,影响食品安全。二是对贮存、运输和装卸食品有特殊要求的,应当在合适的温度、湿度等环境下进行,防止食品腐烂变质、脱水变形变味,影响食品安全。三是不得将食品与有毒、有害物品一同贮存、运输,防止交叉污染,影响食品安全。

第7项是对直接入口的食品使用的包装材料、餐具、饮具和容器等相关产品的要求。根据本法第150条的规定,直接入口的食品使用的包装材料和容器是指包装、盛放直接入口的食品用的纸、竹、木、金属、搪瓷、陶瓷、塑料、橡胶、天然纤维、化学纤维、玻璃等制品和直接接触食品的涂料。餐具和饮具主要是指餐饮服务提供者提供餐饮服务时使用的碗筷、勺子、盘子、杯子等。

第8项是对食品生产经营人员的要求。食品生产经营人员应当衣着整洁,指甲常剪,头发常理,勤洗澡等。在生产经营时,应当将手洗干净,穿戴清洁的工作衣、帽、手套等。销售无包装的直接入口食品时,应当使用无毒、清洁的容器、售货工具和设备,避免容器、售货工具和设备污染食品,影响食品安全。

第9项是对用水的要求。

第10项是对洗涤剂和消毒剂的要求。

关联法规

《食品生产经营日常监督检查管理办法》

《食品安全国家标准 食品生产通用卫生规范》(GB 14881－2013)

《生活饮用水卫生标准》(GB 5749－2006)

第三十四条　【禁止生产经营的食品、食品添加剂、食品相关产品】禁止生产经营下列食品、食品添加剂、食品相关产品:

(一)用非食品原料生产的食品或者添加食品添加剂以外的化学物质和其他可能危害人体健康物质的食品,或者用回收食品作为原料生产的食品;

(二)致病性微生物,农药残留、兽药残留、生物毒素、重金属等污染物质以及其他危害人体健康的物质含量超过食品安全标准限量的食品、食品添加剂、食品相关产品；

（三）用超过保质期的食品原料、食品添加剂生产的食品、食品添加剂；

（四）超范围、超限量使用食品添加剂的食品；

（五）营养成分不符合食品安全标准的专供婴幼儿和其他特定人群的主辅食品；

（六）腐败变质、油脂酸败、霉变生虫、污秽不洁、混有异物、掺假掺杂或者感官性状异常的食品、食品添加剂；

（七）病死、毒死或者死因不明的禽、畜、兽、水产动物肉类及其制品；

（八）未按规定进行检疫或者检疫不合格的肉类，或者未经检验或者检验不合格的肉类制品；

（九）被包装材料、容器、运输工具等污染的食品、食品添加剂；

（十）标注虚假生产日期、保质期或者超过保质期的食品、食品添加剂；

（十一）无标签的预包装食品、食品添加剂；

（十二）国家为防病等特殊需要明令禁止生产经营的食品；

（十三）其他不符合法律、法规或者食品安全标准的食品、食品添加剂、食品相关产品。

条文注释

本条于2015年修订时在原有规定的基础上增加了关于禁止生产经营的食品添加剂、食品相关产品的规定，具体内容在各项中体现。

第1项禁止生产经营的食品有三类：一是用非食品原料生产的食品，如使用甲醇兑制的假酒。二是添加食品添加剂以外的化学物质和其他可能危害人体健康物质的食品，如添加三聚氰胺的婴儿奶粉、添加吊白块的米粉等。三是用回收食品作为原料生产的食品，如地沟油等。

第2项除禁止生产经营危害人体健康的物质含量超过食品安全标准限量的食品外,2015年修订时增加了禁止生产经营该类食品添加剂、食品相关产品的规定。

第3项禁止生产经营用超过保质期的食品原料、食品添加剂生产的食品、食品添加剂,这是2015年修订时新增加的内容。

第4项禁止生产经营超范围、超限量使用食品添加剂的食品,这是2015年修订时新增加的内容。本法第26条规定,食品安全标准的内容包括食品添加剂的品种、使用范围、用量等,食品添加剂应当在技术上确有必要且应当在食品安全标准规定的使用范围和用量限度内才能使用。对于超范围、超限量使用食品添加剂的食品,因其不符合食品安全标准,应当禁止生产经营,以保证食品安全。

第5项禁止生产经营营养成分不符合食品安全标准的专供婴幼儿和其他特定人群的主辅食品。本法第26条规定,食品安全标准的内容包括专供婴幼儿和其他特定人群的主辅食品的营养成分要求。专供婴幼儿和其他特定人群的主辅食品不符合食品安全标准的,禁止生产经营。专供婴幼儿的主辅食品包括婴幼儿配方乳粉、婴幼儿米粉等,专供其他特定人群的主辅食品包括特殊医学用途配方食品、专供孕妇等食用的主辅食品等。

第6项除禁止生产经营腐败变质、油脂酸败、霉变生虫、污秽不洁、混有异物、掺假掺杂或者感官性状异常的食品外,2015年修订时增加了禁止生产经营该类食品添加剂的规定。

第7项禁止生产经营病死、毒死或者死因不明的禽、畜、兽、水产动物肉类及其制品。

第8项禁止生产经营未按规定进行检疫或者检疫不合格的肉类、未经检验或者检验不合格的肉类制品。如《生猪屠宰管理条例》规定,生猪定点屠宰厂(场)屠宰的生猪,应当依法经动物卫生监督机构检疫合格,并附有检疫证明。经肉品品质检验合格的生猪产品,生猪定点屠宰厂(场)应当加盖肉品品质检验合格验讫印章或者附具肉品品质检验合格标志。生猪定点屠宰厂(场)的生猪产品未经肉品品质检验或者经肉品品质检验不合格的,不得出厂(场)。

第9项除禁止生产经营被包装材料、容器、运输工具等污染的食品外,2015年修订时新增加了禁止生产经营该类食品添加剂的规定。

第10项除禁止生产经营超过保质期的食品外,2015年修订时新增加了禁止生产经营标注虚假生产日期、保质期的食品、食品添加剂和超过保质期的食品添加剂的规定。本法第67条规定,标签应当标明生产日期、保质期。第71条规定,食品、食品添加剂的标签不得含有虚假内容,生产经营者对其提供的标签的内容负责。食品、食品添加剂通常只在一定期限内才能保持相应的营养水平和卫生标准,超过这一期限,就易发生变质,食用超过保质期或者添加了超过保质期的食品添加剂的食品,容易引起中毒或者其他疾病。本项规定的标注虚假生产日期、保质期包括篡改或倒签生产日期、保质期等行为。

第11项除禁止生产经营无标签的预包装食品外,2015年修订时增加了禁止生产经营无标签的食品添加剂。本法第150条规定,预包装食品是指预先定量包装或者制作在包装材料、容器中的食品。本法第67条规定,预包装食品的包装上应当有标签,并对标签应当标明的事项进行了明确。第70条规定,食品添加剂应当有标签。标签是对食品、食品添加剂质量特性、安全特性、使用说明的描述,购买者可以借助标签进行选购。

第12项禁止生产经营国家为防病等特殊需要明令禁止生产经营的食品。

第三十五条　【食品生产经营许可】国家对食品生产经营实行许可制度。从事食品生产、食品销售、餐饮服务,应当依法取得许可。但是,销售食用农产品和仅销售预包装食品的,不需要取得许可。仅销售预包装食品的,应当报所在地县级以上地方人民政府食品安全监督管理部门备案。

县级以上地方人民政府食品安全监督管理部门应当依照《中华人民共和国行政许可法》的规定，审核申请人提交的本法第三十三条第一款第一项至第四项规定要求的相关资料，必要时对申请人的生产经营场所进行现场核查；对符合规定条件的，准予许可；对不符合规定条件的，不予许可并书面说明理由。

条文注释

2009年食品安全法第29条规定，从事食品生产、食品流通、餐饮服务，应当依法取得食品生产许可、食品流通许可、餐饮服务许可。与之不同，2015年修订后的法律规定，从事食品生产、食品销售、餐饮服务的，应当依法取得许可。在机构改革前，食品生产、销售和餐饮服务分属不同的部门监督管理，机构改革后，统一由食品安全监督管理部门监督管理，颁发食品生产经营许可证。2009年食品安全法第29条还规定，农民个人销售其自产的食用农产品，不需要取得食品流通的许可。2015年修订后的法律规定，销售食用农产品，不需要取得许可，2021年食品安全法修改，规定仅销售预包装食品的，不需要取得许可，再次扩大了不需要取得许可的范围。

2018年11月9日，《市场监管总局关于加快推进食品经营许可改革工作的通知》指出，试点推行"告知承诺制"。告知承诺，是指申请人提出食品经营许可申请，监管部门一次性告知其审批条件和需要提交的材料，申请人在规定时间内提交的申请材料齐全、符合法定形式，且书面承诺申请材料与实际一致的，监管部门可以当场作出书面行政许可决定的方式。各地对新申请食品经营许可（限仅从事预包装食品销售）、申请变更许可（限经营条件未发生变化）、申请延续许可（限经营条件未发生变化）的，要试点推行"告知承诺制"。各地可结合实际，在保障食品安全的前提下，扩大推行告知承诺制的范围。同时指出，要加强事中事后监管。对以告知承诺方式取得许可的食品经营者，应在作出许可决定之日起30个工作日内实施监督检查,重点检查食品经营者实际情况与承诺内容是否相符、食品经营条件是否符合食品安全要求等情况。对实际情况与承诺内容不相符的,应当从严处理,将相关行政处罚和失信信息记于食品经营者名下,并通过国家企业信用信息公示系统向社会公示。

《食品安全法实施条例》第15条规定,食品生产经营许可的有效期为5年。食品生产经营者的生产经营条件发生变化,不再符合食品生产经营要求的,食品生产经营者应当立即采取整改措施;需要重新办理许可手续的,应当依法办理。

关联法规

《行政许可法》第12条

《市场监督管理行政许可程序暂行规定》

《食品生产许可管理办法》

《食品经营许可管理办法》

第三十六条　【食品生产加工小作坊和食品摊贩等的管理】食品生产加工小作坊和食品摊贩等从事食品生产经营活动,应当符合本法规定的与其生产经营规模、条件相适应的食品安全要求,保证所生产经营的食品卫生、无毒、无害,食品安全监督管理部门应当对其加强监督管理。

县级以上地方人民政府应当对食品生产加工小作坊、食品摊贩等进行综合治理,加强服务和统一规划,改善其生产经营环境,鼓励和支持其改进生产经营条件,进入集中交易市场、店铺等固定场所经营,或者在指定的临时经营区域、时段经营。

食品生产加工小作坊和食品摊贩等的具体管理办法由省、自治区、直辖市制定。

条文注释

本法将食品生产加工小作坊和食品摊贩等的监管主体由有关部门明确为食品安全监督管理部门。2009年食品安全法第30条规定，县级以上地方人民政府鼓励食品生产加工小作坊改进生产条件；鼓励食品摊贩进入集中交易市场、店铺等固定场所经营。与之相比，2015 年修订食品安全法时增加了县级以上地方人民政府应当对食品生产加工小作坊、食品摊贩等进行综合治理，加强服务和统一规划，改善其生产经营环境，鼓励和支持其在指定的临时经营区域、时段经营的规定。

关于制定食品生产加工小作坊和食品摊贩等的管理办法的授权，2009 年食品安全法授权省、自治区、直辖市人大常委会依照本法制定具体管理办法。2015 年修订后规定具体管理办法由省、自治区、直辖市制定，授权省级人大及其常委会或者省级人民政府制定地方性法规或者规章，以给地方更大的自主选择权。需要注意的是，根据立法法第 62 条的规定，法律规定明确要求有关国家机关对专门事项作出配套的具体规定的，有关国家机关应当自法律施行之日起 1 年内作出规定。目前，多个省、自治区、直辖市已经制定了针对食品生产加工小作坊和食品摊贩监督管理的地方性法规和地方政府规章。

关联法规

《食品生产加工小作坊质量安全控制基本要求》(GB/T 23734－2009)

第三十七条　【“三新”产品许可】利用新的食品原料生产食品，或者生产食品添加剂新品种、食品相关产品新品种，应当向国务院卫生行政部门提交相关产品的安全性评估材料。国务院卫生行政部门应当自收到申请之日起六十日内组织审查；对符合食品安全要求的，准予许可并公布；对不符合食品安全要求的，不予许可并书面说明理由。

条文注释

本条应注意以下三个方面的内容：

1. 新食品原料，是指在我国无传统食用习惯的动物、植物和微生物,从动物、植物和微生物中分离的成分,原有结构发生改变的食品成分或者其他新研制的食品原料。新食品原料应当具有食品原料的特性,符合应当有的营养要求,且无毒、无害,对人体健康不造成任何急性、亚急性、慢性或者其他潜在性危害。新食品原料应当经过国家卫生计生委安全性审查后,方可用于食品生产经营。国家卫生计生委负责新食品原料安全性评估材料的审查和许可工作。国家卫生计生委新食品原料技术审评机构负责新食品原料安全性技术审查,提出综合审查结论及建议。

2. 食品添加剂新品种,是指未列入食品安全国家标准的、未列入国家卫生计生委公告允许使用的以及扩大使用范围或者用量的食品添加剂品种。国家卫生计生委负责食品添加剂新品种的审查许可工作,组织制定食品添加剂新品种技术评价和审查规范。国家卫生计生委食品添加剂新品种技术审评机构负责食品添加剂新品种技术审查,提出综合审查结论及建议。使用食品添加剂应当符合下列要求:(1)不应当掩盖食品腐败变质;(2)不应当掩盖食品本身或者加工过程中的质量缺陷;(3)不以掺杂、掺假、伪造为目的而使用食品添加剂;(4)不应当降低食品本身的营养价值;(5)在达到预期的效果下尽可能降低在食品中的用量;(6)食品工业用加工助剂应当在制成最后成品之前去除,有规定允许残留量的除外。

3. 食品相关产品新品种,是指用于食品包装材料、容器、洗涤剂、消毒剂和用于食品生产经营的工具、设备的新材料、新原料或新添加剂。具体包括:尚未列入食品安全国家标准或者卫生部公告允许使用的食品包装材料、容器及其添加剂,扩大使用范围或者使用量的食品包装材料、容器及其添加剂,尚未列入食品用消毒剂、洗涤剂原料名单的新原料,食品生产经营用工具、设备中直接接触食品的新材料、新添加剂。

《食品安全法实施条例》第16条规定,国务院卫生行政部门应当及时公布新的食品原料、食品添加剂新品种和食品相关产品新品种目录以及所适用的食品安全国家标准。对按照传统既是食品又是中药材的物质目录,国务院卫生行政部门会同国务院食品安全监督管理部门应当及时更新。

关联法规

《行政许可法》

《卫生行政许可管理办法》

《新食品原料安全性审查管理办法》

《食品添加剂新品种管理办法》

《食品相关产品新品种行政许可管理规定》

《食品相关产品新品种申报与受理规定》

第三十八条　【食品中不得添加药品】生产经营的食品中不得添加药品，但是可以添加按照传统既是食品又是中药材的物质。按照传统既是食品又是中药材的物质目录由国务院卫生行政部门会同国务院食品安全监督管理部门制定、公布。

条文注释

药品，是指用于预防、治疗、诊断人的疾病，有目的地调节人的生理机能并规定有适应症或者功能主治、用法和用量的物质，包括中药、化学药和生物制品等。

关联法规

《药品管理法》

《禁止食品加药卫生管理办法》

第三十九条　【食品添加剂生产许可】国家对食品添加剂生产实行许可制度。从事食品添加剂生产，应当具有与所生产食品添加剂品种相适应的场所、生产设备或者设施、专业技术人员和管理制度，并依照本法第三十五条第二款规定的程序，取得食品添加剂生产许可。

生产食品添加剂应当符合法律、法规和食品安全国家标准。

条文注释

食品添加剂生产许可的程序按照本法第35条第2款的规定实

施。县级以上食品安全监督管理部门应当依照行政许可法的规定，审核申请人提交的证明与所生产食品添加剂品种相适应的场所、生产设备或者设施、专业技术人员和管理制度的相关资料，必要时对申请人的场所进行现场核查。经审核，食品安全监督管理部门认为申请人符合法律、法规规定的条件的，应当准予行政许可，颁发许可证。认为不符合规定条件的，决定不予许可并书面说明理由。

食品添加剂生产企业还应当依照国家法律、法规和食品安全国家标准进行生产。如本法第52条规定，食品添加剂的生产者应当按照食品安全标准对所生产的食品添加剂进行检验，检验合格后方可出厂或者销售。第59条规定，食品添加剂生产者应当建立食品添加剂出厂检验记录制度，查验出厂产品的检验合格证和安全状况，如实记录相关内容，并保存相关凭证。第70条规定，食品添加剂应当有标签、说明书和包装。第71条规定，食品添加剂的标签、说明书不得含有虚假内容等。第26条规定，食品安全标准内容包括食品添加剂的致病性微生物，农药残留、兽药残留、生物毒素、重金属等污染物质以及其他危害人体健康物质的限量规定等。

第四十条 【食品添加剂允许使用的条件和使用要求】食品添加剂应当在技术上确有必要且经过风险评估证明安全可靠，方可列入允许使用的范围；有关食品安全国家标准应当根据技术必要性和食品安全风险评估结果及时修订。

食品生产经营者应当按照食品安全国家标准使用食品添加剂。

关联法规

《食品安全国家标准 食品添加剂使用标准》(GB 2760－2014)

《市场监管总局办公厅关于规范使用食品添加剂的指导意见》

第四十一条 【生产食品相关产品的要求】生产食品相关产品应当符合法律、法规和食品安全国家标准。对直接接触食品的包装材料等具有较高风险的食品相关产品，按照国家有关工业产品生产许可证管理的规定实施生产许可。食品安全监督管理部门应当加强对食品相关产品生产活动的监督管理。

条文注释

根据本法第 2 条规定，食品相关产品是指用于食品的包装材料、容器、洗涤剂、消毒剂和用于食品生产经营的工具、设备等。食品相关产品是否卫生、无毒、无害，直接影响到食品安全，生产食品相关产品应当符合法律、法规的要求。如本法第 52 条规定，食品相关产品的生产者应当按照食品安全标准对所生产的食品相关产品进行检验，检验合格后方可出厂或者销售。本法第 26 条规定，食品安全标准的内容包括食品相关产品中的致病性微生物，农药残留、兽药残留、生物毒素、重金属等污染物质以及其他危害人体健康物质的限量等，生产的食品相关产品应当符合食品安全国家标准的限量规定。

对具有较高风险的食品相关产品实施许可的具体要求和程序，依照国家有关工业产品生产许可证管理的规定执行。

关联法规

《工业产品生产许可证管理条例》

《工业产品生产许可证管理条例实施办法》

第四十二条　【食品安全全程追溯制度】国家建立食品安全全程追溯制度。

食品生产经营者应当依照本法的规定，建立食品安全追溯体系，保证食品可追溯。国家鼓励食品生产经营者采用信息化手段采集、留存生产经营信息，建立食品安全追溯体系。

国务院食品安全监督管理部门会同国务院农业行政等有关部门建立食品安全全程追溯协作机制。

条文注释

《食品安全法实施条例》第 17 条规定，国务院食品安全监督管理理部门会同国务院农业行政等有关部门明确食品安全全程追溯基本要求，指导食品生产经营者通过信息化手段建立、完善食品安全追溯体系。食品安全监督管理等部门应当将婴幼儿配方食品等针对特定人群的食品以及其他食品安全风险较高或者销售量大的食品的追溯体系建设作为监督检查的重点。同时，第18条规定，食品生产经营者应当建立食品安全追溯体系，依照食品安全法的规定如实记录并保存进货查验、出厂检验、食品销售等信息，保证食品可追溯。

生产经营企业要落实主体责任，依照本法的相关规定，建立食品安全追溯体系，保证食品可追溯。本法第50条第2款规定，食品生产企业应当建立食品原料、食品添加剂、食品相关产品进货查验记录制度，如实记录食品原料、食品添加剂、食品相关产品的名称、规格、数量、生产日期或者生产批号、保质期、进货日期以及供货者名称、地址、联系方式等内容，并保存相关凭证。记录和凭证保存期限不得少于产品保质期满后6个月；没有明确保质期的，保存期限不得少于2年。第51条规定，食品生产企业应当建立食品出厂检验记录制度，查验出厂食品的检验合格证和安全状况，如实记录食品的名称、规格、数量、生产日期或者生产批号、保质期、检验合格证号、销售日期以及购货者名称、地址、联系方式等内容，并保存相关凭证。记录和凭证保存期限应当符合本法第50条第2款的规定。第53条规定，食品经营者采购食品，应当查验供货者的许可证和食品出厂检验合格证或者其他合格证明。食品经营企业应当建立食品进货查验记录制度，如实记录食品的名称、规格、数量、生产日期或者生产批号、保质期、进货日期以及供货者名称、地址、联系方式等内容，并保存相关凭证。从事食品批发业务的经营企业应当建立食品销售记录制度，如实记录批发食品的名称、规格、数量、生产日期或者生产批号、保质期、销售日期以及购货者名称、地址、联系方式等内容，并保存相关凭证。生产经营企业应当按照上述规定，建立食品安全追溯体系。

根据本法规定，食品生产经营企业的生产经营活动、食用农产品进入市场后的销售活动，由食品安全监督管理部门监管。食用农产品的生产环节由农业行政部门监管。

第四十三条　【食品规模化生产和食品安全责任保险】地方各级人民政府应当采取措施鼓励食品规模化生产和连锁经营、配送。

国家鼓励食品生产经营企业参加食品安全责任保险。

条文注释

连锁经营是经营同类产品或服务的若干经营单位，以同一商标、统一管理或授予特许经营权方式组织起来，通过对企业形象和经营业务的标准化管理，实行统一采购、统一配送、统一标识、统一营销策略、统一价格和统一核算，共享规模效益，获取竞争优势的一种经营组织形式和经营制度，包括直营连锁、自愿连锁、特许连锁等形式。配送是指在经济合理区域范围内，根据客户要求，对物品进行拣选、加工、包装、分割、组配等作业，并按时送达指定地点的物流活动。

责任保险，也称第三者责任险，是指以被保险人对第三者依法应负的赔偿责任为保险标的的保险。责任保险根据投保人是否自愿，可以分为自愿投保的责任保险和强制投保的责任保险。食品安全责任保险，是以被保险人对因其生产经营的食品存在缺陷造成第三者人身伤亡和财产损失时依法应负的经济赔偿责任为保险标的的保险。

关联法规

《国务院食品安全办、食品药品监管总局、中国保险监督管理委员会关于开展食品安全责任保险试点工作的指导意见》

第二节　生产经营过程控制

第四十四条　【企业的食品安全管理制度】食品生产经营企业应当建立健全食品安全管理制度，对职工进行食品安全知识培训，加强食品检验工作，依法从事生产经营活动。

食品生产经营企业的主要负责人应当落实企业食品安全管理制度,对本企业的食品安全工作全面负责。

食品生产经营企业应当配备食品安全管理人员,加强对其培训和考核。经考核不具备食品安全管理能力的,不得上岗。食品安全监督管理部门应当对企业食品安全管理人员随机进行监督抽查考核并公布考核情况。监督抽查考核不得收取费用。

条文注释

《食品安全法实施条例》第19条规定,食品生产经营企业的主要负责人对本企业的食品安全工作全面负责,建立并落实本企业的食品安全责任制,加强供货者管理、进货查验和出厂检验、生产经营过程控制、食品安全自查等工作。食品生产经营企业的食品安全管理人员应当协助企业主要负责人做好食品安全管理工作。同时,第20条规定,食品生产经营企业应当加强对食品安全管理人员的培训和考核。食品安全管理人员应当掌握与其岗位相适应的食品安全法律、法规、标准和专业知识,具备食品安全管理能力。食品安全监督管理部门应当对企业食品安全管理人员进行随机监督抽查考核。考核指南由国务院食品安全监督管理部门制定、公布。

企业的食品安全管理制度涵盖从原料采购到食品加工、包装、贮存、运输等全过程,具体包括设备保养和维修制度,卫生管理制度,从业人员健康管理制度,食品原料、食品添加剂和食品相关产品的采购、验收、运输和贮存管理制度,进货查验记录制度,食品原料仓库管理制度,防止污染的管理制度,食品出厂检验记录制度,食品召回制度,培训制度和文件管理制度等。

本法第4条第1款规定,食品生产经营者对其生产经营食品的安全负责。这是对食品生产经营者的一个总的要求。作为食品生产经营企业如何履行好这个责任,落实食品生产经营企业主要负责人的主体责任是关键,这样既可以促使其行使职权,认真负责地做好食品安全工作,又可以按照法定义务追究其应承担的责任。在食品生产经营企业的食品安全保障工作中，其主要负责人居于中心地位，起决定性作用，只有其带头认真落实好本企业的食品安全管理制度，依照法律、法规和食品安全标准从事生产经营活动，才能保证本企业的食品安全。

第四十五条 【从业人员健康管理制度】食品生产经营者应当建立并执行从业人员健康管理制度。患有国务院卫生行政部门规定的有碍食品安全疾病的人员，不得从事接触直接入口食品的工作。

从事接触直接入口食品工作的食品生产经营人员应当每年进行健康检查，取得健康证明后方可上岗工作。

条文注释

企业建立从业人员的健康管理制度可以从制度层面规范食品生产经营者的用人行为，对于不符合法定条件的从业人员一律不得安排其从事与食品生产经营相关的活动。如果发现从事接触直接入口食品工作的人员患有本条规定的不能从事接触直接入口食品工作的法定疾病的，食品生产经营者应当立即调换其工作。需要注意的是，食品生产经营者不得歧视患有疾病的从业人员，更不得以患有国务院卫生行政部门规定的疾病人员不能从事生产经营活动为借口，辞退职工。对于患有上述有碍食品安全疾病的人员，只限定于不能从事接触直接入口食品的生产经营，不影响其从事其他岗位的工作，如从事行政工作、管理工作、保安、技工、收银员等。对此类职工，食品生产经营者应当安排其转岗，将其调整到其他不影响食品安全的工作岗位。

第四十六条 【生产企业制定并实施控制要求的事项】食品生产企业应当就下列事项制定并实施控制要求，保证所生产的食品符合食品安全标准：

（一）原料采购、原料验收、投料等原料控制；
（二）生产工序、设备、贮存、包装等生产关键环节控制；
（三）原料检验、半成品检验、成品出厂检验等检验控制；
（四）运输和交付控制。

条文注释

针对食品生产企业具体需要制定哪些控制要求措施，本条规定：

1. 原料控制。食品生产企业应按要求采购原料，根据企业自身的监控重点采取适当措施保证原料合格。可现场查验原料供应企业是否具有生产合格原料的能力，包括硬件条件和管理；查验供货者的许可证和原料合格证明文件，如产品生产许可证、动物检疫合格证明、进口卫生证书等，并对原料进行验收审核。

2. 生产工序、设备、贮存、包装等生产关键环节控制。在生产工序上，应当按照生产工艺的次序和产品的特点，分开设置，分开操作，防止前后颠倒，交叉污染；生产设施、设备要清洗、消毒；贮存、包装时应当注意环境卫生以及包装材料和容器的卫生安全，防止污染食品等。在贮存物料时，应依照物料的特性分类存放，对有温度、湿度等要求的物料，应配置必要的设备设施。物料的贮存仓库应由专人管理，并制定有效的防潮、防虫害、清洁卫生等管理措施，及时清理过期或变质的物料，超过保质期的物料不得用于生产。不得将任何危害人体健康的非食用物质添加到食品中。在食品的生产过程中使用的食品添加剂和食品相关产品也应符合食品安全国家标准。

3. 检验控制。企业对各类样品可以自行进行检验，也可以委托具备相应资质的食品检验机构进行检验。企业开展自行检验应配备相应的检验设备、试剂、标准样品等，建立实验室管理制度，明确各检验项目的检验方法。检验人员应具备开展相应检验项目的资质，按规定的检验方法开展检验工作。为确保检验结果科学、准确，检验仪器设备精度必须符合要求。不具备产品出厂检验能力的企业，应委托外部食品检验机构进行检验,委托检验应选择获得相关资质的食品检验机构。

4. 运输和交付控制。要求运输工具、设备应当安全、无害,保持清洁,防止食品污染,并根据不同的食品种类保证相应的温度和湿度。不得将食品与有毒有害物品一同运输等。交付是生产者保障食品安全的最终控制阶段,食品生产企业应当在交付过程中做好防护措施、台账记录等。

关联法规

《食品安全国家标准 食品生产通用卫生规范》(GB 14881－2013)

第四十七条 【自查制度】食品生产经营者应当建立食品安全自查制度,定期对食品安全状况进行检查评价。生产经营条件发生变化,不再符合食品安全要求的,食品生产经营者应当立即采取整改措施;有发生食品安全事故潜在风险的,应当立即停止食品生产经营活动,并向所在地县级人民政府食品安全监督管理部门报告。

条文注释

一般来说,食品安全检查可以从以下几个方面进行:(1)食品安全管理制度的建立落实情况。检查本企业的制度是否健全、完善;生产过程中每个环节是否按照控制要求进行操作。(2)设施、设备是否处于正常、安全的运行状态;餐具、饮具、包装材料等是否清洁、无毒无害;用水是否符合国家规定的标准;食品贮存和运输是否符合要求。(3)检查从业人员在工作中是否严格遵守操作规范和食品安全管理制度。(4)检查从业人员在工作中是否具备相应的安全知识和安全生产技能。(5)生产经营过程是否符合食品生产经营的记录查验制度要求,生产企业出厂食品是否经过检验。(6)食品的标签是否符合规定。(7)检查与食品安全有关的事故隐患。(8)发现问题食品是否及时召回处理。(9)其他事项。

食品生产经营者在对其食品安全状况进行检查的过程中,发现存在安全问题，可以处理的，应当立即采取措施进行处理，如发现存在安全隐患的，应当立即采取措施加以排除。对于不能当场处理的安全问题，如设施、设备不合格，需要改建，经营条件发生变化等情况，影响到食品安全的，生产经营者应当立即采取整改措施。有发生食品安全事故潜在风险的，应当立即停止生产经营，并将这一情况向所在地县级人民政府食品安全监督管理部门报告。检查的时间、范围、内容、发现的问题及其处理情况等都应详细地记录在案。

第四十八条 【鼓励食品生产经营企业符合良好生产规范要求】国家鼓励食品生产经营企业符合良好生产规范要求，实施危害分析与关键控制点体系，提高食品安全管理水平。

对通过良好生产规范、危害分析与关键控制点体系认证的食品生产经营企业，认证机构应当依法实施跟踪调查；对不再符合认证要求的企业，应当依法撤销认证，及时向县级以上人民政府食品安全监督管理部门通报，并向社会公布。认证机构实施跟踪调查不得收取费用。

条文注释

良好生产规范，又称良好操作规范，是为保证食品质量安全而制定的贯穿于食品生产全过程的一系列方法、技术要求和监控措施，是一种特别注重在生产过程中实施的对产品质量与卫生安全进行自主性管理的制度。

危害分析与关键控制点体系，是指对食品加工、运输以及销售整个过程中的各种危害进行分析和控制，从而保证食品达到安全水平。它是一个以预防食品安全为基础的食品生产、质量控制的保证体系，是一个系统的、连续性的食品安全预防和控制方法。该体系的核心是用来保护食品从田间到餐桌的整个过程中免受可能发生的生物、化学、物理因素的危害，尽可能把发生食品危险的可能性消灭在生产、运输过程中，而不是像传统的质量监督那样单纯依靠事后检验以保证食品的可靠性。

关联法规

《认证认可条例》第27条

第四十九条　【农业投入品的使用】食用农产品生产者应当按照食品安全标准和国家有关规定使用农药、肥料、兽药、饲料和饲料添加剂等农业投入品,严格执行农业投入品使用安全间隔期或者休药期的规定,不得使用国家明令禁止的农业投入品。禁止将剧毒、高毒农药用于蔬菜、瓜果、茶叶和中草药材等国家规定的农作物。

食用农产品的生产企业和农民专业合作经济组织应当建立农业投入品使用记录制度。

县级以上人民政府农业行政部门应当加强对农业投入品使用的监督管理和指导,建立健全农业投入品安全使用制度。

条文注释

本条在农业投入品使用管理方面规定:

第一,2015年修订食品安全法时增加规定"严格执行农业投入品使用安全间隔期或者休药期的规定,不得使用国家明令禁止的农业投入品"。安全间隔期,是对农药使用而言,指自喷药后到农药残留量降到最大允许残留量所需间隔时间,最后一次喷药与收获之间必须大于安全间隔期,以防人畜中毒。休药期,也称消除期,是对兽药使用而言,指动物从停止给药到许可屠宰或它们的乳、蛋等产品许可上市的间隔时间。

第二,2015年修订食品安全法时增加规定"禁止将剧毒、高毒农药用于蔬菜、瓜果、茶叶和中草药材等国家规定的农作物"。这一规定是与《农药管理条例》的相关规定相衔接的。该条例第34条第4款规定:"剧毒、高毒农药不得用于防治卫生害虫,不得用于蔬菜、瓜果、茶叶、菌类、中草药材的生产,不得用于水生植物的病虫害防治。"

关联法规

《农产品质量安全法》

《农药管理条例》

《兽药管理条例》

《饲料和饲料添加剂管理条例》

第五十条 【食品生产者的进货查验记录制度】食品生产者采购食品原料、食品添加剂、食品相关产品,应当查验供货者的许可证和产品合格证明;对无法提供合格证明的食品原料,应当按照食品安全标准进行检验;不得采购或者使用不符合食品安全标准的食品原料、食品添加剂、食品相关产品。

食品生产企业应当建立食品原料、食品添加剂、食品相关产品进货查验记录制度,如实记录食品原料、食品添加剂、食品相关产品的名称、规格、数量、生产日期或者生产批号、保质期、进货日期以及供货者名称、地址、联系方式等内容,并保存相关凭证。记录和凭证保存期限不得少于产品保质期满后六个月;没有明确保质期的,保存期限不得少于二年。

条文注释

进货查验制度,是指食品生产者依照法律、法规和规章的规定在采购时,对购进的食品原料、食品添加剂、食品相关产品的质量状况进行检查,对经检查确认符合食品安全标准的方可予以购进的进货质量保证制度。

本条第2款规定的进货查验记录制度包括采购索证、进货验收和台账记录过程。第一,在采购索证方面,食品生产企业采购时,应当到证照齐全的食品生产经营者或市场采购,索取销售者或市场管理者出具的购物凭证并留存备查。要查验证件,以便溯源。如采购生猪肉应查验是否为定点屠宰企业屠宰的产品并查验检疫合格证明;采购其他肉类也应查验检疫合格证明。不得采购没有检疫合格证明的肉类。从固定供货商或供货基地采购食品的,应索取并留存供货基地或供货商的资质证明，供货商或供货基地应签订采购供货合同并保证食品卫生质量。第二，在进货验收方面，应有专人负责验收，原则上要符合食品安全标准的要求，对不符合标准的食品不得采购。第三，在台账记录方面，应如实记录食品原料、食品添加剂、食品相关产品的名称、规格、数量、生产日期或生产批号、保质期、进货日期、供货者名称、地址及其联系方式等内容。一旦发生食品安全事故，能够确保迅速地追溯到源头和具体责任人。2015 年修订食品安全法将保存期限修改为不得少于产品保质期满后 6 个月；对于一些没有保质期要求的产品如酒类，规定了保存期限不得少于 2 年。

第五十一条 【食品出厂检验记录制度】食品生产企业应当建立食品出厂检验记录制度，查验出厂食品的检验合格证和安全状况，如实记录食品的名称、规格、数量、生产日期或者生产批号、保质期、检验合格证号、销售日期以及购货者名称、地址、联系方式等内容，并保存相关凭证。记录和凭证保存期限应当符合本法第五十条第二款的规定。

第五十二条 【食品、食品添加剂、食品相关产品的质量检验】食品、食品添加剂、食品相关产品的生产者，应当按照食品安全标准对所生产的食品、食品添加剂、食品相关产品进行检验，检验合格后方可出厂或者销售。

条文注释

《食品安全法实施条例》第 21 条规定，食品、食品添加剂生产经营者委托生产食品、食品添加剂的，应当委托取得食品生产许可、食品添加剂生产许可的生产者生产，并对其生产行为进行监督，对委托生产的食品、食品添加剂的安全负责。受托方应当依照法律、法规、食品安全标准以及合同约定进行生产，对生产行为负责，并接受委托方的监督。第 23 条规定，对食品进行辐照加工，应当遵守食品安全国家标准，并按照食品安全国家标准的要求对辐照加工食品进行检验和标注。

第五十三条　【食品经营者的进货查验记录制度】食品经营者采购食品，应当查验供货者的许可证和食品出厂检验合格证或者其他合格证明（以下称合格证明文件）。

食品经营企业应当建立食品进货查验记录制度，如实记录食品的名称、规格、数量、生产日期或者生产批号、保质期、进货日期以及供货者名称、地址、联系方式等内容，并保存相关凭证。记录和凭证保存期限应当符合本法第五十条第二款的规定。

实行统一配送经营方式的食品经营企业，可以由企业总部统一查验供货者的许可证和食品合格证明文件，进行食品进货查验记录。

从事食品批发业务的经营企业应当建立食品销售记录制度，如实记录批发食品的名称、规格、数量、生产日期或者生产批号、保质期、销售日期以及购货者名称、地址、联系方式等内容，并保存相关凭证。记录和凭证保存期限应当符合本法第五十条第二款的规定。

第五十四条　【食品经营者贮存食品的要求】食品经营者应当按照保证食品安全的要求贮存食品，定期检查库存食品，及时清理变质或者超过保质期的食品。

食品经营者贮存散装食品，应当在贮存位置标明食品的名称、生产日期或者生产批号、保质期、生产者名称及联系方式等内容。

条文注释

《食品安全法实施条例》第22条规定，食品生产经营者不得在食品生产、加工场所贮存依照该条例第63条规定制定的名录中的物质。第63条规定，国务院食品安全监督管理部门会同国务院卫生行政等部门根据食源性疾病信息、食品安全风险监测信息和监督管理信息等，对发现的添加或者可能添加到食品中的非食品用化学物质和其他可能危害人体健康的物质，制定名录及检测方法并予以公布。也就是说，对发现的添加或者可能添加到食品中的非食品用化学物质和其他可能危害人体健康的物质，食品生产经营者不得在食品生产、加工场所贮存。

除此之外，《食品安全法实施条例》还对贮存、运输食品提出以下要求：(1)第24条规定，贮存、运输对温度、湿度等有特殊要求的食品，应当具备保温、冷藏或者冷冻等设备设施，并保持有效运行。(2)第25条规定，食品生产经营者委托贮存、运输食品的，应当对受托方的食品安全保障能力进行审核，并监督受托方按照保证食品安全的要求贮存、运输食品。受托方应当保证食品贮存、运输条件符合食品安全的要求，加强食品贮存、运输过程管理。接受食品生产经营者委托贮存、运输食品的，应当如实记录委托方和收货方的名称、地址、联系方式等内容。记录保存期限不得少于贮存、运输结束后2年。非食品生产经营者从事对温度、湿度等有特殊要求的食品贮存业务的，应当自取得营业执照之日起30个工作日内向所在地县级人民政府食品安全监督管理部门备案。

第五十五条 【餐饮服务提供者原料控制要求】餐饮服务提供者应当制定并实施原料控制要求，不得采购不符合食品安全标准的食品原料。倡导餐饮服务提供者公开加工过程，公示食品原料及其来源等信息。

餐饮服务提供者在加工过程中应当检查待加工的食品及原料，发现有本法第三十四条第六项规定情形的，不得加工或者使用。

条文注释

餐饮服务提供者要确保食品原料安全，从源头上控制采购的食品原料，就应制定并实施食品原料采购标准或具体措施。对食品材料采购标准、采购措施和应采购的食品原料作出详细具体记录，如原料的产地、性能、数量、包装要求等，采购时要索取证明文件，并做好采购记录，便于溯源。餐饮服务提供者应根据其自身的监控重点采取适当措施保证原料合格。可现场查验原料供应者是否具有生产合格原料的能力；应查验供货者原料合格证明文件、动物检疫合格证明，并对原料进行验收审核。发现不符合食品安全标准的，不得采购。

第五十六条　【餐饮服务提供者的食品安全管理】餐饮服务提供者应当定期维护食品加工、贮存、陈列等设施、设备；定期清洗、校验保温设施及冷藏、冷冻设施。

餐饮服务提供者应当按照要求对餐具、饮具进行清洗消毒，不得使用未经清洗消毒的餐具、饮具；餐饮服务提供者委托清洗消毒餐具、饮具的，应当委托符合本法规定条件的餐具、饮具集中消毒服务单位。

关联法规

《网络餐饮服务食品安全监督管理办法》

《消毒服务机构卫生规范》

《餐具、饮具集中消毒服务单位卫生监督工作规范》

第五十七条　【对集中用餐单位的要求】学校、托幼机构、养老机构、建筑工地等集中用餐单位的食堂应当严格遵守法律、法规和食品安全标准；从供餐单位订餐的，应当从取得食品生产经营许可的企业订购，并按照要求对订购的食品进行查验。供餐单位应当严格遵守法律、法规和食品安全标准，当餐加工，确保食品安全。

学校、托幼机构、养老机构、建筑工地等集中用餐单位的主管部门应当加强对集中用餐单位的食品安全教育和日常管理，降低食品安全风险，及时消除食品安全隐患。

条文注释

本条所指的集中用餐单位，一般是指机关、企事业单位、学校、工地等机构，为解决其内部职工、学生或者其他内部人员的就餐问题，而集中提供就餐服务的单位。

食堂，指设于机关、学校、企事业单位、工地等地点（场所），为供应内部职工、学生等就餐的单位。食堂的管理直接关系到职员、学生等就餐人员的基本权益和身体健康。因此，食堂的经营者必须严格按照法律、法规和食品安全标准的要求进行管理。既然是餐饮服务提供者，就要符合一定的要求，包括：（1）依法取得许可。本法第35条规定，国家对食品生产经营实行许可制度。从事食品生产、食品销售、餐饮服务，应当依法取得许可。未取得许可不能从事生产经营。（2）本法规定的食品生产经营应当符合食品安全标准和一定的要求，如相应的经营场所、设备和设施、餐具饮具的卫生要求，从业人员的卫生要求，用水的要求，洗涤剂和消毒剂的要求等。（3）本法规定食品经营者应当建立健全食品安全管理制度，原料验收、索票索证、食品贮存、餐饮用具清洗消毒、健康管理、人员培训管理制度等一系列制度要求。（4）对生产经营食品的禁止性规定。（5）其他要求。

为了保障集中用餐单位的食品安全，除了集中用餐单位本身要做好自我管理外，其主管部门也要承担起相应的职责。这里所讲的主管部门是指机关、企业事业单位、建筑工地等机构的主管部门，例如，学校的主管部门是教育部门，建筑工地的主管部门是住房和城乡建设部门，托老机构的主管部门是民政部门等。

《食品安全法实施条例》第28条同时规定，学校、托幼机构、养老机构、建筑工地等集中用餐单位的食堂应当执行原料控制、餐具饮具清洗消毒、食品留样等制度，并依照食品安全法第47条的规定定期开展食堂食品安全自查。承包经营集中用餐单位食堂的，应当依法取得食品经营许可，并对食堂的食品安全负责。集中用餐单位应当督促承包方落实食品安全管理制度，承担管理责任。

关联法规

《学校食品安全与营养健康管理规定》

第五十八条 【对餐具、饮具集中消毒服务单位的要求】餐具、饮具集中消毒服务单位应当具备相应的作业场所、清洗消毒设备或者设施，用水和使用的洗涤剂、消毒剂应当符合相关食品安全国家标准和其他国家标准、卫生规范。

餐具、饮具集中消毒服务单位应当对消毒餐具、饮具进行逐批检验，检验合格后方可出厂，并应当随附消毒合格证明。消毒后的餐具、饮具应当在独立包装上标注单位名称、地址、联系方式、消毒日期以及使用期限等内容。

条文注释

《食品安全法实施条例》还对集中消毒服务单位提出如下要求：(1)第26条规定，餐饮服务提供者委托餐具饮具集中消毒服务单位提供清洗消毒服务的，应当查验、留存餐具饮具集中消毒服务单位的营业执照复印件和消毒合格证明。保存期限不得少于消毒餐具饮具使用期限到期后6个月。(2)第27条规定，餐具饮具集中消毒服务单位应当建立餐具饮具出厂检验记录制度，如实记录出厂餐具饮具的数量、消毒日期和批号、使用期限、出厂日期以及委托方名称、地址、联系方式等内容。出厂检验记录保存期限不得少于消毒餐具饮具使用期限到期后6个月。消毒后的餐具饮具应当在独立包装上标注单位名称、地址、联系方式、消毒日期和批号以及使用期限等内容。

关联法规

《消毒服务机构卫生规范》

《食品安全国家标准 消毒餐(饮)具》(GB 14934－2016)

第五十九条 【食品添加剂生产者的出厂检验记录制度】食品添加剂生产者应当建立食品添加剂出厂检验记录制度，查验出厂产品的检验合格证和安全状况，如实记录食品添加剂的名称、规格、数量、生产日期或者生产批号、保质期、检验合格证号、销售日期以及购货者名称、地址、联系方式等相关内容，并保存相关凭证。记录和凭证保存期限应当符合本法第五十条第二款的规定。

条文注释

本法第51条对食品生产企业建立食品出厂检验记录作了规定。由于食品添加剂本身不是食品，而是为食品生产加工的需要而加入的其他物质，不能单独使用，所以第51条的规定未能包括食品添加剂的出厂检验。2015年修订食品安全法，对食品添加剂的生产、销售作了更加细致的规定。

食品添加剂生产者应如实记录相关信息，这是建立可追溯制度的前提。本条规定食品添加剂生产者必须如实记录食品添加剂的名称、规格、数量、生产日期或者生产批号、保质期、检验合格证号、销售日期以及购货者名称、地址、联系方式等相关内容，这是食品添加剂生产者的法定义务。食品添加剂出厂检验记录应当真实，不得凭空捏造、涂改食品出厂检验记录，这样可以在出现问题时及时追溯问题源头。法律规定食品出厂检验记录和凭证的保存期限不得少于产品保质期满后6个月，没有明确保质期的，保存期限不得少于2年。

第六十条 【食品添加剂经营者的进货查验记录制度】食品添加剂经营者采购食品添加剂，应当依法查验供货者的许可证和产品合格证明文件，如实记录食品添加剂的名称、规格、数量、生产日期或者生产批号、保质期、进货日期以及供货者名称、地址、联系方式等内容，并保存相关凭证。记录和凭证保存期限应当符合本法第五十条第二款的规定。

条文注释

本条对食品添加剂经营者采购食品添加剂作了专门规定。食品添加剂经营者在采购食品添加剂时，应当严格把关，严格审查食品添加剂的来源。第一,应查验添加剂许可证。按照本法的规定,食品添加剂生产必须取得许可。因此,食品添加剂经营者在采购食品添加剂时,首先要查验供货者的生产许可证,确保所采购的食品添加剂为合法企业生产的产品。第二,应查验供货者的产品合格证明文件。产品合格证明文件是食品添加剂生产者或者第三方检验机构出具的用于证明出厂产品的质量经过检验,符合相关要求的证明文件。

第六十一条　【集中交易市场等的食品安全管理责任】集中交易市场的开办者、柜台出租者和展销会举办者,应当依法审查入场食品经营者的许可证,明确其食品安全管理责任,定期对其经营环境和条件进行检查,发现其有违反本法规定行为的,应当及时制止并立即报告所在地县级人民政府食品安全监督管理部门。

条文注释

集中交易市场是食品经营者在固定场所,按一定规则,有组织地开展食品销售、餐饮服务等食品经营活动的一个重要场所。集中交易市场是不直接从事食品生产经营的,一般不需要取得食品生产经营许可。为了加强对集中交易市场的食品安全监管,保障消费者的权益,本条规定了集中交易市场的开办者、柜台出租者和展销会举办者审查入场食品经营者的许可证和定期检查等方面的责任。

1. 提前报告义务。《食品安全法实施条例》第31条明确规定,食品集中交易市场的开办者、食品展销会的举办者应当在市场开业或者展销会举办前向所在地县级人民政府食品安全监督管理部门报告。

2. 审查和检验的义务。集中交易市场的开办者、柜台出租者和展销会举办者应当允许有经营资格的主体入场经营。经营资格的凭证就是许可证和营业执照。通过对入场食品经营者许可证和营业执照的审查,确保入场经营者的主体资格。对未取得相关许可证的，不得允许其入场经营。

3. 明确入场食品经营者的食品安全管理责任。集中交易市场应制定食品安全检查制度及其他管理制度，指定专人负责食品安全管理。食品安全管理人员应当接受食品安全知识和业务知识培训。对取得相关许可证的入场食品经营者，集中交易市场的开办者、柜台出租者和展销会举办者应当与其签订食品安全责任书，明确其食品安全管理责任。

4. 定期进行检查。集中交易市场的开办者、柜台出租者和展销会举办者作为承担义务的主体，应当建立健全食品安全管理制度，定期对入场的食品经营者的经营环境和条件进行检查，看入场经营者的经营条件和经营环境是否符合本法的要求。如检查经营的内容是否与许可证的许可范围一致，检查经营者是否具有与经营的食品相适应的场所，场所是否干净整洁，是否有与经营的食品相适应的设备或设施，设备、设施是否符合要求，从业人员是否符合食品安全管理制度，是否建立和执行食品进货查验记录制度，经营的食品是否属于本法规定的禁止生产经营的食品，盛放食品的容器、工具和设备是否符合规定等，并将以上检查情况进行记录。

5. 制止并报告的义务。对检查中发现的问题，应督促入场经营者及时采取整改措施，发现食品经营者有违法行为的，应当及时制止并立即报告县级人民政府食品安全监督管理部门。

第六十二条 【网络食品交易第三方平台提供者的义务】 网络食品交易第三方平台提供者应当对入网食品经营者进行实名登记，明确其食品安全管理责任；依法应当取得许可证的，还应当审查其许可证。

网络食品交易第三方平台提供者发现入网食品经营者有违反本法规定行为的，应当及时制止并立即报告所在地县级人民政府食品安全监督管理部门；发现严重违法行为的，应当立即停止提供网络交易平台服务。

条文注释

本条是2015年修订本法时新增加的内容，对网络食品交易第三方平台提供者的义务作出以下规定：

1. 网络食品交易第三方平台提供者对入网食品经营者的身份进行审查的义务。网络食品交易第三方平台提供者，是指在入网食品交易活动中为交易双方或者多方提供网页空间、虚拟经营场所、交易规则、交易撮合、信息发布等服务，供交易双方或者多方独立开展交易活动的信息网络系统。审查义务主要为实名登记义务，网络食品交易第三方平台提供者应当记录入网食品经营者的真实名称、地址和有效联系方式，以实现交易的可追溯和责任的可追究。对于依照本法第35条规定应当取得许可的入网食品经营者，还应当审查其许可证。网络食品交易第三方平台提供者在对入网食品经营者进行身份审查的同时，还应当明确其食品安全管理责任。

2. 网络食品交易第三方平台提供者制止、报告和停止提供服务的义务。网络食品交易第三方平台提供者应当对入网食品经营者及其发布的食品信息建立检查监控制度，并履行制止、报告和停止提供服务的义务，发现入网食品经营者有违反本法规定行为的，应当及时制止违法行为，并立即报告所在地的县级人民政府食品安全监督管理部门；发现入网食品经营者有严重违法行为的，应当立即停止提供网络交易平台服务。

3. 网络食品交易第三方平台提供者保存入网食品经营者登记信息和交易信息的义务。根据《食品安全法实施条例》第32条的规定，网络食品交易第三方平台提供者应当妥善保存入网食品经营者的登记信息和交易信息。县级以上人民政府食品安全监督管理部门开展食品安全监督检查、食品安全案件调查处理、食品安全事故处置确需了解有关信息的，经其负责人批准，可以要求网络食品交易第三方平台提供者提供，网络食品交易第三方平台提供者应当按照要求提供。县级以上人民政府食品安全监督管理部门及其工作人员对网络食品交易第三方平台提供者提供的信息依法负有保密义务。

第六十三条 【食品召回制度】国家建立食品召回制度。食品生产者发现其生产的食品不符合食品安全标准或者有证据证明可能危害人体健康的,应当立即停止生产,召回已经上市销售的食品,通知相关生产经营者和消费者,并记录召回和通知情况。

食品经营者发现其经营的食品有前款规定情形的,应当立即停止经营,通知相关生产经营者和消费者,并记录停止经营和通知情况。食品生产者认为应当召回的,应当立即召回。由于食品经营者的原因造成其经营的食品有前款规定情形的,食品经营者应当召回。

食品生产经营者应当对召回的食品采取无害化处理、销毁等措施,防止其再次流入市场。但是,对因标签、标志或者说明书不符合食品安全标准而被召回的食品,食品生产者在采取补救措施且能保证食品安全的情况下可以继续销售;销售时应当向消费者明示补救措施。

食品生产经营者应当将食品召回和处理情况向所在地县级人民政府食品安全监督管理部门报告;需要对召回的食品进行无害化处理、销毁的,应当提前报告时间、地点。食品安全监督管理部门认为必要的,可以实施现场监督。

食品生产经营者未依照本条规定召回或者停止经营的,县级以上人民政府食品安全监督管理部门可以责令其召回或者停止经营。

条文注释

食品安全法所称回收食品,是指已经售出,因违反法律、法规、食品安全标准或者超过保质期等原因,被召回或者退回的食品,但不包括依照本条第3款的规定可以继续销售的食品。根据食品召回程序的启动方式,食品召回可分为食品生产经营者主动召回和监管部门责令召回两种。

1. 主动召回。(1)食品生产者召回。食品生产者发现其生产的食品不符合食品安全标准或者有证据证明可能危害人体健康的,应当立即停止生产,召回已经上市销售的食品,通知相关生产经营者和消费者,并记录召回和通知情况。2015 年修订食品安全法,增加了召回“有证据证明可能危害人体健康”食品的规定。有些没有食品安全标准或者虽然满足了现有的食品安全标准,但仍可能存在危害人体健康的食品,只要有证据证明可能危害人体健康的,也应当予以召回。(2)食品经营者召回。食品经营者发现其经营的食品不符合食品安全标准或者有证据证明可能危害人体健康的,应当立即停止经营,通知相关生产经营者和消费者,以便及时采取补救措施,避免危害进一步扩大,并记录停止经营和通知情况。食品生产者接到经营者的通知后,认为应当召回的,应当立即召回。由于食品经营者的原因,如贮存不当,造成其经营的食品有前述规定情形的,应当由食品经营者而非生产者进行召回。

2. 责令召回。县级以上人民政府食品安全监督管理部门发现食品生产经营者生产经营的食品不符合食品安全标准或者有证据证明可能危害人体健康,但未依照本条规定召回或者停止经营的,可以责令其召回或者停止经营。食品生产经营者在接到责令召回的通知后,应当立即停止生产或者经营,按照本条第 1 款、第 2 款和第 3 款规定的程序召回不符合食品安全标准的食品,进行相应的处理,并将食品召回和处理情况向所在地县级人民政府食品安全监督管理部门报告。

《食品安全法实施条例》第 29 条第 1 款规定,食品生产经营者应当对变质、超过保质期或者回收的食品进行显著标示或者单独存放在有明确标志的场所,及时采取无害化处理、销毁等措施并如实记录。第 30 条进一步规定,县级以上地方人民政府根据需要建设必要的食品无害化处理和销毁设施。食品生产经营者可以按照规定使用政府建设的设施对食品进行无害化处理或者予以销毁。

关联法规

《食品召回管理办法》

第六十四条　【食用农产品批发市场的管理】食用农产品批发市场应当配备检验设备和检验人员或者委托符合本法规定的食品检验机构,对进入该批发市场销售的食用农产品进行抽样检验;发现不符合食品安全标准的,应当要求销售者立即停止销售,并向食品安全监督管理部门报告。

条文注释

根据本条规定,批发市场的主要责任包括以下两个方面:(1)对进场销售的食用农产品进行抽样检验。抽样检验是指在销售的食用农产品中随机抽取样品进行检验,从而确定所销售的食用农产品是否符合食品安全国家标准的检验方式。履行这一职责,批发市场应当配备检验设备和检验人员,如果因为条件所限无法配备,也可以委托符合食品安全法规定的食品检验机构进行抽样检验。符合食品安全法规定的食品检验机构,是指按照国家有关认证认可管理规定,取得资质认定的食品检验机构。应当指出的是,对食用农产品进行抽样检验,既可以采取一般实验室检验方式,也可以采用快速检测方式。(2)对于通过抽样检验,发现不符合食品安全标准的食用农产品,批发市场因为不是执法部门,所以无权对销售者予以处罚,但应当要求销售者立即停止销售,并向当地的食品安全监督管理部门报告。

关联法规

《食用农产品市场销售质量安全监督管理办法》

第六十五条　【食用农产品销售者进货查验记录制度】食用农产品销售者应当建立食用农产品进货查验记录制度,如实记录食用农产品的名称、数量、进货日期以及供货者名称、地址、联系方式等内容,并保存相关凭证。记录和凭证保存期限不得少于六个月。

条文注释

理解本条的食用农产品进货查验记录制度，应当注意以下三点：(1)适用这一制度的主体，包括食用农产品销售企业和个体工商户，但不包括食品摊贩。食品摊贩的具体管理制度适用有关省、自治区、直辖市地方立法的规定。(2)需要查验并记录的具体事项，包括食用农产品的名称、数量、进货日期以及供货者名称、地址、联系方式等内容。(3)食用农产品经营者除了要做好查验记录外，还要对记录予以保存，并保存相关凭证，二者的保存期限均不得少于6个月。6个月的时间从经营者购进该批产品之日起计算。对于食用农产品销售者违反本条规定的，要依据本法第126条的规定，承担相应的法律责任。

第六十六条 【食用农产品销售环节使用食品相关产品的要求】进入市场销售的食用农产品在包装、保鲜、贮存、运输中使用保鲜剂、防腐剂等食品添加剂和包装材料等食品相关产品，应当符合食品安全国家标准。

条文注释

食用农产品进入市场销售后，在包装、保鲜、贮存、运输环节，除了使用食品添加剂以外，还需要使用包装材料等食品相关产品。食品包装材料，是指包装、盛放食品或者食品添加剂用的纸、竹、木、金属、搪瓷、陶瓷、塑料、橡胶、天然纤维、化学纤维、玻璃等制品和直接接触食品或者食品添加剂的涂料。除了包装材料外，食用农产品在贮存、运输过程中，还需要使用容器、工具和设备等食品相关产品。食品安全国家标准对食品相关产品中的致病性微生物、农药残留、兽药残留、生物毒素、重金属等污染物质以及其他危害人体健康物质的限量作了规定。如果在食用农产品的包装、贮存、运输环节使用了不符合食品安全国家标准的食品相关产品，会对食品安全造成危害，需要承担相应的法律责任。

应当指出的是，本条规定的主体，既包括食用农产品经营者，也包括专门运输和贮存食用农产品的物流公司、仓储公司等其他主体，都应当按照食品安全国家标准的要求，使用食品添加剂和食品相关产品，以确保食用农产品的安全。

第三节　标签、说明书和广告

第六十七条　【预包装食品标签】预包装食品的包装上应当有标签。标签应当标明下列事项：

（一）名称、规格、净含量、生产日期；

（二）成分或者配料表；

（三）生产者的名称、地址、联系方式；

（四）保质期；

（五）产品标准代号；

（六）贮存条件；

（七）所使用的食品添加剂在国家标准中的通用名称；

（八）生产许可证编号；

（九）法律、法规或者食品安全标准规定应当标明的其他事项。

专供婴幼儿和其他特定人群的主辅食品，其标签还应当标明主要营养成分及其含量。

食品安全国家标准对标签标注事项另有规定的，从其规定。

关联法规

《食品安全国家标准　预包装食品标签通则》（GB 7718－2011）

《食品安全国家标准　预包装食品营养标签通则》（GB 28050－2011）

《食品安全国家标准　预包装特殊膳食用食品标签》（GB 13432－2013）

第六十八条 【散装食品标注的要求】食品经营者销售散装食品，应当在散装食品的容器、外包装上标明食品的名称、生产日期或者生产批号、保质期以及生产经营者名称、地址、联系方式等内容。

条文注释

散装食品，是指无预包装的食品、食品原料及加工半成品，但不包括新鲜果蔬，以及需清洗后加工的原粮、鲜冻畜禽产品和水产品等，即消费者购买后可不需清洗即可烹调加工或直接食用的食品，主要包括各类熟食、面及面制品、速冻食品、酱腌菜、蜜饯、干果及炒货等。

经营者销售散装食品时应当在货架等容器、外包装上标明两个方面的内容：一是与食品相关的食品名称、生产日期或者生产批号、保质期等；二是与生产经营者相关的生产经营者名称、地址、联系方式等。上述内容只是法定最低要求，食品经营者出于扩大信誉、保障消费者的知情权等因素考虑，可以在标注上述内容的前提下，自行标注其他内容。

第六十九条 【转基因食品的标示】生产经营转基因食品应当按照规定显著标示。

条文注释

《食品安全法实施条例》第33条规定，生产经营转基因食品应当显著标示，标示办法由国务院食品安全监督管理部门会同国务院农业行政部门制定。

关联法规

《农业法》第64条

《种子法》第41条

《畜牧法》第20条

《渔业法》第17条

《农业转基因生物安全管理条例》

第七十条　【食品添加剂标签、说明书和包装的要求】食品添加剂应当有标签、说明书和包装。标签、说明书应当载明本法第六十七条第一款第一项至第六项、第八项、第九项规定的事项，以及食品添加剂的使用范围、用量、使用方法，并在标签上载明“食品添加剂”字样。

条文注释

食品添加剂标签，是指食品添加剂包装上的文字、图形、符号等一切说明。食品添加剂说明书，是指销售食品添加剂产品时所提供的除标签以外的说明材料。食品添加剂包装，是指用于包裹食品添加剂以便于储存、销售和使用的塑料袋、纸盒、玻璃瓶等物品。食品添加剂标签、说明书和包装是一个整体，不得分离。

为明确产品责任主体，保证食品添加剂正确贮存和安全使用，保障食品安全，食品添加剂应当载明下列事项：一是本法第67条规定的相关事项：(1)名称、规格、净含量、生产日期。单一品种食品添加剂应按相关规定的名称标示食品添加剂的中文名称；如果相关规定已规定了某食品添加剂的一个或几个名称时，应选用其中的一个。净含量的标示应由净含量、数字和法定计量单位组成。同一包装内含有多个单件食品添加剂时，大包装在标示净含量的同时还应标示规格。规格的标示应由单件食品添加剂净含量和件数组成，或只标示件数，可不标示“规格”二字。(2)成分或者配料表。配料表应该根据每种食品添加剂含量递减顺序排列。如果单一品种或复配食品添加剂中含有辅料，辅料应列在各单一品种食品添加剂之后，并按辅料含量递减顺序排列。(3)生产者的名称、地址、联系方式。生产者的名称和地址应当是依法登记注册，能够承担产品安全质量责任的生产者的名称、地址。依法承担法律责任的生产者或经销者的联系方式可标示以下至少一项内容：电话、传真、网络联系方式等。(4)保质期。(5)产品标准代号。国内生产并在国内销售的食品添加剂（不包括进口食品添加剂）应标示产品所执行的标准代号和顺序号。(6)贮存条件。(7)在国家标准中的通用名称。(8)生产许可证编号。国内生产并在国内销售的属于实施生产许可证管理范围之内的食品添加剂(不包括进口食品添加剂)应标示有效的食品添加剂生产许可证编号,标示形式按照相关规定执行。(9)法律、法规或者食品安全标准规定应当标明的其他事项。二是食品添加剂的使用范围、用量、使用方法。三是食品添加剂的标签应当载明"食品添加剂"字样。字样应当清楚、明显,符合有关标准规定的要求,以便于食品生产者和消费者识别,避免误用。

关联法规

《食品安全国家标准 食品添加剂标识通则》(GB 29924－2013)

第七十一条　【标签、说明书的真实性要求】食品和食品添加剂的标签、说明书,不得含有虚假内容,不得涉及疾病预防、治疗功能。生产经营者对其提供的标签、说明书的内容负责。

食品和食品添加剂的标签、说明书应当清楚、明显,生产日期、保质期等事项应当显著标注,容易辨识。

食品和食品添加剂与其标签、说明书的内容不符的,不得上市销售。

条文注释

本条规定的食品和食品添加剂的标签、说明书基本要求如下:

1. 食品和食品添加剂的标签、说明书的基本要求是真实性和准确性。其内容应当与食品和食品添加剂的有关情况相一致,其描述应当科学、客观。不得以虚假、使消费者误解或欺骗性的文字、图形等方式介绍食品和食品添加剂;不得利用字号大小或色差误导消费者;不得以直接或者间接暗示性的语言、图形、符号,使消费者或者使用者将食品、食品添加剂的某一性质与另一产品混淆。

2. 食品、食品添加剂的标签、说明书不得涉及疾病预防、治疗功能。疾病预防、治疗功能是药品应具备的功能,食品、食品添加剂的标签、说明书的内容涉及疾病预防、治疗功能的,如果本身并无疾病预防、治疗功能,则构成欺诈;如果本身确有疾病预防、治疗功能,而未取得药品生产许可,则违反了药品管理法律法规的相关规定。

3. 食品、食品添加剂的标签、说明书上标有食品、食品添加剂的净含量、生产日期、成分或者配料等相关信息,标注其的生产经营者应当对这些内容的真实性负责,保证这些内容准确无误。另外,生产经营者如果在食品、食品添加剂的标签、说明书上对产品的品质、服务等作出保证或者承诺,也应当对这些保证或者承诺负责。食品、食品添加剂的标签、说明书上所载明的内容是消费者或者使用者购买、使用这些食品、食品添加剂的依据,如果内容与事实不符,生产经营者应当承担相应的法律责任。

4. 食品和食品添加剂的标签、说明书应当清楚和明显。其字体、背景和底色应当清晰、醒目、持久,应使消费者购买时易于辨认和识读;其所用文字除注册商标外应当为规范的中文,可以同时使用汉语拼音或者少数民族文字,也可以同时使用外文,但应当与中文有对应关系,除注册商标外所使用的外文不得大于相应的中文;其使用的文字、符号、数字的大小应当符合规定要求;具有装饰作用的各种艺术字,应书写正确,易于辨认;生产日期、保质期等事项应当显著标注,容易辨识,如应当清晰标示食品、食品添加剂的生产日期和保质期,日期标示采用"见包装物某部位"的形式,应标示所在包装物的具体部位;应当在标签的醒目位置,清晰地标示反映食品真实属性的专用名称以及"食品添加剂"字样。

5. 食品和食品添加剂与其标签、说明书所载明的内容不符的,不得上市销售。食品、食品添加剂的标签、说明书所载明的内容应当与食品、食品添加剂的真实情况相符。生产者如果故意标注虚假信息,则构成欺诈,应依法承担相应的法律责任。如果由于生产过程中的偶然因素导致食品、食品添加剂的真实情况与食品、食品添加剂的标签、说明书所载明的内容不相符,则应及时更改标签、说明书所载明的内容或者更换不相符的食品、食品添加剂,否则不得上市销售。

关联法规

《绿色食品标志管理办法》

第七十二条 【预包装食品的销售要求】食品经营者应当按照食品标签标示的警示标志、警示说明或者注意事项的要求销售食品。

条文注释

食品标签标示的警示标志、警示说明或者注意事项，是指为引起人们对某些不安全因素的警惕或者注意，避免食品本身损坏或者危及消费者的人身、财产安全，而标示的图形标志或者文字说明。警示标志、警示说明或者注意事项事关消费者的人身和财产安全，食品经营者应认真对待，尽到注意义务。对于标签上标有警示标志、警示说明或者注意事项的食品，食品经营者应当严格按照标签的要求销售。食品经营者没有按照警示标志、警示说明或者注意事项的要求销售，导致消费者损失的，应承担相应的法律责任。

关联法规

《产品质量法》第27、28条

《食品标识管理规定》第15条

第七十三条 【食品广告要求】食品广告的内容应当真实合法，不得含有虚假内容，不得涉及疾病预防、治疗功能。食品生产经营者对食品广告内容的真实性、合法性负责。

县级以上人民政府食品安全监督管理部门和其他有关部门以及食品检验机构、食品行业协会不得以广告或者其他形式向消费者推荐食品。消费者组织不得以收取费用或者其他牟取利益的方式向消费者推荐食品。

条文注释

理解本条除应注意广告法的规定外，还应注意本法关于食品广告的特殊性规定。本法第79条规定，保健食品广告除应当符合本条第1款的规定外，还应当声明“本品不能代替药物”；其内容应当经生产企业所在地省、自治区、直辖市人民政府食品安全监督管理部门审查批准,取得保健食品广告批准文件。省、自治区、直辖市人民政府食品安全监督管理部门应当公布并及时更新已经批准的保健食品广告目录以及批准的广告内容。第 80 条第 2 款规定,特殊医学用途配方食品广告适用广告法和其他法律、行政法规关于药品广告管理的规定。

同时,《食品安全法实施条例》第 34 条规定,禁止利用包括会议、讲座、健康咨询在内的任何方式对食品进行虚假宣传。食品安全监督管理部门发现虚假宣传行为的,应当依法及时处理。

关联法规

《广告法》

《药品管理法》第 89 ~ 91 条

《消费者权益保护法》第 45 条

《互联网广告管理暂行办法》

第四节　特 殊 食 品

第七十四条　【特殊食品严格监管原则】国家对保健食品、特殊医学用途配方食品和婴幼儿配方食品等特殊食品实行严格监督管理。

条文注释

特殊食品,是指保健食品、特殊医学用途配方食品、婴幼儿配方食品和其他专供特定人群的主辅食品。2015 年修订本法,将特殊食品专设一节规定,充实了对保健食品的具体管理规定,增加了对特殊医学用途配方食品和婴幼儿配方食品的管理规定,体现了对保健食品、特殊医学用途配方食品和婴幼儿配方食品等特殊食品实行严格监督管理的原则。

实行严格监督管理,具体表现在:(1)注册或者备案制度。生产普通食品只要求取得食品生产许可,并不需要进行产品注册或者备案;而生产保健食品、特殊医学用途配方食品、婴幼儿配方食品除需要取得食品生产许可外，还要进行产品或者配方的注册或者备案。(2)生产质量管理体系。国家对普通食品生产经营企业符合良好生产规范要求，实施危害分析与关键控制点管理体系的规定，是采取鼓励的态度，并非强制要求。但是对生产保健食品、特殊医学用途配方食品、婴幼儿配方食品和其他专供特定人群的主辅食品的企业，要求按照良好生产规范的要求建立与所生产食品相适应的生产质量管理体系。(3)其他管理制度。例如，特殊医学用途配方食品广告适用广告法和其他法律、行政法规关于药品广告管理的规定，婴幼儿配方食品生产企业对出厂的婴幼儿配方食品实施逐批检验等。这些都是比普通食品更加严格的要求。同时还应注意，特殊食品在本质上仍是食品，其生产经营除应当遵守本节规定的要求以外，还应当遵守本法对食品规定的一般性要求。(4)《食品安全法实施条例》第35条规定，保健食品生产工艺有原料提取、纯化等前处埋工序的，生产企业应当具备相应的原料前处理能力。第38条规定，对保健食品之外的其他食品，不得声称具有保健功能。对添加食品安全国家标准规定的选择性添加物质的婴幼儿配方食品，不得以选择性添加物质命名。第39条第2款明确规定，特殊食品不得与普通食品或者药品混放销售。

关联法规

《特殊食品验证评价技术机构工作规范》

第七十五条 【保健食品原料目录和功能目录】保健食品声称保健功能，应当具有科学依据，不得对人体产生急性、亚急性或者慢性危害。

保健食品原料目录和允许保健食品声称的保健功能目录，由国务院食品安全监督管理部门会同国务院卫生行政部门、国家中医药管理部门制定、调整并公布。

保健食品原料目录应当包括原料名称、用量及其对应的功效；列入保健食品原料目录的原料只能用于保健食品生产，不得用于其他食品生产。

条文注释

实行注册和备案相结合，是2015年修订食品安全法确立的保健食品基本管理制度。而保健食品原料目录是保健食品实施注册或者备案管理的重要依据。《卫生部关于进一步规范保健食品原料管理的通知》（卫法监发〔2002〕51号）发布了三个名单："既是食品又是药品的物品名单"、"可用于保健食品的物品名单"和"保健食品禁用物品名单"。2015年修订食品安全法将保健食品原料目录从单一物质的名单扩充为包括原料名称、用量和对应的功效的完整目录，以保障产品的安全和保健功能。目录中的"原料"不再是单一物质，而是产生某一功效的单一物质或者多种物质的组合、配伍。用量是指保证保健食品安全性和具备相应保健功能应当达到的最低和最高限量。功效是指保健食品原料在一定用量下的功效，原料或者用量的改变都有可能导致功效的改变。保健食品原料目录中的原料、用量、功效是一一对应的关系。此外，关于保健食品原料目录的制定主体，本法明确规定由国务院食品安全监督管理部门会同国务院卫生行政部门、国家中医药管理部门制定、调整并公布。

关联法规

《保健食品原料目录与保健功能目录管理办法》

第七十六条　【保健食品注册和备案制度】使用保健食品原料目录以外原料的保健食品和首次进口的保健食品应当经国务院食品安全监督管理部门注册。但是，首次进口的保健食品中属于补充维生素、矿物质等营养物质的，应当报国务院食品安全监督管理部门备案。其他保健食品应当报省、自治区、直辖市人民政府食品安全监督管理部门备案。

进口的保健食品应当是出口国（地区）主管部门准许上市销售的产品。

条文注释

本条是2015年修订食品安全法新增加的规定，划分了应当注册

与备案的保健食品范围,明确了保健食品注册与备案分类管理的基本制度。分两种情形:

1. 实行注册管理的保健食品。使用保健食品原料目录以外原料的保健食品和首次进口的保健食品应当经国务院食品安全监督管理部门注册。使用保健食品原料目录以外原料的保健食品,包括使用全新原料的保健食品和改变原料目录中的原料、用量或者功效的保健食品,都应当经国务院食品安全监督管理部门注册。首次进口的保健食品是指第一次进口到中国境内的保健食品。使用保健食品原料目录以内原料(包括用量和对应的功效)的保健食品和再次进口到中国境内的保健食品,只需要进行备案。

2. 实行备案管理的保健食品。因为标准化程度高、安全风险低,对首次进口的保健食品中属于补充维生素、矿物质等营养物质的,不实行注册管理,但应当报国务院食品安全监督管理部门备案。除应当注册的保健食品和首次进口的属于补充维生素、矿物质等营养物质的保健食品之外,其他保健食品应当报省、自治区、直辖市人民政府食品安全监督管理部门备案。

关联法规

《保健食品注册与备案管理办法》

《保健食品原料目录与保健功能目录管理办法》

《保健食品备案工作指南(试行)》

《保健食品注册申请服务指南》

第七十七条 【保健食品注册和备案的材料】依法应当注册的保健食品,注册时应当提交保健食品的研发报告、产品配方、生产工艺、安全性和保健功能评价、标签、说明书等材料及样品,并提供相关证明文件。国务院食品安全监督管理部门经组织技术审评,对符合安全和功能声称要求的,准予注册;对不符合要求的,不予注册并书面说明理由。对使用保健食品原料目录以外原料的保健食品作出准予注册决定的,应当及时将该原料纳入保健食品原料目录。

依法应当备案的保健食品，备案时应当提交产品配方、生产工艺、标签、说明书以及表明产品安全性和保健功能的材料。

第七十八条　【保健食品标签和说明书】保健食品的标签、说明书不得涉及疾病预防、治疗功能，内容应当真实，与注册或者备案的内容相一致，载明适宜人群、不适宜人群、功效成分或者标志性成分及其含量等，并声明"本品不能代替药物"。保健食品的功能和成分应当与标签、说明书相一致。

条文注释

2015年修订食品安全法时，在第78条增加了声明"本品不能代替药物""与注册或者备案的内容相一致"的要求。根据规定，保健食品的标签、说明书有以下三个方面的要求：(1)不得用"治疗""治愈""疗效""痊愈""医治"等词汇描述和介绍产品的保健作用，也不得以图形、符号或其他形式暗示疾病预防、治疗功能。(2)做到"两个一致"，即保健食品的标签、说明书与注册或者备案的内容相一致，保健食品的功能和成分与标签、说明书相一致。保健食品功能和成分的真实情况与保健食品的标签、说明书所载明的内容不一致的，不得上市销售。不得以虚假、夸张或欺骗性的文字、图形、符号描述或暗示保健功能。生产者如果故意在保健食品的标签、说明书上标注虚假信息，则构成欺诈，应依法承担相应的法律责任。(3)应当载明适宜人群、不适宜人群、功效成分或者标志性成分及其含量等。

关联法规

《保健食品标识规定》

《保健食品标注警示用语指南》

《关于规范保健食品功能声称标识的公告》

第七十九条　【保健食品广告】保健食品广告除应当符合本法第七十三条第一款的规定外，还应当声明“本品不能代替药物”；其内容应当经生产企业所在地省、自治区、直辖市人民政府食品安全监督管理部门审查批准，取得保健食品广告批准文件。省、自治区、直辖市人民政府食品安全监督管理部门应当公布并及时更新已经批准的保健食品广告目录以及批准的广告内容。

条文注释

保健食品广告，应当符合本法第73条第1款关于食品广告的规定，并与第78条中对标签、说明书的要求一致，在保健食品广告中必须声明“本品不能代替药物”。同时，本条规定了保健食品广告的审查制度。广告法对保健食品广告作出了专门规定，明确保健食品广告不得含有下列内容：(1)表示功效、安全性的断言或者保证；(2)涉及疾病预防、治疗功能；(3)声称或者暗示广告商品为保障健康所必需；(4)与药品、其他保健食品进行比较；(5)利用广告代言人作推荐、证明；(6)法律、行政法规规定禁止的其他内容。同时规定，广播电台、电视台、报刊音像出版单位、互联网信息服务提供者不得以介绍健康、养生知识等形式变相发布保健食品广告。保健食品广告，除遵守本法规定外，还应当遵守广告法的上述规定。

关联法规

《保健食品广告审查暂行规定》

《药品、医疗器械、保健食品、特殊医学用途配方食品广告审查管理暂行办法》

第八十条　【特殊医学用途配方食品】特殊医学用途配方食品应当经国务院食品安全监督管理部门注册。注册时，应当提交产品配方、生产工艺、标签、说明书以及表明产品安全性、营养充足性和特殊医学用途临床效果的材料。

特殊医学用途配方食品广告适用《中华人民共和国广告法》和其他法律、行政法规关于药品广告管理的规定。

条文注释

特殊医学用途配方食品，是指为了满足进食受限、消化吸收障碍、代谢紊乱或特定疾病状态人群对营养素或膳食的特殊需要，专门加工配制而成的配方食品。该类产品必须在医生或临床营养师指导下，单独食用或与其他食品配合食用。具体可分为全营养配方食品、特定全营养配方食品和非全营养配方食品。

《食品安全法实施条例》第36条规定，特殊医学用途配方食品生产企业应当按照食品安全国家标准规定的检验项目对出厂产品实施逐批检验。特殊医学用途配方食品中的特定全营养配方食品应当通过医疗机构或者药品零售企业向消费者销售。医疗机构、药品零售企业销售特定全营养配方食品的，不需要取得食品经营许可，但是应当遵守食品安全法和该条例关于食品销售的规定。

针对特殊医学用途配方食品广告，《食品安全法实施条例》第37条明确规定，特殊医学用途配方食品中的特定全营养配方食品广告按照处方药广告管理，其他类别的特殊医学用途配方食品广告按照非处方药广告管理。

2019年5月28日，国家市场监督管理总局发布《关于调整特殊医学用途配方食品产品通用名称的公告》，对特殊医学用途配方食品的产品通用名称进行调整。自公告发布之日起，申请人按调整后的通用名称申请特殊医学用途配方食品产品注册。已获得产品注册的生产企业无须提交变更注册申请，由市场监管总局食品审评中心直接调整其产品的通用名称并通知企业换领注册证书；在审的注册申请（含变更申请），申请人无须补正，由市场监管总局食品审评中心在审评时予以调整。已获得产品注册的生产企业，可在公告发布之日起的12个月内完成新旧标签、说明书的更替。使用旧版标签、说明书的产品，可销售至保质期结束。

关联法规

《特殊医学用途配方食品注册管理办法》

《特殊医学用途配方食品生产许可审查细则》

《食品安全国家标准　特殊医学用途配方食品通则》（GB 29922 –

2013）

《食品安全国家标准 特殊医学用途婴儿配方食品通则》（GB 25596－2010）

《食品安全国家标准 特殊医学用途配方食品良好生产规范》（GB 29923－2013）

第八十一条 【婴幼儿配方食品】婴幼儿配方食品生产企业应当实施从原料进厂到成品出厂的全过程质量控制，对出厂的婴幼儿配方食品实施逐批检验，保证食品安全。

生产婴幼儿配方食品使用的生鲜乳、辅料等食品原料、食品添加剂等，应当符合法律、行政法规的规定和食品安全国家标准，保证婴幼儿生长发育所需的营养成分。

婴幼儿配方食品生产企业应当将食品原料、食品添加剂、产品配方及标签等事项向省、自治区、直辖市人民政府食品安全监督管理部门备案。

婴幼儿配方乳粉的产品配方应当经国务院食品安全监督管理部门注册。注册时，应当提交配方研发报告和其他表明配方科学性、安全性的材料。

不得以分装方式生产婴幼儿配方乳粉，同一企业不得用同一配方生产不同品牌的婴幼儿配方乳粉。

条文注释

婴幼儿配方食品包括婴儿配方食品、较大婴儿和幼儿配方食品。婴儿配方食品包括乳基婴儿配方食品和豆基婴儿配方食品。乳基婴儿配方食品，是指以乳类及乳蛋白制品为主要原料，加入适量的维生素、矿物质和（或）其他成分，仅用物理方法生产加工制成的液态或粉状产品。适于正常婴儿食用，其能量和营养成分能够满足0～6月龄婴儿的正常营养需要。豆基婴儿配方食品，是指以大豆及大豆蛋白制品为主要原料，加入适量的维生素、矿物质和（或）其他成分，仅用物理方法生产加工制成的液态或粉状产品。适于正常婴儿食用,其能量和营养成分能够满足0~6月龄婴儿的正常营养需要。较大婴儿(6~12月龄)和幼儿(12~36月龄)配方食品以乳类及乳蛋白制品和(或)大豆及大豆蛋白制品为主要原料,加入适量的维生素、矿物质和(或)其他辅料,仅用物理方法生产加工制成的液态或粉状产品,适用于较大婴儿和幼儿食用,其营养成分能满足正常较大婴儿和幼儿的部分营养需要。

本条应注意区分备案和注册管理的不同:(1)对婴幼儿配方食品生产企业而言,依照本条第3款规定,其应当将食品原料、食品添加剂、产品配方及标签等事项向省、自治区、直辖市人民政府食品安全监督管理部门备案。通过备案,便于省级食品安全监督管理部门通过核查有关备案材料进行事后监管,履行监管责任。(2)对婴幼儿配方乳粉生产企业而言,除了应当依照本条第3款的规定,将食品原料、食品添加剂、产品配方及标签等事项向省、自治区、直辖市人民政府食品安全监督管理部门备案以外,依照本条第4款规定,婴幼儿配方乳粉的产品配方还应当经国务院食品安全监督管理部门注册。注册时,应当提交配方研发报告和其他表明配方科学性、安全性的材料。

关联法规

《婴幼儿配方乳粉产品配方注册管理办法》

《关于进一步加强婴幼儿谷类辅助食品监管的规定》

《婴幼儿辅助食品生产许可审查细则》

《食品安全国家标准 婴儿配方食品》(GB 10765-2010)

《食品安全国家标准 较大婴儿和幼儿配方食品》(GB 10767-2010)

《食品安全国家标准 粉状婴幼儿配方食品良好生产规范》(GB 23790-2010)

第八十二条　【材料的真实性和保密等要求】保健食品、特殊医学用途配方食品、婴幼儿配方乳粉的注册人或者备案人应当对其提交材料的真实性负责。

省级以上人民政府食品安全监督管理部门应当及时公布注册或者备案的保健食品、特殊医学用途配方食品、婴幼儿配方乳粉目录,并对注册或者备案中获知的企业商业秘密予以保密。

保健食品、特殊医学用途配方食品、婴幼儿配方乳粉生产企业应当按照注册或者备案的产品配方、生产工艺等技术要求组织生产。

条文注释

本条结合行政许可法进行理解,行政许可申请人隐瞒有关情况或者提供虚假材料申请行政许可的,行政机关不予受理或者不予行政许可,并给予警告;行政许可申请属于直接关系公共安全、人身健康、生命财产安全事项的,申请人在1年内不得再次申请该行政许可。被许可人以欺骗、贿赂等不正当手段取得行政许可的,行政机关应当依法给予行政处罚;取得的行政许可属于直接关系公共安全、人身健康、生命财产安全事项的,申请人在3年内不得再次申请该行政许可;构成犯罪的,依法追究刑事责任。应注意的是,行政许可的实施和结果,除涉及国家秘密、商业秘密或者个人隐私外,应当公开;同时,食品安全监督管理部门应当对注册或者备案中获知的企业商业秘密予以保密。

《食品安全法实施条例》第39条规定,特殊食品的标签、说明书内容应当与注册或者备案的标签、说明书一致。销售特殊食品,应当核对食品标签、说明书内容是否与注册或者备案的标签、说明书一致,不一致的不得销售。省级以上人民政府食品安全监督管理部门应当在其网站上公布注册或者备案的特殊食品的标签、说明书。特殊食品不得与普通食品或者药品混放销售。

第八十三条 【特殊食品生产质量管理体系】生产保健食品，特殊医学用途配方食品、婴幼儿配方食品和其他专供特定人群的主辅食品的企业，应当按照良好生产规范的要求建立与所生产食品相适应的生产质量管理体系，定期对该体系的运行情况进行自查，保证其有效运行，并向所在地县级人民政府食品安全监督管理部门提交自查报告。

关联法规

《保健食品良好生产规范》(GB 17405 - 1998)

《食品安全国家标准 特殊医学用途配方食品良好生产规范》(GB 29923 - 2013)

《食品安全国家标准 粉状婴幼儿配方食品良好生产规范》(GB 23790 - 2010)

第五章 食品检验

第八十四条 【食品检验机构】食品检验机构按照国家有关认证认可的规定取得资质认定后，方可从事食品检验活动。但是，法律另有规定的除外。

食品检验机构的资质认定条件和检验规范，由国务院食品安全监督管理部门规定。

符合本法规定的食品检验机构出具的检验报告具有同等效力。

县级以上人民政府应当整合食品检验资源，实现资源共享。

条文注释

本法在多处规定了食品检验：(1)为了保证食品源头的安全，本法要求食品生产者采购食品原料、食品添加剂、食品相关产品时，应当查验供货者的许可证和产品合格证明文件。对无法提供合格证明文件的食品原料,应当按照食品安全标准进行检验。如果食品生产者没有设立自己的检验机构或者不具备检验能力,应当委托依法设立的食品检验机构进行检验。(2)为了保证成品安全,本法要求食品、食品添加剂和食品相关产品的生产者建立食品出厂检验制度,按照食品安全标准对所生产的食品、食品添加剂和食品相关产品进行检验,检验合格后方可出厂或者销售。(3)县级以上人民政府食品安全监督管理部门应当定期或者不定期对生产经营者所生产、销售的食品进行抽样检验。抽样检验应当委托依法设立的食品检验机构进行。检验结论是执法机关对相对人作出行政强制、行政处罚的重要依据。

关联法规

《农产品质量安全法》第35条

《食品检验机构资质认定管理办法》

《食品检验工作规范》

《食品检验机构资质认定条件》

第八十五条　【食品检验人】食品检验由食品检验机构指定的检验人独立进行。

检验人应当依照有关法律、法规的规定,并按照食品安全标准和检验规范对食品进行检验,尊重科学,恪守职业道德,保证出具的检验数据和结论客观、公正,不得出具虚假检验报告。

条文注释

应特别注意,本条第1款赋予检验人相对独立的检验权。根据该款规定,食品检验必须由检验人进行,食品检验人由食品检验机构指定,检验人进行食品检验时应当独立进行。本款赋予检验人独立的检验权,以防止食品检验机构不独立所带来的负面影响。这种"独立",就是要求检验机构及有关单位和个人不能非法干扰检验人依法进行的检验活动,目的是防止检验人在检验过程中受他人干预，以确保食品检验的独立性、客观性、公正性。独立检验权也是实行检验人责任制的基础，有了独立检验权才能明确责任承担。

根据本法第86条的规定，食品检验实行食品检验机构与检验人负责制，这是本法第85条赋予检验人独立检验权的延续。

第八十六条 【食品检验机构与检验人负责制】食品检验实行食品检验机构与检验人负责制。食品检验报告应当加盖食品检验机构公章，并有检验人的签名或者盖章。食品检验机构和检验人对出具的食品检验报告负责。

第八十七条 【抽检】县级以上人民政府食品安全监督管理部门应当对食品进行定期或者不定期的抽样检验，并依据有关规定公布检验结果，不得免检。进行抽样检验，应当购买抽取的样品，委托符合本法规定的食品检验机构进行检验，并支付相关费用；不得向食品生产经营者收取检验费和其他费用。

条文注释

本法第87条在否定免检制度的同时，明确规定对食品的检验采取定期或者不定期的抽样检验的方式。抽样检验是对食品安全进行监督检查的一种主要方式。2015年修订食品安全法，只赋予县级以上人民政府食品安全监督管理部门对食品进行定期或者不定期抽样检验的权力，包括对食品生产、食品销售、餐饮服务活动环节的食品进行抽样检验。其中，国家市场监督管理总局负责组织开展全国性食品安全抽样检验工作，监督指导地方市场监督管理部门组织实施食品安全抽样检验工作。县级以上地方市场监督管理部门负责组织开展本级食品安全抽样检验工作，并按照规定实施上级市场监督管理部门组织的食品安全抽样检验工作。

市场监督管理部门应当与承担食品安全抽样、检验任务的技术机构签订委托协议，明确双方的权利和义务。承检机构应当依照有关法律、法规规定取得资质认定后方可从事检验活动。承检机构进行检验，应当尊重科学，恪守职业道德，保证出具的检验数据和结论客观、公正，不得出具虚假检验报告。市场监督管理部门应当对承检机构的抽样检验工作进行监督检查，发现存在检验能力缺陷或者有重大检验质量问题等情形的，应当按照有关规定及时处理。

《食品安全法实施条例》第40条规定，对食品进行抽样检验，应当按照食品安全标准、注册或者备案的特殊食品的产品技术要求以及国家有关规定确定的检验项目和检验方法进行。第41条规定，对可能掺杂掺假的食品，按照现有食品安全标准规定的检验项目和检验方法以及依照食品安全法第111条和该条例第63条规定制定的检验项目和检验方法无法检验的，国务院食品安全监督管理部门可以制定补充检验项目和检验方法，用于对食品的抽样检验、食品安全案件调查处理和食品安全事故处置。

关联法规

《食品安全抽样检验管理办法》

第八十八条　【复检】对依照本法规定实施的检验结论有异议的，食品生产经营者可以自收到检验结论之日起七个工作日内向实施抽样检验的食品安全监督管理部门或者其上一级食品安全监督管理部门提出复检申请，由受理复检申请的食品安全监督管理部门在公布的复检机构名录中随机确定复检机构进行复检。复检机构出具的复检结论为最终检验结论。复检机构与初检机构不得为同一机构。复检机构名录由国务院认证认可监督管理、食品安全监督管理、卫生行政、农业行政等部门共同公布。

采用国家规定的快速检测方法对食用农产品进行抽查检测，被抽查人对检测结果有异议的，可以自收到检测结果时起四小时内申请复检。复检不得采用快速检测方法。

条文注释

《食品安全法实施条例》第42条规定，依照食品安全法第88条的规定申请复检的，申请人应当向复检机构先行支付复检费用。复检结论表明食品不合格的,复检费用由复检申请人承担;复检结论表明食品合格的,复检费用由实施抽样检验的食品安全监督管理部门承担。复检机构无正当理由不得拒绝承担复检任务。

第八十九条 【自行检验和委托检验】食品生产企业可以自行对所生产的食品进行检验,也可以委托符合本法规定的食品检验机构进行检验。

食品行业协会和消费者协会等组织、消费者需要委托食品检验机构对食品进行检验的,应当委托符合本法规定的食品检验机构进行。

条文注释

食品生产者的自行检验、委托检验,应结合本法其他规定理解:(1)本法第50条第1款规定,食品生产者采购食品原料,应当查验供货者的许可证和产品合格证明;对无法提供合格证明的食品原料,应当按照食品安全标准进行检验;不得采购或者使用不符合食品安全标准的食品原料。因此,对无法提供合格证明的食品原料,食品生产者应当依照食品安全标准自行检验。如果不具备检验能力的,应当委托符合本法规定的食品检验机构进行检验。(2)本法第52条规定,食品、食品添加剂、食品相关产品的生产者,应当按照食品安全标准对所生产的食品、食品添加剂、食品相关产品进行检验,检验合格后方可出厂或者销售。该条规定的是强制出厂检验制度,即未经检验或者检验不合格的,不得出厂销售。

还应注意的是,根据《食品安全法实施条例》第43条的规定,任何单位和个人不得发布未依法取得资质认定的食品检验机构出具的食品检验信息,不得利用上述检验信息对食品、食品生产经营者进行等级评定,欺骗、误导消费者。

第九十条 【食品添加剂检验】食品添加剂的检验,适用本法有关食品检验的规定。

第六章　食品进出口

第九十一条　【进出口食品安全的监管部门】国家出入境检验检疫部门对进出口食品安全实施监督管理。

条文注释

2018年3月,根据第十三届全国人民代表大会第一次会议批准的《国务院机构改革方案》,将国家质量监督检验检疫总局的出入境检验检疫管理职责和队伍划入海关总署。据此,海关总署负责进出口商品法定检验,监督管理进出口商品鉴定、验证、质量安全等,负责进口食品、化妆品检验检疫和监督管理,依据多、双边协议实施出口食品相关工作。在与国家市场监督管理总局的有关职责分工方面,具体包括以下内容:(1)两部门要建立机制,避免对各类进出口商品和进出口食品、化妆品进行重复检验、重复收费、重复处罚,减轻企业负担。(2)海关总署负责进口食品安全监督管理。进口的食品以及食品相关产品应当符合我国食品安全国家标准。境外发生的食品安全事件可能对我国境内造成影响,或者在进口食品中发现严重食品安全问题的,海关总署应当及时采取风险预警或者控制措施,并向国家市场监督管理总局通报,国家市场监督管理总局应当及时采取相应措施。(3)两部门要建立进口产品缺陷信息通报和协作机制。海关总署在口岸检验监管中发现不合格或存在安全隐患的进口产品,依法实施技术处理、退运、销毁,并向国家市场监督管理总局通报。国家市场监督管理总局统一管理缺陷产品召回工作,通过消费者报告、事故调查、伤害监测等获知进口产品存在缺陷的,依法实施召回措施;对拒不履行召回义务的,国家市场监督管理总局向海关总署通报,由海关总署依法采取相应措施。

第九十二条　【进口食品、食品添加剂、食品相关产品的要求】进口的食品、食品添加剂、食品相关产品应当符合我国食品安全国家标准。

进口的食品、食品添加剂应当经出入境检验检疫机构依照进出口商品检验相关法律、行政法规的规定检验合格。

进口的食品、食品添加剂应当按照国家出入境检验检疫部门的要求随附合格证明材料。

条文注释

进口的食品、食品添加剂随附的合格证明材料，是指境外生产企业或者境外出口商根据出口国家(地区)的食品安全标准，自行或委托出口国家(地区)的食品检验机构对出口到我国境内的食品、食品添加剂进行检验后，所出具的合格证明材料。该合格证明材料至少能够证明出口到我国境内的食品、食品添加剂符合出口国家(地区)的食品安全标准。

《食品安全法实施条例》第44～46条规定，(1)进口商进口食品、食品添加剂，应当按照规定向出入境检验检疫机构报检，如实申报产品相关信息，并随附法律、行政法规规定的合格证明材料。(2)进口食品运达口岸后，应当存放在出入境检验检疫机构指定或者认可的场所；需要移动的，应当按照出入境检验检疫机构的要求采取必要的安全防护措施。大宗散装进口食品应当在卸货口岸进行检验。(3)国家出入境检验检疫部门根据风险管理需要，可以对部分食品实行指定口岸进口。

关联法规

《进出口商品检验法》

《进出口商品检验法实施条例》

第九十三条　【进口尚无食品安全国家标准食品等的程序】进口尚无食品安全国家标准的食品，由境外出口商、境外生产企业或者其委托的进口商向国务院卫生行政部门提交所执行的相关国家（地区）标准或者国际标准。国务院卫生行政部门对相关标准进行审查，认为符合食品安全要求的，决定暂予适用，并及时制定相应的食品安全国家标准。进口利用新的食品原料生产的食品或者进口食品添加剂新品种、食品相关产品新品种，依照本法第三十七条的规定办理。

出入境检验检疫机构按照国务院卫生行政部门的要求，对前款规定的食品、食品添加剂、食品相关产品进行检验。检验结果应当公开。

条文注释

本条对进口尚无食品安全国家标准的食品之规定，较2015年修订前的食品安全法第63条规定有了较大改动。2009年食品安全法第63条规定，进口尚无食品安全国家标准的食品，进口商在取得国务院卫生行政部门的许可后方准进口。而2015年修订后，要求境外出口商、境外生产企业或者其委托的进口商向国务院卫生行政部门提交所执行的相关国家（地区）食品安全标准或者国际标准，国务院卫生行政部门对这个标准进行审查认可后，一般由其发布公告，该食品就可进口。这样修改的目的是取消对进口尚无食品安全国家标准的食品的许可，符合行政审批制度改革的方向。

《食品安全法实施条例》第47条规定，国务院卫生行政部门依照食品安全法第93条的规定对境外出口商、境外生产企业或者其委托的进口商提交的相关国家（地区）标准或者国际标准进行审查，认为符合食品安全要求的，决定暂予适用并予以公布；暂予适用的标准公布前，不得进口尚无食品安全国家标准的食品。同时规定，食品安全国家标准中通用标准已经涵盖的食品不属于食品安全法第93条规定的尚无食品安全国家标准的食品。

第九十四条 【境外出口商、境外生产企业、进口商的义务】境外出口商、境外生产企业应当保证向我国出口的食品、食品添加剂、食品相关产品符合本法以及我国其他有关法律、行政法规的规定和食品安全国家标准的要求,并对标签、说明书的内容负责。

进口商应当建立境外出口商、境外生产企业审核制度,重点审核前款规定的内容;审核不合格的,不得进口。

发现进口食品不符合我国食品安全国家标准或者有证据证明可能危害人体健康的,进口商应当立即停止进口,并依照本法第六十三条的规定召回。

条文注释

本条规定的进口商的义务之一是建立对境外出口商、境外生产企业的审核制度。审核制度主要包括以下内容:(1)审核向我国境内出口食品的境外出口商或者代理商是否已经在国家出入境检验检疫部门备案。向我国境内出口食品的境外食品生产企业是否已经国家出入境检验检疫部门注册。如果没有备案或者未经注册,进口商不得与之签订食品进口合同。(2)审核进口的食品、食品添加剂是否随附合格证明材料。如果进口的是肉类,是否随附输出国家或者地区政府动植物检疫机关出具的检疫证书。(3)审核进口的食品、食品添加剂、食品相关产品是否符合我国食品安全国家标准的要求。虽然进口的产品要经过出入境检验检疫机构检验后才能得出是否符合我国食品安全国家标准的结论,但进口商明知进口的产品不符合我国食品安全国家标准的,不得进口。(4)审核进口的预包装食品、食品添加剂是否有中文标签或者按规定应有的中文说明书。标签和说明书是否符合我国食品安全国家标准的要求。(5)重点审核境外出口商、境外生产企业制定与执行食品安全风险控制措施的情况以及向我国出口的食品是否符合法律、行政法规的规定和食品安全国家标准的要求。

本条规定的进口商的另一项义务是主动召回义务，即发现进口食品不符合我国食品安全国家标准或者有证据证明可能危害人体健康的，进口商应当立即停止进口，并依照本法第63条的规定实施召回。需要说明的是，由于我国食品安全监管体制在2013年以后作出调整，如果进口商不主动实施召回的，有权责令其召回的主体也发生了变化。按照本法第63条规定，如果进口食品进口商不主动实施召回的，县级以上人民政府食品安全监督管理部门可以责令其召回。《食品安全法实施条例》第49条进一步规定，进口商依照食品安全法第94条第3款的规定召回进口食品的，应当将食品召回和处理情况向所在地县级人民政府食品安全监督管理部门和所在地出入境检验检疫机构报告。

关联法规

《进出口食品安全管理办法》第28、37条

第九十五条 【进口食品、食品添加剂、食品相关产品风险的应对措施】境外发生的食品安全事件可能对我国境内造成影响，或者在进口食品、食品添加剂、食品相关产品中发现严重食品安全问题的，国家出入境检验检疫部门应当及时采取风险预警或者控制措施，并向国务院食品安全监督管理、卫生行政、农业行政部门通报。接到通报的部门应当及时采取相应措施。

县级以上人民政府食品安全监督管理部门对国内市场上销售的进口食品、食品添加剂实施监督管理。发现存在严重食品安全问题的，国务院食品安全监督管理部门应当及时向国家出入境检验检疫部门通报。国家出入境检验检疫部门应当及时采取相应措施。

条文注释

《食品安全法实施条例》第52条规定，境外发生的食品安全事件可能对我国境内造成影响，或者在进口食品、食品添加剂、食品相

关产品中发现严重食品安全问题的，国家出入境检验检疫部门应当及时进行风险预警，并可以对相关的食品、食品添加剂、食品相关产品采取下列控制措施：(1)退货或者销毁处理；(2)有条件地限制进口；(3)暂停或者禁止进口。

根据《进出口食品安全管理办法》，境内外发生食品安全事件或者疫情疫病可能影响到进出口食品安全的，或者在进出口食品中发现严重食品安全问题的，直属海关应当及时上报海关总署；海关总署根据情况进行风险预警，在海关系统内发布风险警示通报，并向国务院食品安全监督管理、卫生行政、农业行政部门通报，必要时向消费者发布风险警示通告。海关总署发布风险警示通报的，应当根据风险警示通报要求对进出口食品采取相应的控制措施。海关在依法履行进出口食品安全监督管理职责时有权采取下列措施：(1)进入生产经营场所实施现场检查；(2)对生产经营的食品进行抽样检验；(3)查阅、复制有关合同、票据、账簿以及其他有关资料；(4)查封、扣押有证据证明不符合食品安全国家标准或者有证据证明存在安全隐患以及违法生产经营的食品。

第九十六条　【境外食品出口商、代理商、进口商和生产企业的备案与注册】向我国境内出口食品的境外出口商或者代理商、进口食品的进口商应当向国家出入境检验检疫部门备案。向我国境内出口食品的境外食品生产企业应当经国家出入境检验检疫部门注册。已经注册的境外食品生产企业提供虚假材料，或者因其自身的原因致使进口食品发生重大食品安全事故的，国家出入境检验检疫部门应当撤销注册并公告。

国家出入境检验检疫部门应当定期公布已经备案的境外出口商、代理商、进口商和已经注册的境外食品生产企业名单。

条文注释

理解本条应注意，我国对境外出口商或者代理商、进口食品的进口商实行备案管理，而对境外食品生产企业实行注册管理。备案与注册是两种性质不同的制度,备案是告知行为,不属于行政许可;而注册则是一种事前的审查行为,属于行政许可。也就是说,不经国家出入境检验检疫部门注册,境外的食品生产企业不得向我国出口食品。之所以对向我国境内出口食品的出口商、代理商和境外食品生产企业实行不同的管理制度,主要是考虑到境外食品生产企业是进口食品的生产者,为了确保进口食品的安全,国家出入境检验检疫部门需要对这些境外企业的资质、信誉情况进行考察,确认这些企业是信誉良好的合法生产企业后,才能给其注册,允许其生产的食品出口到我国境内;而对出口商、代理商而言,他们不是进口食品的直接生产者,不需要主管部门进行事前审查,只需要事后备案,使主管部门掌握他们的相关信息即可。

《食品安全法实施条例》第 50 条规定,国家出入境检验检疫部门发现已经注册的境外食品生产企业不再符合注册要求的,应当责令其在规定期限内整改,整改期间暂停进口其生产的食品;经整改仍不符合注册要求的,国家出入境检验检疫部门应当撤销境外食品生产企业注册并公告。第 51 条进一步规定,对通过我国良好生产规范、危害分析与关键控制点体系认证的境外生产企业,认证机构应当依法实施跟踪调查。对不再符合认证要求的企业,认证机构应当依法撤销认证并向社会公布。

关联法规

《进口食品进出口商备案管理规定》

《进口食品境外生产企业注册管理规定》

第九十七条 【进口预包装食品、食品添加剂的标签、说明书】进口的预包装食品、食品添加剂应当有中文标签;依法应当有说明书的,还应当有中文说明书。标签、说明书应当符合本法以及我国其他有关法律、行政法规的规定和食品安全国家标准的要求,并载明食品的原产地以及境内代理商的名称、地址、联系方式。预包装食品没有中文标签、中文说明书或者标签、说明书不符合本条规定的,不得进口。

条文注释

为贯彻落实国务院深化“放管服”改革要求，进一步提高口岸通关效率，海关总署于2019年4月22日发布海关总署2019年第70号公告，对进出口预包装食品标签检验监督管理有关事宜作出如下规定：(1)自2019年10月1日起，取消首次进口预包装食品标签备案要求。进口预包装食品标签作为食品检验项目之一，由海关依照食品安全和进出口商品检验相关法律、行政法规的规定检验。(2)进口商应当负责审核其进口预包装食品的中文标签是否符合我国相关法律、行政法规规定和食品安全国家标准要求。审核不合格的，不得进口。(3)进口预包装食品被抽中现场查验或实验室检验的，进口商应当向海关人员提交其合格证明材料、进口预包装食品的标签原件和翻译件、中文标签样张及其他证明材料。(4)海关收到有关部门通报、消费者举报进口预包装食品标签涉嫌违反有关规定的，应当进行核实，一经确认，依法进行处置。(5)入境展示、样品、免税经营(离岛免税除外)、使领馆自用、旅客携带以及通过邮寄、快件、跨境电子商务等形式入境的预包装食品标签监管，按有关规定执行。(6)出口预包装食品生产企业应当保证其出口的预包装食品标签符合进口国(地区)的标准或者合同要求。

关联法规

《海关总署关于进出口预包装食品标签检验监督管理有关事宜的公告》

第九十八条　【食品、食品添加剂的进口和销售记录制度】 进口商应当建立食品、食品添加剂进口和销售记录制度，如实记录食品、食品添加剂的名称、规格、数量、生产日期、生产或者进口批号、保质期、境外出口商和购货者名称、地址及联系方式、交货日期等内容，并保存相关凭证。记录和凭证保存期限应当符合本法第五十条第二款的规定。

条文注释

为了保证食品、食品添加剂的可追溯，保障消费者、生产经营者的合法权益，本法第53条规定，食品经营企业应当建立食品进货查验记录制度，从事食品批发业务的食品经营企业应当建立食品销售记录制度。本法第60条规定，食品添加剂经营者应当建立进货查验记录制度。进口商，是指依据进出口合同或外贸合同从境外购进食品、食品添加剂的企业，其从事的活动也属于食品经营活动。进口商的性质就是食品经营者，因此本条要求进口商应当对进口食品、食品添加剂建立购销记录制度。

食品进口记录，是指记载食品及其相关进口信息的纸质或者电子文件。食品进口记录应当包括以下内容：进口食品的名称、品牌、规格、数重量、货值、生产批号、生产日期、保质期、原产地、输出国家或者地区、生产企业名称及在华注册号、出口商或者代理商备案编号、名称及联系方式、贸易合同号、进口口岸、目的地、根据需要出具的国(境)外官方或者官方授权机构出具的相关证书编号、报检单号、入境时间、存放地点、联系人及电话等内容。

进口食品销售记录，是指记载进口商将进口食品提供给食品经营者或者消费者的纸质或者电子文件。进口食品销售记录应当包括销售流向记录、销售对象投诉及召回记录等内容。其中，销售流向记录应当包括进口食品名称、规格、数重量、生产日期、生产批号、销售日期、购货人(使用人)名称及联系方式、出库单号、发票流水编号、食品召回后处理方式等信息。

关联法规

《食品进口记录和销售记录管理规定》

第九十九条 【出口食品的监督管理】出口食品生产企业应当保证其出口食品符合进口国(地区)的标准或者合同要求。

出口食品生产企业和出口食品原料种植、养殖场应当向国家出入境检验检疫部门备案。

条文注释

《食品安全法实施条例》第53条规定,出口食品、食品添加剂的生产企业应当保证其出口食品、食品添加剂符合进口国家(地区)的标准或者合同要求;我国缔结或者参加的国际条约、协定有要求的,还应当符合国际条约、协定的要求。

关联法规

《进出口商品检验法》第5条

《进出口食品安全管理办法》第38条

《出口食品生产企业备案管理规定》

《出口食品原料种植场备案管理规定》

第一百条　【进出口食品安全信息及信用管理】国家出入境检验检疫部门应当收集、汇总下列进出口食品安全信息,并及时通报相关部门、机构和企业:

(一)出入境检验检疫机构对进出口食品实施检验检疫发现的食品安全信息;

(二)食品行业协会和消费者协会等组织、消费者反映的进口食品安全信息;

(三)国际组织、境外政府机构发布的风险预警信息及其他食品安全信息,以及境外食品行业协会等组织、消费者反映的食品安全信息;

(四)其他食品安全信息。

国家出入境检验检疫部门应当对进出口食品的进口商、出口商和出口食品生产企业实施信用管理,建立信用记录,并依法向社会公布。对有不良记录的进口商、出口商和出口食品生产企业,应当加强对其进出口食品的检验检疫。

第一百零一条　【国家出入境检验检疫部门的评估和审查职责】国家出入境检验检疫部门可以对向我国境内出口食品的

国家(地区)的食品安全管理体系和食品安全状况进行评估和审查,并根据评估和审查结果,确定相应检验检疫要求。

条文注释

《进出口食品安全管理办法》第10条第1款规定,海关依据进出口商品检验相关法律、行政法规的规定对进口食品实施合格评定。第11条规定,海关总署可以对境外国家(地区)的食品安全管理体系和食品安全状况开展评估和审查,并根据评估和审查结果,确定相应的检验检疫要求。

第七章　食品安全事故处置

第一百零二条　【食品安全事故应急预案】国务院组织制定国家食品安全事故应急预案。

县级以上地方人民政府应当根据有关法律、法规的规定和上级人民政府的食品安全事故应急预案以及本行政区域的实际情况,制定本行政区域的食品安全事故应急预案,并报上一级人民政府备案。

食品安全事故应急预案应当对食品安全事故分级、事故处置组织指挥体系与职责、预防预警机制、处置程序、应急保障措施等作出规定。

食品生产经营企业应当制定食品安全事故处置方案,定期检查本企业各项食品安全防范措施的落实情况,及时消除事故隐患。

条文注释

《食品安全法实施条例》第54条规定,食品安全事故按照国家食品安全事故应急预案实行分级管理。县级以上人民政府食品安全监督管理部门会同同级有关部门负责食品安全事故调查处理。县级以上人民政府应当根据实际情况及时修改、完善食品安全事故应急预案。第55条规定，县级以上人民政府应当完善食品安全事故应急管理机制，改善应急装备，做好应急物资储备和应急队伍建设，加强应急培训、演练。第58条规定，国务院食品安全监督管理部门会同国务院卫生行政、农业行政等部门定期对全国食品安全事故情况进行分析，完善食品安全监督管理措施，预防和减少事故的发生。

食品安全事故应急预案遵循国家突发事件应急预案的基本原则，与国家突发事件应急预案有机衔接。突发事件应对法规定，国家建立健全突发事件应急预案体系。建立统一领导、综合协调、分类管理、分级负责、属地管理为主的应急管理体制。应急预案包括国家突发事件应急预案体系和地方突发事件应急预案体系两个层面。国家突发事件应急预案体系包括突发事件总体应急预案、突发事件专项应急预案和突发事件部门应急预案；地方突发事件应急预案体系包括省级人民政府制定的突发事件总体应急预案、突发事件专项应急预案和突发事件部门应急预案，以及各市、县人民政府及基层政权组织制定的突发事件应急预案。据此，本条规定了食品安全事故应急预案分为国家食品安全事故应急预案和地方食品安全事故应急预案两个层面，由国务院制定国家食品安全事故应急预案，地方各级政府制定本区域的食品安全事故应急预案；地方政府制定的食品安全事故应急预案应当遵循法律、法规的规定以及上级政府制定的食品安全事故应急预案，与上级应急预案共同形成食品安全事故应急预案体系；食品安全事故应急预案是国家突发事件应急预案体系中的一部分，属于政府专项应急预案。

关联法规

《突发事件应对法》

《突发公共卫生事件应急条例》

《国家突发公共事件总体应急预案》

《国家食品安全事故应急预案》

第一百零三条 【应急处置、报告、通报】发生食品安全事故的单位应当立即采取措施,防止事故扩大。事故单位和接收病人进行治疗的单位应当及时向事故发生地县级人民政府食品安全监督管理、卫生行政部门报告。

县级以上人民政府农业行政等部门在日常监督管理中发现食品安全事故或者接到事故举报,应当立即向同级食品安全监督管理部门通报。

发生食品安全事故,接到报告的县级人民政府食品安全监督管理部门应当按照应急预案的规定向本级人民政府和上级人民政府食品安全监督管理部门报告。县级人民政府和上级人民政府食品安全监督管理部门应当按照应急预案的规定上报。

任何单位和个人不得对食品安全事故隐瞒、谎报、缓报,不得隐匿、伪造、毁灭有关证据。

条文注释

《食品安全法实施条例》第56条规定,发生食品安全事故的单位应当对导致或者可能导致食品安全事故的食品及原料、工具、设备、设施等,立即采取封存等控制措施。

事故发生单位采取的应急处置措施主要包括:采取措施立即停止可能导致食品安全事故的食品及原料的食用和使用;密切注意已食用可能导致事故的食品的人员,一旦出现不适症状,立即送至医院救治;保护发生食品安全事故的现场,控制和保存可能导致食品安全事故的食品及其原料,以便有关部门采集、分析;立即将事故情况如实向所在地县级人民政府食品安全监督管理部门、卫生行政部门报告等。

有义务向食品安全监督管理部门报告食品安全事故的主体包括:发生可能与食品有关的急性群体性健康损害的单位、接收食品安全事故病人治疗的单位。食品安全、农业行政、卫生行政等部门在日常监督管理中发现食品安全事故或者接到事故举报的，应当立即向食品安全监督管理部门通报。食品安全监督管理部门是食品生产经营活动监督管理机关，相关报告责任主体应当向事故发生地县级人民政府食品安全监督管理部门报告或者通报，由其统一汇总信息，按照应急预案进行处理。事故发生地县级人民政府食品安全监督管理部门接到食品安全事故报告后，应当按照食品安全事故应急预案的规定向本级人民政府和上级食品安全监督管理部门报告。县级人民政府和上级人民政府食品安全监督管理部门应当按照应急预案的规定上报。根据《国家食品安全事故应急预案》的规定，必要时，可直接向国务院食品安全监督管理部门报告。

第一百零四条　【医疗机构报告】医疗机构发现其接收的病人属于食源性疾病病人或者疑似病人的，应当按照规定及时将相关信息向所在地县级人民政府卫生行政部门报告。县级人民政府卫生行政部门认为与食品安全有关的，应当及时通报同级食品安全监督管理部门。

县级以上人民政府卫生行政部门在调查处理传染病或者其他突发公共卫生事件中发现与食品安全相关的信息，应当及时通报同级食品安全监督管理部门。

条文注释

本条实际上规定了两项义务：(1)医疗机构的报告义务。本条明确了各级医疗机构都有报告义务；报告的内容是食源性疾病或者疑似食源性疾病信息；报告的对象是所在地县级人民政府卫生行政部门；报告的时间和方式，根据有关规定执行。(2)卫生行政部门的通报义务。2015年修订食品安全法，根据食品安全管理体制的调整，将分段管理模式改为统一监管模式，并将食品安全的监督管理职责赋予了食品安全监督管理部门，规定国务院食品安全监督管理部门依照本法和国务院规定的职责，对食品生产经营活动实施监督管理。国务院卫生行政部门依照本法和国务院规定的职责，组织开展食品安全风险监测和风险评估，会同国务院食品安全监督管理部门制定并公布食品安全国家标准。同时，还规定食品安全监督管理部门和其他有关部门应当加强沟通、密切配合。卫生行政部门作为医疗机构的主管机关，了解和掌握第一手的食源性疾病信息和相关食品安全信息，应在其职责范围内做好通报工作，将这些食源性疾病信息和相关食品安全信息及时向食品安全监督管理部门通报。

第一百零五条　【防止、减轻社会危害的措施】县级以上人民政府食品安全监督管理部门接到食品安全事故的报告后，应当立即会同同级卫生行政、农业行政等部门进行调查处理，并采取下列措施，防止或者减轻社会危害：

（一）开展应急救援工作，组织救治因食品安全事故导致人身伤害的人员；

（二）封存可能导致食品安全事故的食品及其原料，并立即进行检验；对确认属于被污染的食品及其原料，责令食品生产经营者依照本法第六十三条的规定召回或者停止经营；

（三）封存被污染的食品相关产品，并责令进行清洗消毒；

（四）做好信息发布工作，依法对食品安全事故及其处理情况进行发布，并对可能产生的危害加以解释、说明。

发生食品安全事故需要启动应急预案的，县级以上人民政府应当立即成立事故处置指挥机构，启动应急预案，依照前款和应急预案的规定进行处置。

发生食品安全事故，县级以上疾病预防控制机构应当对事故现场进行卫生处理，并对与事故有关的因素开展流行病学调查，有关部门应当予以协助。县级以上疾病预防控制机构应当向同级食品安全监督管理、卫生行政部门提交流行病学调查报告。

条文注释

《食品安全法实施条例》第57条规定，县级以上人民政府食品安全监督管理部门接到食品安全事故报告后，应当立即会同同级卫生行政、农业行政等部门依照食品安全法第105条的规定进行调查处理。食品安全监督管理部门应当对事故单位封存的食品及原料、工具、设备、设施等予以保护，需要封存而事故单位尚未封存的应当直接封存或者责令事故单位立即封存，并通知疾病预防控制机构对与事故有关的因素开展流行病学调查。疾病预防控制机构应当在调查结束后向同级食品安全监督管理、卫生行政部门同时提交流行病学调查报告。任何单位和个人不得拒绝、阻挠疾病预防控制机构开展流行病学调查。有关部门应当对疾病预防控制机构开展流行病学调查予以协助。

第一百零六条　【事故责任调查】发生食品安全事故，设区的市级以上人民政府食品安全监督管理部门应当立即会同有关部门进行事故责任调查，督促有关部门履行职责，向本级人民政府和上一级人民政府食品安全监督管理部门提出事故责任调查处理报告。

涉及两个以上省、自治区、直辖市的重大食品安全事故由国务院食品安全监督管理部门依照前款规定组织事故责任调查。

条文注释

随着食品安全管理体制的调整，由分段管理模式改为统一监管模式，相应的食品安全事故责任调查模式也有所改变。2015年食品安全法修订前规定卫生行政部门是食品安全综合协调部门，有权组织查处食品安全重大事故，原质量监督、原工商行政管理、原食品药品监督管理等部门分工负责各自监管职责范围内的食品安全事故的调查处理，依法采取控制措施，查处违法行为，提出职责范围内的调查报告和处理意见。2015年食品安全法修订后，食品安全监管职责已经集中，食品安全事故应当由食品安全监督管理部门会同有关部门进行调查处理，提出事故责任调查处理报告。

第一百零七条 【事故责任调查原则、主要任务】调查食品安全事故，应当坚持实事求是、尊重科学的原则，及时、准确查清事故性质和原因，认定事故责任，提出整改措施。

调查食品安全事故，除了查明事故单位的责任，还应当查明有关监督管理部门、食品检验机构、认证机构及其工作人员的责任。

第一百零八条 【调查部门的权力】食品安全事故调查部门有权向有关单位和个人了解与事故有关的情况，并要求提供相关资料和样品。有关单位和个人应当予以配合，按照要求提供相关资料和样品，不得拒绝。

任何单位和个人不得阻挠、干涉食品安全事故的调查处理。

条文注释

食品安全事故发生后，应当组成食品安全事故调查组进行事故责任调查。事故调查组一般在同级人民政府领导下，由食品安全监督管理部门牵头，监察机关、公安机关以及有关部门参加。食品安全事故调查需要深入分析以下内容：(1)事故发生的经过，相关人员健康损害情况；(2)食品原料、食品生产加工过程、工艺流程，生产经营场所环境卫生、从业人员健康和卫生状况等可能影响食品安全的相关因素；(3)事故单位在食品生产经营过程中食品安全管理情况及遵守相关法律法规、制度规范操作规程的情况；(4)食品安全监管部门对事故单位的许可和监管情况，查明事故中监管部门工作人员的履职情况；(5)检验机构、认证机构对事故单位认证、评价、检验检测情况，查明有关机构工作人员是否存在失职、渎职情况等。因此，食品安全事故调查部门有权向事故单位、有关监督管理单位、食品检验机构、认证机构及其工作人员了解与事故有关的情况，并要求其提供相关资料和样品。提供样品，应当是免费的。这不同于日常食品安全风险监测和日常监管时食品检验中的样品需要购买的规定。根据本法第15条规定，开展日常食品安全风险监测，采集样品的，应当按照市场价格支付费用。根据本法第87条规定，食品安全监督管理部门应当对食品进行定期或者不定期的抽样检验，并应当购买抽取的样品。

第八章　监督管理

第一百零九条　【食品安全风险分级管理】县级以上人民政府食品安全监督管理部门根据食品安全风险监测、风险评估结果和食品安全状况等，确定监督管理的重点、方式和频次，实施风险分级管理。

县级以上地方人民政府组织本级食品安全监督管理、农业行政等部门制定本行政区域的食品安全年度监督管理计划，向社会公布并组织实施。

食品安全年度监督管理计划应当将下列事项作为监督管理的重点：

（一）专供婴幼儿和其他特定人群的主辅食品；

（二）保健食品生产过程中的添加行为和按照注册或者备案的技术要求组织生产的情况，保健食品标签、说明书以及宣传材料中有关功能宣传的情况；

（三）发生食品安全事故风险较高的食品生产经营者；

（四）食品安全风险监测结果表明可能存在食品安全隐患的事项。

条文注释

本条中的食品安全风险分级管理，并不是指中央和地方政府之间的分级管理，因为食品安全监管主要是县级以上地方政府及其有关部门的责任。食品安全风险分级管理是指根据食品安全风险等级等实际情况,科学确定食品安全监督管理的重点、方式和频次。

本法根据食品安全风险程度和人民群众反映的食品安全状况,将以下四项内容确定为食品安全年度监督管理计划的监管重点:(1)专供婴幼儿和其他特定人群的主辅食品。本法将婴幼儿用配方食品和特殊医学用途食品等专供婴幼儿和其他特定人群的主辅食品作为“特殊食品”规定,依法应当实行严格监督管理。(2)保健食品作为本法规定的“特殊食品”,食品安全风险程度较高,也应当依法实行严格监督管理。为了制定更加具体可操作的食品安全年度监督管理计划,本项规定还进一步指出了保健食品容易出现食品安全风险或者损害消费者权益的关键点,依法应当对本项规定的内容进行重点监管。(3)食品安全风险分级管理的实施。县级以上人民政府食品安全监督管理部门应当根据食品安全风险监测、评估结果和发生食品安全事故的历史状况等,确定哪些属于发生食品安全事故风险较高的食品生产经营者,并对其实行重点监督管理。(4)食品安全风险监测结果表明可能存在食品安全隐患的事项。本项规定突出了第1款中规定的食品安全风险监测结果可以作为确定食品安全年度监督管理计划重点的科学依据作用。

《食品安全法实施条例》第66条规定,国务院食品安全监督管理部门应当会同国务院有关部门建立守信联合激励和失信联合惩戒机制,结合食品生产经营者信用档案,建立严重违法生产经营者黑名单制度,将食品安全信用状况与准入、融资、信贷、征信等相衔接,及时向社会公布。

第一百一十条　【食品安全监督检查措施】县级以上人民政府食品安全监督管理部门履行食品安全监督管理职责,有权采取下列措施,对生产经营者遵守本法的情况进行监督检查:

(一)进入生产经营场所实施现场检查;

(二)对生产经营的食品、食品添加剂、食品相关产品进行抽样检验；

（三）查阅、复制有关合同、票据、账簿以及其他有关资料；

（四）查封、扣押有证据证明不符合食品安全标准或者有证据证明存在安全隐患以及用于违法生产经营的食品、食品添加剂、食品相关产品；

（五）查封违法从事生产经营活动的场所。

条文注释

《食品安全法实施条例》第 59 条规定，设区的市级以上人民政府食品安全监督管理部门根据监督管理工作需要，可以对由下级人民政府食品安全监督管理部门负责日常监督管理的食品生产经营者实施随机监督检查，也可以组织下级人民政府食品安全监督管理部门对食品生产经营者实施异地监督检查。设区的市级以上人民政府食品安全监督管理部门认为必要的，可以直接调查处理下级人民政府食品安全监督管理部门管辖的食品安全违法案件，也可以指定其他下级人民政府食品安全监督管理部门调查处理。第 61 条进一步规定，县级以上人民政府食品安全监督管理部门依照食品安全法第 110 条的规定实施查封、扣押措施，查封、扣押的期限不得超过 30 日；情况复杂的，经实施查封、扣押措施的食品安全监督管理部门负责人批准，可以延长，延长期限不得超过 45 日。第 64 条规定，县级以上地方人民政府卫生行政部门应当对餐具饮具集中消毒服务单位进行监督检查，发现不符合法律、法规、国家相关标准以及相关卫生规范等要求的，应当及时调查处理。监督检查的结果应当向社会公布。

第一百一十一条 【临时限量值和临时检验方法】对食品安全风险评估结果证明食品存在安全隐患，需要制定、修订食品安全标准的，在制定、修订食品安全标准前，国务院卫生行政部门应当及时会同国务院有关部门规定食品中有害物质的临时限量值和临时检验方法，作为生产经营和监督管理的依据。

条文注释

关于临时限量值和临时检验方法,需要注意两个问题:一是必要性。食品安全风险评估结果证明存在食品安全隐患,需要制定、修订食品安全标准,但标准的制定和修订需要较长时间,因而确有必要及时规定临时限量值和临时检验方法。二是临时性。食品中有害物质的临时限量值和临时检验方法作为生产经营和监督管理的依据,因其应急性特点往往会有不够科学的缺陷,因而其性质或效力应当是临时性的,事后应当尽快经过科学评估和论证制定、修订食品安全标准,以取代临时限量值和临时检验方法。

第一百一十二条 【快速检测】县级以上人民政府食品安全监督管理部门在食品安全监督管理工作中可以采用国家规定的快速检测方法对食品进行抽查检测。

对抽查检测结果表明可能不符合食品安全标准的食品,应当依照本法第八十七条的规定进行检验。抽查检测结果确定有关食品不符合食品安全标准的,可以作为行政处罚的依据。

条文注释

采用快速检测方法进行抽查检测有两种可能性:一是结果确定的,可以作为行政处罚的依据;二是结果不够确定的,出于风险预防原则可以暂时采取扣押等行政强制措施,但不能作为行政处罚的依据。对抽查检测结果表明可能不符合食品安全标准的食品,因为结果不够确定不能作为行政处罚的依据,应当依照本法第 87 条的规定进行检验。对于抽查检测结果确定有关食品不符合食品安全标准的,可以作为行政处罚的依据。被抽查当事人对抽查检测结果如有异议,应当视为“对依照本法规定实施的检验结论有异议”,依照本法第 88 条的规定申请复检。对于快速检测方法得出的检测结果能够确定不符合食品安全标准的,直接申请复检。

关联法规

《餐饮服务食品安全快速检测方法认定管理办法》

第一百一十三条　【食品安全信用档案】县级以上人民政府食品安全监督管理部门应当建立食品生产经营者食品安全信用档案，记录许可颁发、日常监督检查结果、违法行为查处等情况，依法向社会公布并实时更新；对有不良信用记录的食品生产经营者增加监督检查频次，对违法行为情节严重的食品生产经营者，可以通报投资主管部门、证券监督管理机构和有关金融机构。

条文注释

食品安全信用档案的内容主要包括记录对食品生产经营者的许可颁发、日常监督检查结果、违法行为查处等情况，本法第35条规定，国家对食品生产经营实行许可制度。除销售食用农产品以外，从事食品生产、食品销售、餐饮服务的，应当依法取得许可。食品生产经营者的许可颁发情况，是食品安全信用档案的基本内容，表明该生产经营者是否取得、何时取得食品生产经营的资格。县级以上食品安全监督管理部门按照综合管理职责，对食品生产经营者进行监督检查，并对监督检查情况和处理结果以及对违法行为的查处情况进行记录归档，日常监督检查结果、违法行为查处等情况也是食品安全信用档案的主要内容。食品安全信用档案的内容，还包括认证机构的认证情况、消费者的投诉情况等有关食品生产经营者的食品安全信用信息。

第一百一十四条　【对食品生产经营者进行责任约谈】食品生产经营过程中存在食品安全隐患，未及时采取措施消除的，县级以上人民政府食品安全监督管理部门可以对食品生产经营者的法定代表人或者主要负责人进行责任约谈。食品生产经营者应当立即采取措施，进行整改，消除隐患。责任约谈情况和整改情况应当纳入食品生产经营者食品安全信用档案。

条文注释

本条中的“责任约谈”，是指依法享有监督管理职权的行政主体，发现其所监管的行政相对人出现了特定问题，为了防止发生违法行为，在事先约定的时间、地点与行政相对人进行沟通、协商，然后给予警示、告诫的一种非强制行政行为。责任约谈的一个必然法律后果，就是责任约谈情况和整改情况应当纳入食品生产经营者食品安全信用档案。食品安全监管部门对有不良信用记录的食品生产经营者应当增加监督检查频次，对违法行为情节严重的食品生产经营者，可以通报投资主管部门、证券监督管理机构和有关金融机构。

《食品安全法实施条例》第62条规定，网络食品交易第三方平台多次出现入网食品经营者违法经营或者入网食品经营者的违法经营行为造成严重后果的，县级以上人民政府食品安全监督管理部门可以对网络食品交易第三方平台提供者的法定代表人或者主要负责人进行责任约谈。

关联法规

《国家食品药品监督管理局关于建立餐饮服务食品安全责任人约谈制度的通知》

第一百一十五条　【有奖举报】县级以上人民政府食品安全监督管理等部门应当公布本部门的电子邮件地址或者电话，接受咨询、投诉、举报。接到咨询、投诉、举报，对属于本部门职责的，应当受理并在法定期限内及时答复、核实、处理；对不属于本部门职责的，应当移交有权处理的部门并书面通知咨询、投诉、举报人。有权处理的部门应当在法定期限内及时处理，不得推诿。对查证属实的举报，给予举报人奖励。

有关部门应当对举报人的信息予以保密，保护举报人的合法权益。举报人举报所在企业的，该企业不得以解除、变更劳动合同或者其他方式对举报人进行打击报复。

条文注释

《食品安全法实施条例》第65条规定,国家实行食品安全违法行为举报奖励制度,对查证属实的举报,给予举报人奖励。举报人举报所在企业食品安全重大违法犯罪行为的,应当加大奖励力度。有关部门应当对举报人的信息予以保密,保护举报人的合法权益。食品安全违法行为举报奖励办法由国务院食品安全监督管理部门会同国务院财政等有关部门制定。食品安全违法行为举报奖励资金纳入各级人民政府预算。

关联法规

《政府信息公开条例》第24条

《国务院食品安全委员会办公室关于建立食品安全有奖举报制度的指导意见》

第一百一十六条 【加强食品安全执法人员管理】县级以上人民政府食品安全监督管理等部门应当加强对执法人员食品安全法律、法规、标准和专业知识与执法能力等的培训,并组织考核。不具备相应知识和能力的,不得从事食品安全执法工作。

食品生产经营者、食品行业协会、消费者协会等发现食品安全执法人员在执法过程中有违反法律、法规规定的行为以及不规范执法行为的,可以向本级或者上级人民政府食品安全监督管理等部门或者监察机关投诉、举报。接到投诉、举报的部门或者机关应当进行核实,并将经核实的情况向食品安全执法人员所在部门通报;涉嫌违法违纪的,按照本法和有关规定处理。

条文注释

《食品安全法实施条例》第60条规定,国家建立食品安全检查员制度,依托现有资源加强职业化检查员队伍建设,强化考核培训,提高检查员专业化水平。

第一百一十七条　【对食品安全监管部门等进行责任约谈】县级以上人民政府食品安全监督管理等部门未及时发现食品安全系统性风险，未及时消除监督管理区域内的食品安全隐患的，本级人民政府可以对其主要负责人进行责任约谈。

地方人民政府未履行食品安全职责，未及时消除区域性重大食品安全隐患的，上级人民政府可以对其主要负责人进行责任约谈。

被约谈的食品安全监督管理等部门、地方人民政府应当立即采取措施，对食品安全监督管理工作进行整改。

责任约谈情况和整改情况应当纳入地方人民政府和有关部门食品安全监督管理工作评议、考核记录。

条文注释

本条虽然也是关于责任约谈的规定，但是与本法第114条规定的对食品生产经营者的责任约谈在性质上有很大差异，其属于一种行政层级监督。根据本条规定，属于行政层级监督性质的责任约谈制度，实际上有两种法定类型：一是县级以上人民政府对所属食品安全监管部门的责任约谈；二是上级人民政府对下级地方人民政府的责任约谈。要实施好这两种类型的责任约谈制度，需要注意以下几个方面：(1)县级以上人民政府对所属食品安全监督管理等部门进行责任约谈的法定事由，是县级以上人民政府食品安全监督管理等部门未及时发现食品安全系统性风险，未及时消除监督管理区域内的食品安全隐患。上级人民政府对下级地方人民政府进行责任约谈的法定事由，是地方人民政府未履行食品安全职责，未及时消除区域性重大食品安全隐患。(2)法定的约谈对象都是下级部门或政府的主要负责人。(3)本条所规定的"责任约谈"，是一种具有法律效力的行政层级监督行为。其等同于上级对下级提出了警示或者告诫，甚至是下达了命令。责任约谈情况和整改情况应当纳入地方人民政府和有关部门食品安全监督管理工作评议、考核记录。这与本法第 7 条规定的县级以上地方人民政府实行食品安全监督管理责任制的精神相一致。

第一百一十八条 【食品安全信息统一公布制度】国家建立统一的食品安全信息平台，实行食品安全信息统一公布制度。国家食品安全总体情况、食品安全风险警示信息、重大食品安全事故及其调查处理信息和国务院确定需要统一公布的其他信息由国务院食品安全监督管理部门统一公布。食品安全风险警示信息和重大食品安全事故及其调查处理信息的影响限于特定区域的，也可以由有关省、自治区、直辖市人民政府食品安全监督管理部门公布。未经授权不得发布上述信息。

县级以上人民政府食品安全监督管理、农业行政部门依据各自职责公布食品安全日常监督管理信息。

公布食品安全信息，应当做到准确、及时，并进行必要的解释说明，避免误导消费者和社会舆论。

条文注释

依据本条规定，需要有关部门进行公布的食品安全信息可以分为三个层次：一是国家食品安全总体情况、食品安全风险警示信息、重大食品安全事故及其调查处理信息和国务院确定需要统一公布的其他信息。这些信息与公众日常生活以及食品生产经营关系紧密，且影响范围大、力度强、涉及面广，为保证食品安全信息公布的规范性、严肃性，必须由国务院食品安全监督管理部门统一公布。二是食品安全风险警示信息和重大食品安全事故及其调查处理信息的影响限于特定区域的，一般由省、自治区、直辖市人民政府食品安全监督管理部门公布，但也可以由国务院食品安全监督管理部门公布。三是县级以上人民政府食品安全监督管理、农业行政部门的食品安全日常监督管理信息，如对食品生产经营者进行现场检查、抽样检验的结果，对违法生产经营者的查处情况等，由各部门依据各自职责，按照规定的程序和形式公布。

第一百一十九条 【食品安全信息报告、通报制度】县级以上地方人民政府食品安全监督管理、卫生行政、农业行政部门获知本法规定需要统一公布的信息,应当向上级主管部门报告,由上级主管部门立即报告国务院食品安全监督管理部门;必要时,可以直接向国务院食品安全监督管理部门报告。

县级以上人民政府食品安全监督管理、卫生行政、农业行政部门应当相互通报获知的食品安全信息。

条文注释

根据报告程序的不同,重要食品安全信息的报告制度主要有两种方式:一是县级以上地方人民政府食品安全监督管理、卫生行政、农业行政部门获知本法规定需要统一公布的信息,应当向上级主管部门报告,由上级主管部门立即报告国务院食品安全监督管理部门。二是必要时,县级以上地方人民政府食品安全监督管理、卫生行政、农业行政部门获知本法规定需要统一公布的信息,可以直接向国务院食品安全监督管理部门报告。

《食品安全法实施条例》第63条规定,国务院食品安全监督管理部门会同国务院卫生行政等部门根据食源性疾病信息、食品安全风险监测信息和监督管理信息等,对发现的添加或者可能添加到食品中的非食品用化学物质和其他可能危害人体健康的物质,制定名录及检测方法并予以公布。

第一百二十条 【不得编造、散布虚假食品安全信息】任何单位和个人不得编造、散布虚假食品安全信息。

县级以上人民政府食品安全监督管理部门发现可能误导消费者和社会舆论的食品安全信息,应当立即组织有关部门、专业机构、相关食品生产经营者等进行核实、分析,并及时公布结果。

条文注释

《食品安全法实施条例》第 83 条规定，县级以上人民政府食品安全监督管理等部门发现单位或者个人违反食品安全法第 120 条第 1 款规定，编造、散布虚假食品安全信息，涉嫌构成违反治安管理行为的，应当将相关情况通报同级公安机关。

第一百二十一条　【涉嫌食品安全犯罪案件的处理】县级以上人民政府食品安全监督管理等部门发现涉嫌食品安全犯罪的，应当按照有关规定及时将案件移送公安机关。对移送的案件，公安机关应当及时审查；认为有犯罪事实需要追究刑事责任的，应当立案侦查。

公安机关在食品安全犯罪案件侦查过程中认为没有犯罪事实，或者犯罪事实显著轻微，不需要追究刑事责任，但依法应当追究行政责任的，应当及时将案件移送食品安全监督管理等部门和监察机关，有关部门应当依法处理。

公安机关商请食品安全监督管理、生态环境等部门提供检验结论、认定意见以及对涉案物品进行无害化处理等协助的，有关部门应当及时提供，予以协助。

条文注释

遵循罪刑法定原则，依照刑法和有关司法解释规定，涉嫌食品安全犯罪的案件主要有以下几种：生产、销售不符合安全标准的食品罪；生产、销售有毒、有害食品罪；生产、销售伪劣产品罪；非法经营罪；虚假广告罪；提供虚假证明文件罪；食品监管渎职罪；等等。

关联法规

《行政执法机关移送涉嫌犯罪案件的规定》

《人民检察院办理行政执法机关移送涉嫌犯罪案件的规定》

第九章　法律责任

第一百二十二条　【未经许可从事食品生产经营活动等行为的法律责任】违反本法规定，未取得食品生产经营许可从事食品生产经营活动，或者未取得食品添加剂生产许可从事食品添加剂生产活动的，由县级以上人民政府食品安全监督管理部门没收违法所得和违法生产经营的食品、食品添加剂以及用于违法生产经营的工具、设备、原料等物品；违法生产经营的食品、食品添加剂货值金额不足一万元的，并处五万元以上十万元以下罚款；货值金额一万元以上的，并处货值金额十倍以上二十倍以下罚款。

明知从事前款规定的违法行为，仍为其提供生产经营场所或者其他条件的，由县级以上人民政府食品安全监督管理部门责令停止违法行为，没收违法所得，并处五万元以上十万元以下罚款；使消费者的合法权益受到损害的，应当与食品、食品添加剂生产经营者承担连带责任。

关联法规

《食品安全法》第35、39、127条

第一百二十三条　【严重违法食品生产经营行为的法律责任】违反本法规定，有下列情形之一，尚不构成犯罪的，由县级以上人民政府食品安全监督管理部门没收违法所得和违法生产经营的食品，并可以没收用于违法生产经营的工具、设备、原料等物品；违法生产经营的食品货值金额不足一万元的，并处十万元以上十五万元以下罚款；货值金额一万元以上的，并处货值金额十五倍以上三十倍以下罚款；情节严重的，吊销许可证，并可以由公安机关对其直接负责的主管人员和其他直接责任人员处五日以上十五日以下拘留：

（一）用非食品原料生产食品、在食品中添加食品添加剂以外的化学物质和其他可能危害人体健康的物质，或者用回收食品作为原料生产食品，或者经营上述食品；

（二）生产经营营养成分不符合食品安全标准的专供婴幼儿和其他特定人群的主辅食品；

（三）经营病死、毒死或者死因不明的禽、畜、兽、水产动物肉类，或者生产经营其制品；

（四）经营未按规定进行检疫或者检疫不合格的肉类，或者生产经营未经检验或者检验不合格的肉类制品；

（五）生产经营国家为防病等特殊需要明令禁止生产经营的食品；

（六）生产经营添加药品的食品。

明知从事前款规定的违法行为，仍为其提供生产经营场所或者其他条件的，由县级以上人民政府食品安全监督管理部门责令停止违法行为，没收违法所得，并处十万元以上二十万元以下罚款；使消费者的合法权益受到损害的，应当与食品生产经营者承担连带责任。

违法使用剧毒、高毒农药的，除依照有关法律、法规规定给予处罚外，可以由公安机关依照第一款规定给予拘留。

条文注释

根据《食品安全法实施条例》第67条的规定，有下列情形之一的，属于食品安全法第123条规定的情节严重情形：(1)违法行为涉及的产品货值金额2万元以上或者违法行为持续时间3个月以上；(2)造成食源性疾病并出现死亡病例，或者造成30人以上食源性疾病但未出现死亡病例;(3)故意提供虚假信息或者隐瞒真实情况;(4)拒绝、逃避监督检查;(5)因违反食品安全法律、法规受到行政处罚后1年内又实施同一性质的食品安全违法行为,或者因违反食品安全法律、法规受到刑事处罚后又实施食品安全违法行为;(6)其他情节严重的情形。对情节严重的违法行为处以罚款时,应当依法从重从严。

《食品安全法实施条例》第77条规定,县级以上地方人民政府食品安全监督管理等部门对有食品安全法第123条规定的违法情形且情节严重,可能需要行政拘留的,应当及时将案件及有关材料移送同级公安机关。公安机关认为需要补充材料的,食品安全监督管理等部门应当及时提供。公安机关经审查认为不符合行政拘留条件的,应当及时将案件及有关材料退回移送的食品安全监督管理等部门。第78条规定,公安机关对发现的食品安全违法行为,经审查没有犯罪事实或者立案侦查后认为不需要追究刑事责任,但依法应当予以行政拘留的,应当及时作出行政拘留的处罚决定;不需要予以行政拘留但依法应当追究其他行政责任的,应当及时将案件及有关材料移送同级食品安全监督管理等部门。

关联法规

《刑法》第143、144条

《农药管理条例》

第一百二十四条　【十一类违法生产经营行为的法律责任】违反本法规定,有下列情形之一,尚不构成犯罪的,由县级以上人民政府食品安全监督管理部门没收违法所得和违法生产经营的食品、食品添加剂,并可以没收用于违法生产经营的工具、设备、原料等物品;违法生产经营的食品、食品添加剂货值金额不足一万元的,并处五万元以上十万元以下罚款;货值金额一万元以上的,并处货值金额十倍以上二十倍以下罚款;情节严重的,吊销许可证:

(一)生产经营致病性微生物,农药残留、兽药残留、生物毒素、重金属等污染物质以及其他危害人体健康的物质含量超过食品安全标准限量的食品、食品添加剂；

（二）用超过保质期的食品原料、食品添加剂生产食品、食品添加剂，或者经营上述食品、食品添加剂；

（三）生产经营超范围、超限量使用食品添加剂的食品；

（四）生产经营腐败变质、油脂酸败、霉变生虫、污秽不洁、混有异物、掺假掺杂或者感官性状异常的食品、食品添加剂；

（五）生产经营标注虚假生产日期、保质期或者超过保质期的食品、食品添加剂；

（六）生产经营未按规定注册的保健食品、特殊医学用途配方食品、婴幼儿配方乳粉，或者未按注册的产品配方、生产工艺等技术要求组织生产；

（七）以分装方式生产婴幼儿配方乳粉，或者同一企业以同一配方生产不同品牌的婴幼儿配方乳粉；

（八）利用新的食品原料生产食品，或者生产食品添加剂新品种，未通过安全性评估；

（九）食品生产经营者在食品安全监督管理部门责令其召回或者停止经营后，仍拒不召回或者停止经营。

除前款和本法第一百二十三条、第一百二十五条规定的情形外，生产经营不符合法律、法规或者食品安全标准的食品、食品添加剂的，依照前款规定给予处罚。

生产食品相关产品新品种，未通过安全性评估，或者生产不符合食品安全标准的食品相关产品的，由县级以上人民政府食品安全监督管理部门依照第一款规定给予处罚。

条文注释

本条第1款规定的逻辑思路与本法第123条第1款基本一致，执法主体都是食品安全监督管理部门，行政处罚的种类都是既有财产罚又有资格罚,但有一条重要区别就是其行政处罚幅度较第123条第1款要轻,表现在两个方面:一是"并处五万元以上十万元以下罚款"和"并处货值金额十倍以上二十倍以下罚款";二是没有拘留有关责任人的人身罚的规定。

根据《食品安全法实施条例》第67条的规定,有下列情形之一的,属于食品安全法第124条规定的情节严重情形:(1)违法行为涉及的产品货值金额2万元以上或者违法行为持续时间3个月以上;(2)造成食源性疾病并出现死亡病例,或者造成30人以上食源性疾病但未出现死亡病例;(3)故意提供虚假信息或者隐瞒真实情况;(4)拒绝、逃避监督检查;(5)因违反食品安全法律、法规受到行政处罚后1年内又实施同一性质的食品安全违法行为,或者因违反食品安全法律、法规受到刑事处罚后又实施食品安全违法行为;(6)其他情节严重的情形。对情节严重的违法行为处以罚款时,应当依法从重从严。

关联法规

《食品安全法》第34、37、63、76、77、80~82条

第一百二十五条 【四类违法生产经营行为的法律责任】违反本法规定,有下列情形之一的,由县级以上人民政府食品安全监督管理部门没收违法所得和违法生产经营的食品、食品添加剂,并可以没收用于违法生产经营的工具、设备、原料等物品;违法生产经营的食品、食品添加剂货值金额不足一万元的,并处五千元以上五万元以下罚款;货值金额一万元以上的,并处货值金额五倍以上十倍以下罚款;情节严重的,责令停产停业,直至吊销许可证:

(一)生产经营被包装材料、容器、运输工具等污染的食品、食品添加剂;

(二)生产经营无标签的预包装食品、食品添加剂或者标

签、说明书不符合本法规定的食品、食品添加剂；

（三）生产经营转基因食品未按规定进行标示；

（四）食品生产经营者采购或者使用不符合食品安全标准的食品原料、食品添加剂、食品相关产品。

生产经营的食品、食品添加剂的标签、说明书存在瑕疵但不影响食品安全且不会对消费者造成误导的，由县级以上人民政府食品安全监督管理部门责令改正；拒不改正的，处二千元以下罚款。

条文注释

本条第 1 款规定的逻辑思路与本法第 123 条第 1 款、第 124 条第 1 款基本一致，执法主体都是食品安全监督管理部门，行政处罚的种类都是既有财产罚又有资格罚，主要不同就是其行政处罚幅度较前两款更轻，表现在两个方面：一是“并处五千元以上五万元以下罚款”和“并处货值金额五倍以上十倍以下罚款”，虽然相比 2009 年食品安全法规定的“二倍以上五倍以下罚款”有所加重，但这是本法第三个以货值金额的倍数计算的罚款幅度，也是按货值金额倍数计算的最轻的罚款幅度。二是既没有拘留有关责任人的人身罚的规定，又在吊销许可证的资格罚前，增加了“责令停产停业”的过渡性行政处罚手段。这也就意味着，第 1 款规定的违法行为情节严重的，也不是立即就要吊销许可证，而是首先选择责令停产停业，视情节严重程度和整改情况可以加重行政处罚直至吊销许可证。

根据《食品安全法实施条例》第 67 条的规定，有下列情形之一的，属于食品安全法第 125 条规定的情节严重情形：(1)违法行为涉及的产品货值金额 2 万元以上或者违法行为持续时间 3 个月以上；(2)造成食源性疾病并出现死亡病例，或者造成 30 人以上食源性疾病但未出现死亡病例；(3)故意提供虚假信息或者隐瞒真实情况；(4)拒绝、逃避监督检查；(5)因违反食品安全法律、法规受到行政处罚后 1 年内又实施同一性质的食品安全违法行为，或者因违反食品安全法律、法规受到刑事处罚后又实施食品安全违法行为；(6)其他情节严重的情形。对情节严重的违法行为处以罚款时，应当依法从重从严。

《食品安全法实施条例》第68条规定，有下列情形之一的，依照食品安全法第125条第1款、该条例第75条的规定给予处罚：(1)在食品生产、加工场所贮存依照该条例第63条规定制定的名录中的物质；(2)生产经营的保健食品之外的食品的标签、说明书声称具有保健功能；(3)以食品安全国家标准规定的选择性添加物质命名婴幼儿配方食品；(4)生产经营的特殊食品的标签、说明书内容与注册或者备案的标签、说明书不一致。

《食品安全法实施条例》第74条规定，食品生产经营者生产经营的食品符合食品安全标准但不符合食品所标注的企业标准规定的食品安全指标的，由县级以上人民政府食品安全监督管理部门给予警告，并责令食品经营者停止经营该食品，责令食品生产企业改正；拒不停止经营或者改正的，没收不符合企业标准规定的食品安全指标的食品，货值金额不足1万元的，并处1万元以上5万元以下罚款，货值金额1万元以上的，并处货值金额5倍以上10倍以下罚款。

关联法规

《食品安全法》第33、34、50、55、69条

第一百二十六条　【生产经营过程违法行为的法律责任】 违反本法规定，有下列情形之一的，由县级以上人民政府食品安全监督管理部门责令改正，给予警告；拒不改正的，处五千元以上五万元以下罚款；情节严重的，责令停产停业，直至吊销许可证：

(一)食品、食品添加剂生产者未按规定对采购的食品原料和生产的食品、食品添加剂进行检验；

(二)食品生产经营企业未按规定建立食品安全管理制度，或者未按规定配备或者培训、考核食品安全管理人员；

（三）食品、食品添加剂生产经营者进货时未查验许可证和相关证明文件，或者未按规定建立并遵守进货查验记录、出厂检验记录和销售记录制度；

（四）食品生产经营企业未制定食品安全事故处置方案；

（五）餐具、饮具和盛放直接入口食品的容器，使用前未经洗净、消毒或者清洗消毒不合格，或者餐饮服务设施、设备未按规定定期维护、清洗、校验；

（六）食品生产经营者安排未取得健康证明或者患有国务院卫生行政部门规定的有碍食品安全疾病的人员从事接触直接入口食品的工作；

（七）食品经营者未按规定要求销售食品；

（八）保健食品生产企业未按规定向食品安全监督管理部门备案，或者未按备案的产品配方、生产工艺等技术要求组织生产；

（九）婴幼儿配方食品生产企业未将食品原料、食品添加剂、产品配方、标签等向食品安全监督管理部门备案；

（十）特殊食品生产企业未按规定建立生产质量管理体系并有效运行，或者未定期提交自查报告；

（十一）食品生产经营者未定期对食品安全状况进行检查评价，或者生产经营条件发生变化，未按规定处理；

（十二）学校、托幼机构、养老机构、建筑工地等集中用餐单位未按规定履行食品安全管理责任；

（十三）食品生产企业、餐饮服务提供者未按规定制定、实施生产经营过程控制要求。

餐具、饮具集中消毒服务单位违反本法规定用水，使用洗涤剂、消毒剂，或者出厂的餐具、饮具未按规定检验合格并随附消毒合格证明，或者未按规定在独立包装上标注相关内容的，由县级以上人民政府卫生行政部门依照前款规定给予处罚。

食品相关产品生产者未按规定对生产的食品相关产品进行检验的，由县级以上人民政府食品安全监督管理部门依照第一款规定给予处罚。

食用农产品销售者违反本法第六十五条规定的，由县级以上人民政府食品安全监督管理部门依照第一款规定给予处罚。

条文注释

本条是对2009年食品安全法第87条内容的修改，2015年、2018年修改主要涉及以下几点：一是明确了执法主体，将“有关主管部门按照各自职责分工”修改为“县级以上人民政府食品安全监督管理部门”，并明确了餐具和饮具集中消毒服务单位、食品相关产品生产者以及食用农产品销售者违法行为的执法主体；二是加大了处罚力度，将“处二千元以上二万元以下罚款”修改为“处五千元以上五万元以下罚款”；三是强化了生产经营过程控制，相应增加了生产经营过程相关违法行为的法律责任。

根据《食品安全法实施条例》第67条的规定，有下列情形之一的，属于食品安全法第126条规定的情节严重情形：(1)违法行为涉及的产品货值金额2万元以上或者违法行为持续时间3个月以上；(2)造成食源性疾病并出现死亡病例，或者造成30人以上食源性疾病但未出现死亡病例；(3)故意提供虚假信息或者隐瞒真实情况；(4)拒绝、逃避监督检查；(5)因违反食品安全法律、法规受到行政处罚后1年内又实施同一性质的食品安全违法行为，或者因违反食品安全法律、法规受到刑事处罚后又实施食品安全违法行为；(6)其他情节严重的情形。对情节严重的违法行为处以罚款时，应当依法从重从严。

《食品安全法实施条例》第69条规定，有下列情形之一的，依照食品安全法第126条第1款、该条例第75条的规定给予处罚：(1)接受食品生产经营者委托贮存、运输食品，未按照规定记录保存信息；

(2)餐饮服务提供者未查验、留存餐具饮具集中消毒服务单位的营业执照复印件和消毒合格证明;(3)食品生产经营者未按照规定对变质、超过保质期或者回收的食品进行标示或者存放,或者未及时对上述食品采取无害化处理、销毁等措施并如实记录;(4)医疗机构和药品零售企业之外的单位或者个人向消费者销售特殊医学用途配方食品中的特定全营养配方食品;(5)将特殊食品与普通食品或者药品混放销售。

《食品安全法实施条例》第 70 条规定,除食品安全法第 125 条第 1 款、第 126 条规定的情形外,食品生产经营者的生产经营行为不符合食品安全法第 33 条第 1 款第 5 项、第 7 项至第 10 项的规定,或者不符合有关食品生产经营过程要求的食品安全国家标准的,依照食品安全法第 126 条第 1 款、该条例第 75 条的规定给予处罚。

《食品安全法实施条例》第 71 条规定,餐具饮具集中消毒服务单位未按照规定建立并遵守出厂检验记录制度的,由县级以上人民政府卫生行政部门依照食品安全法第 126 条第 1 款、该条例第 75 条的规定给予处罚。

《食品安全法实施条例》第 75 条规定,食品生产经营企业等单位有食品安全法规定的违法情形,除依照食品安全法的规定给予处罚外,有下列情形之一的,对单位的法定代表人、主要负责人、直接负责的主管人员和其他直接责任人员处以其上一年度从本单位取得收入的 1 倍以上 10 倍以下罚款:(1)故意实施违法行为;(2)违法行为性质恶劣;(3)违法行为造成严重后果。属于食品安全法第 125 条第 2 款规定情形的,不适用前述规定。

关联法规

《食品安全法》第 33、44 ~ 47、50、52、53、55 ~ 60、65、68、72、76、77、81 ~ 83、102 条

第一百二十七条 【食品生产加工小作坊、食品摊贩等违法行为的处罚】对食品生产加工小作坊、食品摊贩等的违法行为的处罚，依照省、自治区、直辖市制定的具体管理办法执行。

关联法规

《食品安全法》第36条

《行政处罚法》第9、11、13条

第一百二十八条 【事故单位违法行为的法律责任】违反本法规定，事故单位在发生食品安全事故后未进行处置、报告的，由有关主管部门按照各自职责分工责令改正，给予警告；隐匿、伪造、毁灭有关证据的，责令停产停业，没收违法所得，并处十万元以上五十万元以下罚款；造成严重后果的，吊销许可证。

条文注释

本条是对2009年食品安全法第88条内容的修改，2015年修改主要涉及以下几点：一是将“毁灭有关证据”修改为“隐匿、伪造、毁灭有关证据”；二是加大了处罚力度，增加了处罚种类“没收违法所得”，将“处二千元以上十万元以下罚款”修改为“处十万元以上五十万元以下罚款”。

关联法规

《食品安全法》第103条

第一百二十九条 【进出口违法行为的法律责任】违反本法规定，有下列情形之一的，由出入境检验检疫机构依照本法第一百二十四条的规定给予处罚：

（一）提供虚假材料，进口不符合我国食品安全国家标准的食品、食品添加剂、食品相关产品；

（二）进口尚无食品安全国家标准的食品，未提交所执行的标准并经国务院卫生行政部门审查，或者进口利用新的食品原料生产的食品或者进口食品添加剂新品种、食品相关产品新品种，未通过安全性评估；

（三）未遵守本法的规定出口食品；

（四）进口商在有关主管部门责令其依照本法规定召回进口的食品后，仍拒不召回。

违反本法规定，进口商未建立并遵守食品、食品添加剂进口和销售记录制度、境外出口商或者生产企业审核制度的，由出入境检验检疫机构依照本法第一百二十六条的规定给予处罚。

条文注释

本条是对2009年食品安全法第89条内容的修改，2015年修改主要涉及以下几点：一是明确执法主体为出入境检验检疫机构；二是在处罚种类、罚款数额等方面作了修改，加大了处罚力度；三是增加了进口商召回和建立境外出口商或者生产企业审核制度的规定，相应增加了进口商在有关主管部门责令其依照本法规定召回进口的食品后仍拒不召回和未建立并遵守境外出口商或者生产企业审核制度的法律责任。

关联法规

《食品安全法》第37、50、63、92～94、98～99条

第一百三十条　【集中交易市场违法行为的法律责任】违反本法规定，集中交易市场的开办者、柜台出租者、展销会的举办者允许未依法取得许可的食品经营者进入市场销售食品，或者未履行检查、报告等义务的，由县级以上人民政府食品安全监督管理部门责令改正，没收违法所得，并处五万元以上二十

万元以下罚款；造成严重后果的，责令停业，直至由原发证部门吊销许可证；使消费者的合法权益受到损害的，应当与食品经营者承担连带责任。

食用农产品批发市场违反本法第六十四条规定的，依照前款规定承担责任。

条文注释

本条是对2009年食品安全法第90条内容的修改，2015年、2018年修改主要涉及以下几点：一是明确了执法主体，将"有关主管部门按照各自职责分工"修改为"县级以上人民政府食品安全监督管理部门"；二是加大了处罚力度，增加了处罚种类"责令改正，没收违法所得"，将"处二千元以上五万元以下罚款"修改为"处五万元以上二十万元以下罚款"；三是将2009年食品安全法第52条关于连带责任的规定移至此处，并将"本市场发生食品安全事故的"这一前提条件修改为"使消费者的合法权益受到损害的"，加强了对消费者权益的保护；四是增加了食用农产品批发市场的相关规定，相应增加了食用农产品批发市场违法行为的法律责任。

关联法规

《食品安全法》第35、61、64条

第一百三十一条　【网络食品交易违法行为的法律责任】违反本法规定，网络食品交易第三方平台提供者未对入网食品经营者进行实名登记、审查许可证，或者未履行报告、停止提供网络交易平台服务等义务的，由县级以上人民政府食品安全监督管理部门责令改正，没收违法所得，并处五万元以上二十万元以下罚款；造成严重后果的，责令停业，直至由原发证部门吊销许可证；使消费者的合法权益受到损害的，应当与食品经营者承担连带责任。

消费者通过网络食品交易第三方平台购买食品，其合法权益受到损害的，可以向入网食品经营者或者食品生产者要求赔偿。网络食品交易第三方平台提供者不能提供入网食品经营者的真实名称、地址和有效联系方式的，由网络食品交易第三方平台提供者赔偿。网络食品交易第三方平台提供者赔偿后，有权向入网食品经营者或者食品生产者追偿。网络食品交易第三方平台提供者作出更有利于消费者承诺的，应当履行其承诺。

条文注释

本条规定的违法行为如下：

1. 网络食品交易第三方平台提供者未对入网食品经营者进行实名登记、审查许可证，或者未履行报告、停止提供网络交易平台服务等义务。本类违法行为主要针对的是：第62条规定，网络食品交易第三方平台提供者应当对入网食品经营者进行实名登记，明确其食品安全管理责任；依法应当取得许可证的，还应当审查其许可证。网络食品交易第三方平台提供者发现入网食品经营者有违反本法规定行为的，应当及时制止并立即报告所在地县级人民政府食品安全监督管理部门；发现严重违法行为的，应当立即停止提供网络交易平台服务。如果未遵守第62条前述规定，就属于本类违法行为。

2. 消费者通过网络食品交易第三方平台购买食品，其合法权益受到损害。食品生产经营者生产经营的食品通过网络食品交易第三方平台销售给消费者，导致消费者人身、财产等合法权益受到损害的，就属于本类违法行为。

3. 消费者通过网络食品交易第三方平台购买食品，其合法权益受到损害，网络食品交易第三方平台提供者不能提供入网食品经营者的真实名称、地址和有效联系方式。第62条规定了网络食品交易第三方平台提供者对入网食品经营者的身份审查义务，该项义务应当是事先的、主动性的，一旦消费者通过网络食品交易第三方平台购买食品，其合法权益受到损害，发生纠纷，消费者难以找到入网食品经营者求偿时，网络食品交易第三方平台提供者应当向消费者提供入网食品经营者的真实名称、地址和有效联系方式；不能提供的，就属于本类违法行为。

关联法规

《食品安全法》第62、148条

《消费者权益保护法》第44条

《网络食品安全违法行为查处办法》

第一百三十二条 【食品贮存、运输和装卸违法行为的法律责任】违反本法规定，未按要求进行食品贮存、运输和装卸的，由县级以上人民政府食品安全监督管理等部门按照各自职责分工责令改正，给予警告；拒不改正的，责令停产停业，并处一万元以上五万元以下罚款；情节严重的，吊销许可证。

条文注释

本条是对2009年食品安全法第91条内容的修改，2015年修改主要涉及以下几个方面：一是将"有关主管部门"修改为"县级以上人民政府食品安全监督管理等部门"，强调了食品安全监督管理部门的执法主体地位；二是将2009年食品安全法第87条关于未按要求进行食品贮存的规定移至此处，并增加了未按要求进行食品装卸的规定；三是加大了处罚力度，将"处二千元以上五万元以下罚款"修改为"处一万元以上五万元以下罚款"。

根据《食品安全法实施条例》第67条的规定，有下列情形之一的，属于食品安全法第132条规定的情节严重情形：(1)违法行为涉及的产品货值金额2万元以上或者违法行为持续时间3个月以上；(2)造成食源性疾病并出现死亡病例，或者造成30人以上食源性疾病但未出现死亡病例；(3)故意提供虚假信息或者隐瞒真实情况；(4)拒绝、逃避监督检查；(5)因违反食品安全法律、法规受到行政处罚后1年内又实施同一性质的食品安全违法行为，或者因违反食品安全法律、法规受到刑事处罚后又实施食品安全违法行为;(6)其他情节严重的情形。对情节严重的违法行为处以罚款时,应当依法从重从严。

《食品安全法实施条例》第72条规定,从事对温度、湿度等有特殊要求的食品贮存业务的非食品生产经营者,食品集中交易市场的开办者、食品展销会的举办者,未按照规定备案或者报告的,由县级以上人民政府食品安全监督管理部门责令改正,给予警告;拒不改正的,处1万元以上5万元以下罚款;情节严重的,责令停产停业,并处5万元以上20万元以下罚款。

关联法规

《食品安全法》第33、54条

第一百三十三条 【拒绝、阻挠、干涉开展食品安全工作的法律责任】违反本法规定,拒绝、阻挠、干涉有关部门、机构及其工作人员依法开展食品安全监督检查、事故调查处理、风险监测和风险评估的,由有关主管部门按照各自职责分工责令停产停业,并处二千元以上五万元以下罚款;情节严重的,吊销许可证;构成违反治安管理行为的,由公安机关依法给予治安管理处罚。

违反本法规定,对举报人以解除、变更劳动合同或者其他方式打击报复的,应当依照有关法律的规定承担责任。

条文注释

本条规定的违法行为如下:

1.拒绝、阻挠、干涉有关部门、机构及其工作人员依法开展食品安全监督检查、事故调查处理、风险监测和风险评估。本类违法行为主要针对的是:(1)本法第15条规定,食品安全风险监测工作人员有权进入相关食用农产品种植养殖、食品生产经营场所采集样品、收集相关数据。(2)本法第108条规定,食品安全事故调查部门有权向有关单位和个人了解与事故有关的情况,并要求提供相关资料和样品。有关单位和个人应当予以配合,按照要求提供相关资料和样品,不得拒绝。任何单位和个人不得阻挠、干涉食品安全事故的调查处理。(3)本法关于食品安全监督检查、事故调查处理、风险监测和风险评估的其他规定。如果未遵守本法第15条、第108条等前述规定,拒绝、阻挠、干涉有关部门、机构及其工作人员依法开展食品安全监督检查、事故调查处理、风险监测和风险评估,就属于本类违法行为。

2. 对举报人以解除、变更劳动合同或者其他方式打击报复。本类违法行为主要针对的是本法第115条规定,即举报人举报所在企业的,该企业不得以解除、变更劳动合同或者其他方式对举报人进行打击报复。如果举报人所在企业未遵守前述规定,就属于本类违法行为。

关联法规

《治安管理处罚法》第18条

《劳动合同法》第42、87条

第一百三十四条 【食品生产经营者屡次违法的法律责任】食品生产经营者在一年内累计三次因违反本法规定受到责令停产停业、吊销许可证以外处罚的,由食品安全监督管理部门责令停产停业,直至吊销许可证。

条文注释

《食品安全法实施条例》第75条规定,食品生产经营企业等单位有食品安全法规定的违法情形,除依照食品安全法的规定给予处罚外,有下列情形之一的,对单位的法定代表人、主要负责人、直接负责的主管人员和其他直接责任人员处以其上一年度从本单位取得收入的1倍以上10倍以下罚款:(1)故意实施违法行为;(2)违法行为性质恶劣;(3)违法行为造成严重后果。属于食品安全法第125条第2款规定情形的,不适用前述规定。第76条规定,食品生产经营者依照食品安全法第63条第1款、第2款的规定停止生产、经营,实施食品召回,或者采取其他有效措施减轻或者消除食品安全风险,未造成危害后果的,可以从轻或者减轻处罚。

第一百三十五条 【严重违法犯罪者的从业禁止】被吊销许可证的食品生产经营者及其法定代表人、直接负责的主管人员和其他直接责任人员自处罚决定作出之日起五年内不得申请食品生产经营许可,或者从事食品生产经营管理工作、担任食品生产经营企业食品安全管理人员。

因食品安全犯罪被判处有期徒刑以上刑罚的,终身不得从事食品生产经营管理工作,也不得担任食品生产经营企业食品安全管理人员。

食品生产经营者聘用人员违反前两款规定的,由县级以上人民政府食品安全监督管理部门吊销许可证。

条文注释

本条所称“食品安全犯罪”,是指生产、销售不符合安全标准的食品罪,生产、销售有毒、有害食品罪等与食品安全有关的犯罪。根据刑法的规定,刑罚分为主刑和附加刑,主刑包括管制、拘役、有期徒刑、无期徒刑、死刑。有期徒刑以上刑罚指有期徒刑、无期徒刑和死刑。

第一百三十六条 【食品经营者免予处罚的情形】食品经营者履行了本法规定的进货查验等义务,有充分证据证明其不知道所采购的食品不符合食品安全标准,并能如实说明其进货来源的,可以免予处罚,但应当依法没收其不符合食品安全标准的食品;造成人身、财产或者其他损害的,依法承担赔偿责任。

条文注释

根据本条规定,食品经营者经营的食品不符合食品安全标准,但是符合以下三个条件的，可以免予处罚：一是履行了本法规定的进货查验等义务。本法对食品经营者规定了进货查验等义务，例如本法第53条规定，食品经营者采购食品，应当查验供货者的许可证和食品出厂检验合格证或者其他合格证明。食品经营企业应当建立食品进货查验记录制度，如实记录食品的名称、规格、数量、生产日期或者生产批号、保质期、进货日期以及供货者名称、地址、联系方式等内容，并保存相关凭证。记录和凭证保存期限应当符合本法第50条第2款的规定。二是有充分证据证明其不知道所采购的食品不符合食品安全标准。经营者负有举证义务，必须拿出充分证据，证明自己确实不知道所采购的食品不符合食品安全标准。例如，进货时留存的食品出厂检验合格证或者其他合格证明。但是，消费者提供相反证据，证明经营者知情的，不能免予处罚。三是能如实说明其进货来源。经营者应当提供真实的进货的食品生产经营者的名称、地址、联系方式，以便于追根溯源，对违法的食品生产经营者进行查处。

关联法规

《产品质量法》第55条

《药品管理法实施条例》第75条

第一百三十七条　【提供虚假食品安全风险监测、评估信息的法律责任】违反本法规定，承担食品安全风险监测、风险评估工作的技术机构、技术人员提供虚假监测、评估信息的，依法对技术机构直接负责的主管人员和技术人员给予撤职、开除处分；有执业资格的，由授予其资格的主管部门吊销执业证书。

条文注释

本条规定的违法行为“承担食品安全风险监测、风险评估工作的技术机构、技术人员提供虚假监测、评估信息”主要针对的是：第一，本法第15条规定，承担食品安全风险监测工作的技术机构应当保证监测数据真实、准确。第二，本法第23条规定，食品安全风险评估专家委员会及其技术机构,应当按照科学、客观、及时、公开的原则,组织食品生产经营者、食品检验机构、认证机构、食品行业协会、消费者协会以及新闻媒体等,就食品安全风险评估信息进行交流沟通。如果承担食品安全风险监测、风险评估工作的技术机构、技术人员未遵守本法第 15 条、第 23 条的前述规定,提供虚假监测、评估信息,就属于本条规定的违法行为。

第一百三十八条　【出具虚假检验报告的法律责任】违反本法规定,食品检验机构、食品检验人员出具虚假检验报告的,由授予其资质的主管部门或者机构撤销该食品检验机构的检验资质,没收所收取的检验费用,并处检验费用五倍以上十倍以下罚款,检验费用不足一万元的,并处五万元以上十万元以下罚款;依法对食品检验机构直接负责的主管人员和食品检验人员给予撤职或者开除处分;导致发生重大食品安全事故的,对直接负责的主管人员和食品检验人员给予开除处分。

违反本法规定,受到开除处分的食品检验机构人员,自处分决定作出之日起十年内不得从事食品检验工作;因食品安全违法行为受到刑事处罚或者因出具虚假检验报告导致发生重大食品安全事故受到开除处分的食品检验机构人员,终身不得从事食品检验工作。食品检验机构聘用不得从事食品检验工作的人员的,由授予其资质的主管部门或者机构撤销该食品检验机构的检验资质。

食品检验机构出具虚假检验报告,使消费者的合法权益受到损害的,应当与食品生产经营者承担连带责任。

条文注释

2015 年修订前的食品安全法第 93 条对食品检验机构、食品检验人员出具虚假检验报告等的法律责任作了规定。2015 年修订主要涉及以下几点:一是加大处罚力度,新增了没收检验费用、罚款的责任形式；二是明确导致发生重大食品安全事故的，对直接负责的主管人员和食品检验人员给予开除处分；三是对受到刑事处罚或者开除处分的食品检验机构人员的从业限制进行了细化；四是明确了食品检验机构出具虚假检验报告应与食品生产经营者承担连带责任。

《食品安全法实施条例》第79条规定，复检机构无正当理由拒绝承担复检任务的，由县级以上人民政府食品安全监督管理部门给予警告，无正当理由1年内2次拒绝承担复检任务的，由国务院有关部门撤销其复检机构资质并向社会公布。第80条规定，发布未依法取得资质认定的食品检验机构出具的食品检验信息，或者利用上述检验信息对食品、食品生产经营者进行等级评定，欺骗、误导消费者的，由县级以上人民政府食品安全监督管理部门责令改正，有违法所得的，没收违法所得，并处10万元以上50万元以下罚款；拒不改正的，处50万元以上100万元以下罚款；构成违反治安管理行为的，由公安机关依法给予治安管理处罚。

关联法规

《食品安全法》第84～86条

第一百三十九条　【虚假认证的法律责任】违反本法规定，认证机构出具虚假认证结论，由认证认可监督管理部门没收所收取的认证费用，并处认证费用五倍以上十倍以下罚款，认证费用不足一万元的，并处五万元以上十万元以下罚款；情节严重的，责令停业，直至撤销认证机构批准文件，并向社会公布；对直接负责的主管人员和负有直接责任的认证人员，撤销其执业资格。

认证机构出具虚假认证结论，使消费者的合法权益受到损害的，应当与食品生产经营者承担连带责任。

关联法规

《食品安全法》第48条

《认证认可条例》第62条

第一百四十条　【虚假宣传和违法推荐食品的法律责任】 违反本法规定，在广告中对食品作虚假宣传，欺骗消费者，或者发布未取得批准文件、广告内容与批准文件不一致的保健食品广告的，依照《中华人民共和国广告法》的规定给予处罚。

广告经营者、发布者设计、制作、发布虚假食品广告，使消费者的合法权益受到损害的，应当与食品生产经营者承担连带责任。

社会团体或者其他组织、个人在虚假广告或者其他虚假宣传中向消费者推荐食品，使消费者的合法权益受到损害的，应当与食品生产经营者承担连带责任。

违反本法规定，食品安全监督管理等部门、食品检验机构、食品行业协会以广告或者其他形式向消费者推荐食品，消费者组织以收取费用或者其他牟取利益的方式向消费者推荐食品的，由有关主管部门没收违法所得，依法对直接负责的主管人员和其他直接责任人员给予记大过、降级或者撤职处分；情节严重的，给予开除处分。

对食品作虚假宣传且情节严重的，由省级以上人民政府食品安全监督管理部门决定暂停销售该食品，并向社会公布；仍然销售该食品的，由县级以上人民政府食品安全监督管理部门没收违法所得和违法销售的食品，并处二万元以上五万元以下罚款。

条文注释

2015 年修订前的食品安全法第 55 条、第 94 条对违法发布食品广告、推荐食品作了规定。2015 年修订主要涉及以下几点：一是增加规定，明确对于发布未取得批准文件、广告内容与批准文件不一致的保健食品广告的，依照广告法的规定给予处罚；二是明确广告经营者、发布者设计、制作、发布虚假食品广告，使消费者的合法权益受到损害的，应当与食品生产经营者承担连带责任；三是新增了社会团体或者其他组织、个人在虚假广告或者其他虚假宣传中有关连带责任的规定；四是新增了对食品作虚假宣传且情节严重的法律责任。

《食品安全法实施条例》第73条规定，利用会议、讲座、健康咨询等方式对食品进行虚假宣传的，由县级以上人民政府食品安全监督管理部门责令消除影响，有违法所得的，没收违法所得；情节严重的，依照食品安全法第140条第5款的规定进行处罚；属于单位违法的，还应当依照该条例第75条的规定对单位的法定代表人、主要负责人、直接负责的主管人员和其他直接责任人员给予处罚。

关联法规

《广告法》第55、58条

《食品安全法》第73、79条

第一百四十一条　【编造、散布虚假信息的法律责任】违反本法规定，编造、散布虚假食品安全信息，构成违反治安管理行为的，由公安机关依法给予治安管理处罚。

媒体编造、散布虚假食品安全信息的，由有关主管部门依法给予处罚，并对直接负责的主管人员和其他直接责任人员给予处分；使公民、法人或者其他组织的合法权益受到损害的，依法承担消除影响、恢复名誉、赔偿损失、赔礼道歉等民事责任。

关联法规

《治安管理处罚法》第25条

《新闻记者证管理办法》第18条

第一百四十二条　【食品安全事故处置有关法律责任】违反本法规定，县级以上地方人民政府有下列行为之一的，对直接负责的主管人员和其他直接责任人员给予记大过处分；情节较重的，给予降级或者撤职处分；情节严重的，给予开除处分；造成严重后果的，其主要负责人还应当引咎辞职：

（一）对发生在本行政区域内的食品安全事故，未及时组织协调有关部门开展有效处置，造成不良影响或者损失；

（二）对本行政区域内涉及多环节的区域性食品安全问题，未及时组织整治，造成不良影响或者损失；

（三）隐瞒、谎报、缓报食品安全事故；

（四）本行政区域内发生特别重大食品安全事故，或者连续发生重大食品安全事故。

第一百四十三条　【政府不作为有关法律责任】违反本法规定，县级以上地方人民政府有下列行为之一的，对直接负责的主管人员和其他直接责任人员给予警告、记过或者记大过处分；造成严重后果的，给予降级或者撤职处分：

（一）未确定有关部门的食品安全监督管理职责，未建立健全食品安全全程监督管理工作机制和信息共享机制，未落实食品安全监督管理责任制；

（二）未制定本行政区域的食品安全事故应急预案，或者发生食品安全事故后未按规定立即成立事故处置指挥机构、启动应急预案。

关联法规

《行政机关公务员处分条例》

第一百四十四条　【监管部门有关法律责任】违反本法规定，县级以上人民政府食品安全监督管理、卫生行政、农业行政等部门有下列行为之一的，对直接负责的主管人员和其他直接责任人员给予记大过处分；情节较重的，给予降级或者撤职处

分;情节严重的,给予开除处分;造成严重后果的,其主要负责人还应当引咎辞职:

(一)隐瞒、谎报、缓报食品安全事故;

(二)未按规定查处食品安全事故,或者接到食品安全事故报告未及时处理,造成事故扩大或者蔓延;

(三)经食品安全风险评估得出食品、食品添加剂、食品相关产品不安全结论后,未及时采取相应措施,造成食品安全事故或者不良社会影响;

(四)对不符合条件的申请人准予许可,或者超越法定职权准予许可;

(五)不履行食品安全监督管理职责,导致发生食品安全事故。

第一百四十五条 【监管部门有关法律责任】违反本法规定,县级以上人民政府食品安全监督管理、卫生行政、农业行政等部门有下列行为之一,造成不良后果的,对直接负责的主管人员和其他直接责任人员给予警告、记过或者记大过处分;情节较重的,给予降级或者撤职处分;情节严重的,给予开除处分:

(一)在获知有关食品安全信息后,未按规定向上级主管部门和本级人民政府报告,或者未按规定相互通报;

(二)未按规定公布食品安全信息;

(三)不履行法定职责,对查处食品安全违法行为不配合,或者滥用职权、玩忽职守、徇私舞弊。

条文注释

《食品安全法实施条例》第84条规定,县级以上人民政府食品安全监督管理部门及其工作人员违法向他人提供网络食品交易第三方平台提供者提供的信息的,依照食品安全法第145条的规定给予处分。

第一百四十六条 【违法实施执法措施的法律责任】食品安全监督管理等部门在履行食品安全监督管理职责过程中，违法实施检查、强制等执法措施，给生产经营者造成损失的，应当依法予以赔偿，对直接负责的主管人员和其他直接责任人员依法给予处分。

关联法规

《行政强制法》第62条

第一百四十七条 【民事责任优先原则】违反本法规定，造成人身、财产或者其他损害的，依法承担赔偿责任。生产经营者财产不足以同时承担民事赔偿责任和缴纳罚款、罚金时，先承担民事赔偿责任。

条文注释

食品生产经营企业出现违反本法规定的行为，依据本章法律责任的规定，可能会出现财产责任方面的竞合，即一方面因为给他人的人身和财产造成损害而需要对受害者承担民事赔偿责任，另一方面还需要接受监管部门罚款的行政处罚；如果构成犯罪的，还要承担罚金的刑事责任。当一个食品生产经营企业同时面临民事赔偿、罚款、罚金的处罚时，可能会出现因财产不足而难以同时支付的问题。在此情况下，哪一种责任应当优先执行呢？我国的相关法律已经作出了明确的回答，也即民事赔偿责任优先原则，民法总则第187条规定："民事主体因同一行为应当承担民事责任、行政责任和刑事责任的，承担行政责任或者刑事责任不影响承担民事责任；民事主体的财产不足以支付的，优先用于承担民事责任。"本法也明确了这一原则，目的是保护消费者的合法权益。

关联法规

《产品质量法》第64条

《消费者权益保护法》第58条

第一百四十八条　【首负责任制和惩罚性赔偿】消费者因不符合食品安全标准的食品受到损害的,可以向经营者要求赔偿损失,也可以向生产者要求赔偿损失。接到消费者赔偿要求的生产经营者,应当实行首负责任制,先行赔付,不得推诿;属于生产者责任的,经营者赔偿后有权向生产者追偿;属于经营者责任的,生产者赔偿后有权向经营者追偿。

生产不符合食品安全标准的食品或者经营明知是不符合食品安全标准的食品,消费者除要求赔偿损失外,还可以向生产者或者经营者要求支付价款十倍或者损失三倍的赔偿金;增加赔偿的金额不足一千元的,为一千元。但是,食品的标签、说明书存在不影响食品安全且不会对消费者造成误导的瑕疵的除外。

条文注释

首负责任制,就是消费者在合法权益受到损害,向生产者或者经营者要求赔偿时,由首先接到赔偿要求的生产者或者经营者负责先行赔付,再由先行赔付的生产者或者经营者依法向相关责任人追偿。惩罚性赔偿,是指在赔偿受害人的实际损失之外额外增加的赔偿,带有惩罚的性质。实施惩罚性赔偿,是为了惩罚和阻止一些特定的行为,特别是故意的行为。

本条第2款规定的违法行为和赔偿,应当注意三点:一是违法主体。本条规定的违法主体是食品生产者和食品经营者,其中,食品经营者包括食品销售环节的经营者和餐饮服务环节的经营者。二是生产不符合食品安全标准的食品或者销售明知是不符合食品安全标准的食品。例如,生产者生产加工添加了非食用化学物质的食品,或者经营者从非正规渠道采购食品,明知供货者是无任何证照的黑加工点,生产的食品是劣质的,根本不符合食品安全标准,却仍然采购进货,导致黑加工点生产的劣质食品得以进入流通领域等。对于食品经营者在不知情的情况下,销售了不符合食品安全标准食品的行为，本身没有过错的，则不需要依照本条第2款的规定承担惩罚性赔偿责任。三是本条规定的惩罚性赔偿，不一定是在消费者有实际损害的情况下才可以主张，即使消费者购买后尚未食用不符合食品安全标准的食品，仍可要求生产经营者支付价款10倍的赔偿金。

关联法规

《产品质量法》第40、43条

《消费者权益保护法》第40、43~55条

第一百四十九条 【刑事责任】违反本法规定，构成犯罪的，依法追究刑事责任。

关联法规

《刑法》第143、144、222、225、229条、第408条之一

《最高人民法院、最高人民检察院关于办理危害食品安全刑事案件适用法律若干问题的解释》

第十章 附 则

第一百五十条 【有关用语的含义】本法下列用语的含义：

食品，指各种供人食用或者饮用的成品和原料以及按照传统既是食品又是中药材的物品，但是不包括以治疗为目的的物品。

食品安全，指食品无毒、无害，符合应当有的营养要求，对人体健康不造成任何急性、亚急性或者慢性危害。

预包装食品，指预先定量包装或者制作在包装材料、容器中的食品。

食品添加剂，指为改善食品品质和色、香、味以及为防腐、保鲜和加工工艺的需要而加入食品中的人工合成或者天然物

质，包括营养强化剂。

用于食品的包装材料和容器，指包装、盛放食品或者食品添加剂用的纸、竹、木、金属、搪瓷、陶瓷、塑料、橡胶、天然纤维、化学纤维、玻璃等制品和直接接触食品或者食品添加剂的涂料。

用于食品生产经营的工具、设备，指在食品或者食品添加剂生产、销售、使用过程中直接接触食品或者食品添加剂的机械、管道、传送带、容器、用具、餐具等。

用于食品的洗涤剂、消毒剂，指直接用于洗涤或者消毒食品、餐具、饮具以及直接接触食品的工具、设备或者食品包装材料和容器的物质。

食品保质期，指食品在标明的贮存条件下保持品质的期限。

食源性疾病，指食品中致病因素进入人体引起的感染性、中毒性等疾病，包括食物中毒。

食品安全事故，指食源性疾病、食品污染等源于食品，对人体健康有危害或者可能有危害的事故。

第一百五十一条　【转基因食品和食盐的安全管理】转基因食品和食盐的食品安全管理，本法未作规定的，适用其他法律、行政法规的规定。

关联法规

《乳品质量安全监督管理条例》

《农业转基因生物安全管理条例》

第一百五十二条　【特殊食品的安全管理】铁路、民航运营中食品安全的管理办法由国务院食品安全监督管理部门会同国务院有关部门依照本法制定。

保健食品的具体管理办法由国务院食品安全监督管理部门依照本法制定。

食品相关产品生产活动的具体管理办法由国务院食品安全监督管理部门依照本法制定。

国境口岸食品的监督管理由出入境检验检疫机构依照本法以及有关法律、行政法规的规定实施。

军队专用食品和自供食品的食品安全管理办法由中央军事委员会依照本法制定。

关联法规

《铁路运营食品安全管理办法》

《出入境口岸食品卫生监督管理规定》

第一百五十三条　【监管体制的调整】国务院根据实际需要，可以对食品安全监督管理体制作出调整。

第一百五十四条　【施行日期】本法自 2015 年 10 月 1 日起施行。

附录一

中华人民共和国食品安全法实施条例

（2009年7月20日中华人民共和国国务院令第557号公布 根据2016年2月6日国务院令第666号《关于修改部分行政法规的决定》修订 2019年10月11日国务院令第721号修订公布）

第一章 总 则

第一条 根据《中华人民共和国食品安全法》（以下简称食品安全法），制定本条例。

第二条 食品生产经营者应当依照法律、法规和食品安全标准从事生产经营活动，建立健全食品安全管理制度，采取有效措施预防和控制食品安全风险，保证食品安全。

第三条 国务院食品安全委员会负责分析食品安全形势，研究部署、统筹指导食品安全工作，提出食品安全监督管理的重大政策措施，督促落实食品安全监督管理责任。县级以上地方人民政府食品安全委员会按照本级人民政府规定的职责开展工作。

第四条 县级以上人民政府建立统一权威的食品安全监督管理体制，加强食品安全监督管理能力建设。

县级以上人民政府食品安全监督管理部门和其他有关部门应当依法履行职责，加强协调配合，做好食品安全监督管理工作。

乡镇人民政府和街道办事处应当支持、协助县级人民政府食品安全监督管理部门及其派出机构依法开展食品安全监督管理工作。

第五条 国家将食品安全知识纳入国民素质教育内容，普及食品安全科学常识和法律知识，提高全社会的食品安全意识。

第二章 食品安全风险监测和评估

第六条 县级以上人民政府卫生行政部门会同同级食品安全监督管理等部门建立食品安全风险监测会商机制，汇总、分析风险监测数据，研判食品安全风险，形成食品安全风险监测分析报告，报本级人民政府；县级以上地方人民政府卫生行政部门还应当将食品安全风险监测分析报告同时报上一级人民政府卫生行政部门。食品安全风险监测会商的具体办法由国务院卫生行政部门会同国务院食品安全监督管理等部门制定。

第七条 食品安全风险监测结果表明存在食品安全隐患，食品安全监督管理等部门经进一步调查确认有必要通知相关食品生产经营者的，应当及时通知。

接到通知的食品生产经营者应当立即进行自查，发现食品不符合食品安全标准或者有证据证明可能危害人体健康的，应当依照食品安全法第六十三条的规定停止生产、经营，实施食品召回，并报告相关情况。

第八条 国务院卫生行政、食品安全监督管理等部门发现需要对农药、肥料、兽药、饲料和饲料添加剂等进行安全性评估的，应当向国务院农业行政部门提出安全性评估建议。国务院农业行政部门应当及时组织评估，并向国务院有关部门通报评估结果。

第九条 国务院食品安全监督管理部门和其他有关部门建立食品安全风险信息交流机制，明确食品安全风险信息交流的内容、程序和要求。

第三章 食品安全标准

第十条 国务院卫生行政部门会同国务院食品安全监督管理、农业行政等部门制定食品安全国家标准规划及其年度实施计划。国务院卫生行政部门应当在其网站上公布食品安全国家标准规划及其年度实施计划的草案，公开征求意见。

第十一条 省、自治区、直辖市人民政府卫生行政部门依照食品安全法第二十九条的规定制定食品安全地方标准，应当公开征求意见。省、自治区、直辖市人民政府卫生行政部门应当自食品安全地方标准公布之日起30个工作日内,将地方标准报国务院卫生行政部门备案。国务院卫生行政部门发现备案的食品安全地方标准违反法律、法规或者食品安全国家标准的,应当及时予以纠正。

食品安全地方标准依法废止的,省、自治区、直辖市人民政府卫生行政部门应当及时在其网站上公布废止情况。

第十二条 保健食品、特殊医学用途配方食品、婴幼儿配方食品等特殊食品不属于地方特色食品,不得对其制定食品安全地方标准。

第十三条 食品安全标准公布后,食品生产经营者可以在食品安全标准规定的实施日期之前实施并公开提前实施情况。

第十四条 食品生产企业不得制定低于食品安全国家标准或者地方标准要求的企业标准。食品生产企业制定食品安全指标严于食品安全国家标准或者地方标准的企业标准的,应当报省、自治区、直辖市人民政府卫生行政部门备案。

食品生产企业制定企业标准的,应当公开,供公众免费查阅。

第四章 食品生产经营

第十五条 食品生产经营许可的有效期为5年。

食品生产经营者的生产经营条件发生变化,不再符合食品生产经营要求的,食品生产经营者应当立即采取整改措施;需要重新办理许可手续的,应当依法办理。

第十六条 国务院卫生行政部门应当及时公布新的食品原料、食品添加剂新品种和食品相关产品新品种目录以及所适用的食品安全国家标准。

对按照传统既是食品又是中药材的物质目录,国务院卫生行政部门会同国务院食品安全监督管理部门应当及时更新。

第十七条 国务院食品安全监督管理部门会同国务院农业行政等有关部门明确食品安全全程追溯基本要求,指导食品生产经营者通过信息化手段建立、完善食品安全追溯体系。

食品安全监督管理等部门应当将婴幼儿配方食品等针对特定人群的食品以及其他食品安全风险较高或者销售量大的食品的追溯体系建设作为监

督检查的重点。

第十八条 食品生产经营者应当建立食品安全追溯体系,依照食品安全法的规定如实记录并保存进货查验、出厂检验、食品销售等信息,保证食品可追溯。

第十九条 食品生产经营企业的主要负责人对本企业的食品安全工作全面负责,建立并落实本企业的食品安全责任制,加强供货者管理、进货查验和出厂检验、生产经营过程控制、食品安全自查等工作。食品生产经营企业的食品安全管理人员应当协助企业主要负责人做好食品安全管理工作。

第二十条 食品生产经营企业应当加强对食品安全管理人员的培训和考核。食品安全管理人员应当掌握与其岗位相适应的食品安全法律、法规、标准和专业知识,具备食品安全管理能力。食品安全监督管理部门应当对企业食品安全管理人员进行随机监督抽查考核。考核指南由国务院食品安全监督管理部门制定、公布。

第二十一条 食品、食品添加剂生产经营者委托生产食品、食品添加剂的,应当委托取得食品生产许可、食品添加剂生产许可的生产者生产,并对其生产行为进行监督,对委托生产的食品、食品添加剂的安全负责。受托方应当依照法律、法规、食品安全标准以及合同约定进行生产,对生产行为负责,并接受委托方的监督。

第二十二条 食品生产经营者不得在食品生产、加工场所贮存依照本条例第六十三条规定制定的名录中的物质。

第二十三条 对食品进行辐照加工,应当遵守食品安全国家标准,并按照食品安全国家标准的要求对辐照加工食品进行检验和标注。

第二十四条 贮存、运输对温度、湿度等有特殊要求的食品,应当具备保温、冷藏或者冷冻等设备设施,并保持有效运行。

第二十五条 食品生产经营者委托贮存、运输食品的,应当对受托方的食品安全保障能力进行审核,并监督受托方按照保证食品安全的要求贮存、运输食品。受托方应当保证食品贮存、运输条件符合食品安全的要求,加强食品贮存、运输过程管理。

接受食品生产经营者委托贮存、运输食品的,应当如实记录委托方和收货方的名称、地址、联系方式等内容。记录保存期限不得少于贮存、运输结束后 2 年。

非食品生产经营者从事对温度、湿度等有特殊要求的食品贮存业务的,应当自取得营业执照之日起30个工作日内向所在地县级人民政府食品安全监督管理部门备案。

第二十六条 餐饮服务提供者委托餐具饮具集中消毒服务单位提供清洗消毒服务的,应当查验、留存餐具饮具集中消毒服务单位的营业执照复印件和消毒合格证明。保存期限不得少于消毒餐具饮具使用期限到期后6个月。

第二十七条 餐具饮具集中消毒服务单位应当建立餐具饮具出厂检验记录制度,如实记录出厂餐具饮具的数量、消毒日期和批号、使用期限、出厂日期以及委托方名称、地址、联系方式等内容。出厂检验记录保存期限不得少于消毒餐具饮具使用期限到期后6个月。消毒后的餐具饮具应当在独立包装上标注单位名称、地址、联系方式、消毒日期和批号以及使用期限等内容。

第二十八条 学校、托幼机构、养老机构、建筑工地等集中用餐单位的食堂应当执行原料控制、餐具饮具清洗消毒、食品留样等制度,并依照食品安全法第四十七条的规定定期开展食堂食品安全自查。

承包经营集中用餐单位食堂的,应当依法取得食品经营许可,并对食堂的食品安全负责。集中用餐单位应当督促承包方落实食品安全管理制度,承担管理责任。

第二十九条 食品生产经营者应当对变质、超过保质期或者回收的食品进行显著标示或者单独存放在有明确标志的场所,及时采取无害化处理、销毁等措施并如实记录。

食品安全法所称回收食品,是指已经售出,因违反法律、法规、食品安全标准或者超过保质期等原因,被召回或者退回的食品,不包括依照食品安全法第六十三条第三款的规定可以继续销售的食品。

第三十条 县级以上地方人民政府根据需要建设必要的食品无害化处理和销毁设施。食品生产经营者可以按照规定使用政府建设的设施对食品进行无害化处理或者予以销毁。

第三十一条 食品集中交易市场的开办者、食品展销会的举办者应当在市场开业或者展销会举办前向所在地县级人民政府食品安全监督管理部门报告。

第三十二条 网络食品交易第三方平台提供者应当妥善保存入网食品经营者的登记信息和交易信息。县级以上人民政府食品安全监督管理部门开展食品安全监督检查、食品安全案件调查处理、食品安全事故处置确需了解有关信息的,经其负责人批准,可以要求网络食品交易第三方平台提供者提供,网络食品交易第三方平台提供者应当按照要求提供。县级以上人民政府食品安全监督管理部门及其工作人员对网络食品交易第三方平台提供者提供的信息依法负有保密义务。

第三十三条 生产经营转基因食品应当显著标示,标示办法由国务院食品安全监督管理部门会同国务院农业行政部门制定。

第三十四条 禁止利用包括会议、讲座、健康咨询在内的任何方式对食品进行虚假宣传。食品安全监督管理部门发现虚假宣传行为的,应当依法及时处理。

第三十五条 保健食品生产工艺有原料提取、纯化等前处理工序的,生产企业应当具备相应的原料前处理能力。

第三十六条 特殊医学用途配方食品生产企业应当按照食品安全国家标准规定的检验项目对出厂产品实施逐批检验。

特殊医学用途配方食品中的特定全营养配方食品应当通过医疗机构或者药品零售企业向消费者销售。医疗机构、药品零售企业销售特定全营养配方食品的,不需要取得食品经营许可,但是应当遵守食品安全法和本条例关于食品销售的规定。

第三十七条 特殊医学用途配方食品中的特定全营养配方食品广告按照处方药广告管理,其他类别的特殊医学用途配方食品广告按照非处方药广告管理。

第三十八条 对保健食品之外的其他食品,不得声称具有保健功能。

对添加食品安全国家标准规定的选择性添加物质的婴幼儿配方食品,不得以选择性添加物质命名。

第三十九条 特殊食品的标签、说明书内容应当与注册或者备案的标签、说明书一致。销售特殊食品,应当核对食品标签、说明书内容是否与注册或者备案的标签、说明书一致,不一致的不得销售。省级以上人民政府食品安全监督管理部门应当在其网站上公布注册或者备案的特殊食品的标签、说明书。

特殊食品不得与普通食品或者药品混放销售。

第五章　食品检验

第四十条　对食品进行抽样检验，应当按照食品安全标准、注册或者备案的特殊食品的产品技术要求以及国家有关规定确定的检验项目和检验方法进行。

第四十一条　对可能掺杂掺假的食品，按照现有食品安全标准规定的检验项目和检验方法以及依照食品安全法第一百一十一条和本条例第六十三条规定制定的检验项目和检验方法无法检验的，国务院食品安全监督管理部门可以制定补充检验项目和检验方法，用于对食品的抽样检验、食品安全案件调查处理和食品安全事故处置。

第四十二条　依照食品安全法第八十八条的规定申请复检的，申请人应当向复检机构先行支付复检费用。复检结论表明食品不合格的，复检费用由复检申请人承担；复检结论表明食品合格的，复检费用由实施抽样检验的食品安全监督管理部门承担。

复检机构无正当理由不得拒绝承担复检任务。

第四十三条　任何单位和个人不得发布未依法取得资质认定的食品检验机构出具的食品检验信息，不得利用上述检验信息对食品、食品生产经营者进行等级评定，欺骗、误导消费者。

第六章　食品进出口

第四十四条　进口商进口食品、食品添加剂，应当按照规定向出入境检验检疫机构报检，如实申报产品相关信息，并随附法律、行政法规规定的合格证明材料。

第四十五条　进口食品运达口岸后，应当存放在出入境检验检疫机构指定或者认可的场所；需要移动的，应当按照出入境检验检疫机构的要求采取必要的安全防护措施。大宗散装进口食品应当在卸货口岸进行检验。

第四十六条　国家出入境检验检疫部门根据风险管理需要，可以对部分食品实行指定口岸进口。

第四十七条 国务院卫生行政部门依照食品安全法第九十三条的规定对境外出口商、境外生产企业或者其委托的进口商提交的相关国家(地区)标准或者国际标准进行审查,认为符合食品安全要求的,决定暂予适用并予以公布;暂予适用的标准公布前,不得进口尚无食品安全国家标准的食品。

食品安全国家标准中通用标准已经涵盖的食品不属于食品安全法第九十三条规定的尚无食品安全国家标准的食品。

第四十八条 进口商应当建立境外出口商、境外生产企业审核制度,重点审核境外出口商、境外生产企业制定和执行食品安全风险控制措施的情况以及向我国出口的食品是否符合食品安全法、本条例和其他有关法律、行政法规的规定以及食品安全国家标准的要求。

第四十九条 进口商依照食品安全法第九十四条第三款的规定召回进口食品的,应当将食品召回和处理情况向所在地县级人民政府食品安全监督管理部门和所在地出入境检验检疫机构报告。

第五十条 国家出入境检验检疫部门发现已经注册的境外食品生产企业不再符合注册要求的,应当责令其在规定期限内整改,整改期间暂停进口其生产的食品;经整改仍不符合注册要求的,国家出入境检验检疫部门应当撤销境外食品生产企业注册并公告。

第五十一条 对通过我国良好生产规范、危害分析与关键控制点体系认证的境外生产企业,认证机构应当依法实施跟踪调查。对不再符合认证要求的企业,认证机构应当依法撤销认证并向社会公布。

第五十二条 境外发生的食品安全事件可能对我国境内造成影响,或者在进口食品、食品添加剂、食品相关产品中发现严重食品安全问题的,国家出入境检验检疫部门应当及时进行风险预警,并可以对相关的食品、食品添加剂、食品相关产品采取下列控制措施:

(一)退货或者销毁处理;

(二)有条件地限制进口;

(三)暂停或者禁止进口。

第五十三条 出口食品、食品添加剂的生产企业应当保证其出口食品、食品添加剂符合进口国家(地区)的标准或者合同要求;我国缔结或者参加的国际条约、协定有要求的,还应当符合国际条约、协定的要求。

第七章 食品安全事故处置

第五十四条 食品安全事故按照国家食品安全事故应急预案实行分级管理。县级以上人民政府食品安全监督管理部门会同同级有关部门负责食品安全事故调查处理。

县级以上人民政府应当根据实际情况及时修改、完善食品安全事故应急预案。

第五十五条 县级以上人民政府应当完善食品安全事故应急管理机制，改善应急装备，做好应急物资储备和应急队伍建设，加强应急培训、演练。

第五十六条 发生食品安全事故的单位应当对导致或者可能导致食品安全事故的食品及原料、工具、设备、设施等，立即采取封存等控制措施。

第五十七条 县级以上人民政府食品安全监督管理部门接到食品安全事故报告后，应当立即会同同级卫生行政、农业行政等部门依照食品安全法第一百零五条的规定进行调查处理。食品安全监督管理部门应当对事故单位封存的食品及原料、工具、设备、设施等予以保护，需要封存而事故单位尚未封存的应当直接封存或者责令事故单位立即封存，并通知疾病预防控制机构对与事故有关的因素开展流行病学调查。

疾病预防控制机构应当在调查结束后向同级食品安全监督管理、卫生行政部门同时提交流行病学调查报告。

任何单位和个人不得拒绝、阻挠疾病预防控制机构开展流行病学调查。有关部门应当对疾病预防控制机构开展流行病学调查予以协助。

第五十八条 国务院食品安全监督管理部门会同国务院卫生行政、农业行政等部门定期对全国食品安全事故情况进行分析，完善食品安全监督管理措施，预防和减少事故的发生。

第八章 监督管理

第五十九条 设区的市级以上人民政府食品安全监督管理部门根据监督管理工作需要，可以对由下级人民政府食品安全监督管理部门负责日常监督管理的食品生产经营者实施随机监督检查，也可以组织下级人民政府食品安全监督管理部门对食品生产经营者实施异地监督检查。

设区的市级以上人民政府食品安全监督管理部门认为必要的,可以直接调查处理下级人民政府食品安全监督管理部门管辖的食品安全违法案件,也可以指定其他下级人民政府食品安全监督管理部门调查处理。

第六十条　国家建立食品安全检查员制度,依托现有资源加强职业化检查员队伍建设,强化考核培训,提高检查员专业化水平。

第六十一条　县级以上人民政府食品安全监督管理部门依照食品安全法第一百一十条的规定实施查封、扣押措施,查封、扣押的期限不得超过30日;情况复杂的,经实施查封、扣押措施的食品安全监督管理部门负责人批准,可以延长,延长期限不得超过45日。

第六十二条　网络食品交易第三方平台多次出现入网食品经营者违法经营或者入网食品经营者的违法经营行为造成严重后果的,县级以上人民政府食品安全监督管理部门可以对网络食品交易第三方平台提供者的法定代表人或者主要负责人进行责任约谈。

第六十三条　国务院食品安全监督管理部门会同国务院卫生行政等部门根据食源性疾病信息、食品安全风险监测信息和监督管理信息等,对发现的添加或者可能添加到食品中的非食品用化学物质和其他可能危害人体健康的物质,制定名录及检测方法并予以公布。

第六十四条　县级以上地方人民政府卫生行政部门应当对餐具饮具集中消毒服务单位进行监督检查,发现不符合法律、法规、国家相关标准以及相关卫生规范等要求的,应当及时调查处理。监督检查的结果应当向社会公布。

第六十五条　国家实行食品安全违法行为举报奖励制度,对查证属实的举报,给予举报人奖励。举报人举报所在企业食品安全重大违法犯罪行为的,应当加大奖励力度。有关部门应当对举报人的信息予以保密,保护举报人的合法权益。食品安全违法行为举报奖励办法由国务院食品安全监督管理部门会同国务院财政等有关部门制定。

食品安全违法行为举报奖励资金纳入各级人民政府预算。

第六十六条　国务院食品安全监督管理部门应当会同国务院有关部门建立守信联合激励和失信联合惩戒机制,结合食品生产经营者信用档案,建立严重违法生产经营者黑名单制度,将食品安全信用状况与准入、融资、信贷、征信等相衔接,及时向社会公布。

第九章 法律责任

第六十七条 有下列情形之一的,属于食品安全法第一百二十三条至第一百二十六条、第一百三十二条以及本条例第七十二条、第七十三条规定的情节严重情形:

(一)违法行为涉及的产品货值金额2万元以上或者违法行为持续时间3个月以上;

(二)造成食源性疾病并出现死亡病例,或者造成30人以上食源性疾病但未出现死亡病例;

(三)故意提供虚假信息或者隐瞒真实情况;

(四)拒绝、逃避监督检查;

(五)因违反食品安全法律、法规受到行政处罚后1年内又实施同一性质的食品安全违法行为,或者因违反食品安全法律、法规受到刑事处罚后又实施食品安全违法行为;

(六)其他情节严重的情形。

对情节严重的违法行为处以罚款时,应当依法从重从严。

第六十八条 有下列情形之一的,依照食品安全法第一百二十五条第一款、本条例第七十五条的规定给予处罚:

(一)在食品生产、加工场所贮存依照本条例第六十三条规定制定的名录中的物质;

(二)生产经营的保健食品之外的食品的标签、说明书声称具有保健功能;

(三)以食品安全国家标准规定的选择性添加物质命名婴幼儿配方食品;

(四)生产经营的特殊食品的标签、说明书内容与注册或者备案的标签、说明书不一致。

第六十九条 有下列情形之一的,依照食品安全法第一百二十六条第一款、本条例第七十五条的规定给予处罚:

(一)接受食品生产经营者委托贮存、运输食品,未按照规定记录保存信息；

（二）餐饮服务提供者未查验、留存餐具饮具集中消毒服务单位的营业执照复印件和消毒合格证明；

（三）食品生产经营者未按照规定对变质、超过保质期或者回收的食品进行标示或者存放，或者未及时对上述食品采取无害化处理、销毁等措施并如实记录；

（四）医疗机构和药品零售企业之外的单位或者个人向消费者销售特殊医学用途配方食品中的特定全营养配方食品；

（五）将特殊食品与普通食品或者药品混放销售。

第七十条 除食品安全法第一百二十五条第一款、第一百二十六条规定的情形外，食品生产经营者的生产经营行为不符合食品安全法第三十三条第一款第五项、第七项至第十项的规定，或者不符合有关食品生产经营过程要求的食品安全国家标准的，依照食品安全法第一百二十六条第一款、本条例第七十五条的规定给予处罚。

第七十一条 餐具饮具集中消毒服务单位未按照规定建立并遵守出厂检验记录制度的，由县级以上人民政府卫生行政部门依照食品安全法第一百二十六条第一款、本条例第七十五条的规定给予处罚。

第七十二条 从事对温度、湿度等有特殊要求的食品贮存业务的非食品生产经营者，食品集中交易市场的开办者、食品展销会的举办者，未按照规定备案或者报告的，由县级以上人民政府食品安全监督管理部门责令改正，给予警告；拒不改正的，处1万元以上5万元以下罚款；情节严重的，责令停产停业，并处5万元以上20万元以下罚款。

第七十三条 利用会议、讲座、健康咨询等方式对食品进行虚假宣传的，由县级以上人民政府食品安全监督管理部门责令消除影响，有违法所得的，没收违法所得；情节严重的，依照食品安全法第一百四十条第五款的规定进行处罚；属于单位违法的，还应当依照本条例第七十五条的规定对单位的法定代表人、主要负责人、直接负责的主管人员和其他直接责任人员给予处罚。

第七十四条 食品生产经营者生产经营的食品符合食品安全标准但不符合食品所标注的企业标准规定的食品安全指标的，由县级以上人民政府食品安全监督管理部门给予警告，并责令食品经营者停止经营该食品，责令食品生产企业改正；拒不停止经营或者改正的，没收不符合企业标准规定的食品安全指标的食品,货值金额不足1万元的,并处1万元以上5万元以下罚款,货值金额1万元以上的,并处货值金额5倍以上10倍以下罚款。

第七十五条 食品生产经营企业等单位有食品安全法规定的违法情形,除依照食品安全法的规定给予处罚外,有下列情形之一的,对单位的法定代表人、主要负责人、直接负责的主管人员和其他直接责任人员处以其上一年度从本单位取得收入的1倍以上10倍以下罚款:

(一)故意实施违法行为;

(二)违法行为性质恶劣;

(三)违法行为造成严重后果。

属于食品安全法第一百二十五条第二款规定情形的,不适用前款规定。

第七十六条 食品生产经营者依照食品安全法第六十三条第一款、第二款的规定停止生产、经营,实施食品召回,或者采取其他有效措施减轻或者消除食品安全风险,未造成危害后果的,可以从轻或者减轻处罚。

第七十七条 县级以上地方人民政府食品安全监督管理等部门对有食品安全法第一百二十三条规定的违法情形且情节严重,可能需要行政拘留的,应当及时将案件及有关材料移送同级公安机关。公安机关认为需要补充材料的,食品安全监督管理等部门应当及时提供。公安机关经审查认为不符合行政拘留条件的,应当及时将案件及有关材料退回移送的食品安全监督管理等部门。

第七十八条 公安机关对发现的食品安全违法行为,经审查没有犯罪事实或者立案侦查后认为不需要追究刑事责任,但依法应当予以行政拘留的,应当及时作出行政拘留的处罚决定;不需要予以行政拘留但依法应当追究其他行政责任的,应当及时将案件及有关材料移送同级食品安全监督管理等部门。

第七十九条 复检机构无正当理由拒绝承担复检任务的,由县级以上人民政府食品安全监督管理部门给予警告,无正当理由1年内2次拒绝承担复检任务的,由国务院有关部门撤销其复检机构资质并向社会公布。

第八十条 发布未依法取得资质认定的食品检验机构出具的食品检验信息,或者利用上述检验信息对食品、食品生产经营者进行等级评定,欺骗、误导消费者的,由县级以上人民政府食品安全监督管理部门责令改正,有违法所得的,没收违法所得,并处10万元以上50万元以下罚款;拒不改正的,处50万元以上100万元以下罚款;构成违反治安管理行为的,由公安机关依法给予治安管理处罚。

第八十一条 食品安全监督管理部门依照食品安全法、本条例对违法单位或者个人处以30万元以上罚款的,由设区的市级以上人民政府食品安全监督管理部门决定。罚款具体处罚权限由国务院食品安全监督管理部门规定。

第八十二条 阻碍食品安全监督管理等部门工作人员依法执行职务,构成违反治安管理行为的,由公安机关依法给予治安管理处罚。

第八十三条 县级以上人民政府食品安全监督管理等部门发现单位或者个人违反食品安全法第一百二十条第一款规定,编造、散布虚假食品安全信息,涉嫌构成违反治安管理行为的,应当将相关情况通报同级公安机关。

第八十四条 县级以上人民政府食品安全监督管理部门及其工作人员违法向他人提供网络食品交易第三方平台提供者提供的信息的,依照食品安全法第一百四十五条的规定给予处分。

第八十五条 违反本条例规定,构成犯罪的,依法追究刑事责任。

第十章 附 则

第八十六条 本条例自2019年12月1日起施行。

附录二

中华人民共和国产品质量法

（1993 年 2 月 22 日第七届全国人民代表大会常务委员会第三十次会议通过　根据 2000 年 7 月 8 日第九届全国人民代表大会常务委员会第十六次会议《关于修改〈中华人民共和国产品质量法〉的决定》第一次修正　根据 2009 年 8 月 27 日第十一届全国人民代表大会常务委员会第十次会议《关于修改部分法律的决定》第二次修正　根据 2018 年 12 月 29 日第十三届全国人民代表大会常务委员会第七次会议《关于修改〈中华人民共和国产品质量法〉等五部法律的决定》第三次修正）

第一章　总　　则

第一条　为了加强对产品质量的监督管理，提高产品质量水平，明确产品质量责任，保护消费者的合法权益，维护社会经济秩序，制定本法。

第二条　在中华人民共和国境内从事产品生产、销售活动，必须遵守本法。

本法所称产品是指经过加工、制作，用于销售的产品。

建设工程不适用本法规定；但是，建设工程使用的建筑材料、建筑构配件和设备，属于前款规定的产品范围的，适用本法规定。

第三条　生产者、销售者应当建立健全内部产品质量管理制度，严格实施岗位质量规范、质量责任以及相应的考核办法。

第四条　生产者、销售者依照本法规定承担产品质量责任。

第五条　禁止伪造或者冒用认证标志等质量标志；禁止伪造产品的产地，伪造或者冒用他人的厂名、厂址；禁止在生产、销售的产品中掺杂、掺假，以假充真，以次充好。

第六条 国家鼓励推行科学的质量管理方法，采用先进的科学技术，鼓励企业产品质量达到并且超过行业标准、国家标准和国际标准。

对产品质量管理先进和产品质量达到国际先进水平、成绩显著的单位和个人，给予奖励。

第七条 各级人民政府应当把提高产品质量纳入国民经济和社会发展规划，加强对产品质量工作的统筹规划和组织领导，引导、督促生产者、销售者加强产品质量管理，提高产品质量，组织各有关部门依法采取措施，制止产品生产、销售中违反本法规定的行为，保障本法的施行。

第八条 国务院市场监督管理部门主管全国产品质量监督工作。国务院有关部门在各自的职责范围内负责产品质量监督工作。

县级以上地方市场监督管理部门主管本行政区域内的产品质量监督工作。县级以上地方人民政府有关部门在各自的职责范围内负责产品质量监督工作。

法律对产品质量的监督部门另有规定的，依照有关法律的规定执行。

第九条 各级人民政府工作人员和其他国家机关工作人员不得滥用职权、玩忽职守或者徇私舞弊，包庇、放纵本地区、本系统发生的产品生产、销售中违反本法规定的行为，或者阻挠、干预依法对产品生产、销售中违反本法规定的行为进行查处。

各级地方人民政府和其他国家机关有包庇、放纵产品生产、销售中违反本法规定的行为的，依法追究其主要负责人的法律责任。

第十条 任何单位和个人有权对违反本法规定的行为，向市场监督管理部门或者其他有关部门检举。

市场监督管理部门和有关部门应当为检举人保密，并按照省、自治区、直辖市人民政府的规定给予奖励。

第十一条 任何单位和个人不得排斥非本地区或者非本系统企业生产的质量合格产品进入本地区、本系统。

第二章 产品质量的监督

第十二条 产品质量应当检验合格，不得以不合格产品冒充合格产品。

第十三条 可能危及人体健康和人身、财产安全的工业产品，必须符合保障人体健康和人身、财产安全的国家标准、行业标准;未制定国家标准、行业标准的,必须符合保障人体健康和人身、财产安全的要求。

禁止生产、销售不符合保障人体健康和人身、财产安全的标准和要求的工业产品。具体管理办法由国务院规定。

第十四条 国家根据国际通用的质量管理标准,推行企业质量体系认证制度。企业根据自愿原则可以向国务院市场监督管理部门认可的或者国务院市场监督管理部门授权的部门认可的认证机构申请企业质量体系认证。经认证合格的,由认证机构颁发企业质量体系认证证书。

国家参照国际先进的产品标准和技术要求,推行产品质量认证制度。企业根据自愿原则可以向国务院市场监督管理部门认可的或者国务院市场监督管理部门授权的部门认可的认证机构申请产品质量认证。经认证合格的,由认证机构颁发产品质量认证证书,准许企业在产品或者其包装上使用产品质量认证标志。

第十五条 国家对产品质量实行以抽查为主要方式的监督检查制度,对可能危及人体健康和人身、财产安全的产品,影响国计民生的重要工业产品以及消费者、有关组织反映有质量问题的产品进行抽查。抽查的样品应当在市场上或者企业成品仓库内的待销产品中随机抽取。监督抽查工作由国务院市场监督管理部门规划和组织。县级以上地方市场监督管理部门在本行政区域内也可以组织监督抽查。法律对产品质量的监督检查另有规定的,依照有关法律的规定执行。

国家监督抽查的产品,地方不得另行重复抽查;上级监督抽查的产品,下级不得另行重复抽查。

根据监督抽查的需要,可以对产品进行检验。检验抽取样品的数量不得超过检验的合理需要,并不得向被检查人收取检验费用。监督抽查所需检验费用按照国务院规定列支。

生产者、销售者对抽查检验的结果有异议的,可以自收到检验结果之日起十五日内向实施监督抽查的市场监督管理部门或者其上级市场监督管理部门申请复检,由受理复检的市场监督管理部门作出复检结论。

第十六条 对依法进行的产品质量监督检查,生产者、销售者不得拒绝。

第十七条 依照本法规定进行监督抽查的产品质量不合格的,由实施监督抽查的市场监督管理部门责令其生产者、销售者限期改正。逾期不改正的,由省级以上人民政府市场监督管理部门予以公告;公告后经复查仍不合格的,责令停业,限期整顿;整顿期满后经复查产品质量仍不合格的,吊销营业执照。

监督抽查的产品有严重质量问题的,依照本法第五章的有关规定处罚。

第十八条 县级以上市场监督管理部门根据已经取得的违法嫌疑证据或者举报,对涉嫌违反本法规定的行为进行查处时,可以行使下列职权:

(一)对当事人涉嫌从事违反本法的生产、销售活动的场所实施现场检查;

(二)向当事人的法定代表人、主要负责人和其他有关人员调查、了解与涉嫌从事违反本法的生产、销售活动有关的情况;

(三)查阅、复制当事人有关的合同、发票、帐簿以及其他有关资料;

(四)对有根据认为不符合保障人体健康和人身、财产安全的国家标准、行业标准的产品或者有其他严重质量问题的产品,以及直接用于生产、销售该项产品的原辅材料、包装物、生产工具,予以查封或者扣押。

第十九条 产品质量检验机构必须具备相应的检测条件和能力,经省级以上人民政府市场监督管理部门或者其授权的部门考核合格后,方可承担产品质量检验工作。法律、行政法规对产品质量检验机构另有规定的,依照有关法律、行政法规的规定执行。

第二十条 从事产品质量检验、认证的社会中介机构必须依法设立,不得与行政机关和其他国家机关存在隶属关系或者其他利益关系。

第二十一条 产品质量检验机构、认证机构必须依法按照有关标准,客观、公正地出具检验结果或者认证证明。

产品质量认证机构应当依照国家规定对准许使用认证标志的产品进行认证后的跟踪检查;对不符合认证标准而使用认证标志的,要求其改正;情节严重的,取消其使用认证标志的资格。

第二十二条 消费者有权就产品质量问题,向产品的生产者、销售者查询;向市场监督管理部门及有关部门申诉,接受申诉的部门应当负责处理。

第二十三条 保护消费者权益的社会组织可以就消费者反映的产品质量问题建议有关部门负责处理,支持消费者对因产品质量造成的损害向人民法院起诉。

第二十四条 国务院和省、自治区、直辖市人民政府的市场监督管理部门应当定期发布其监督抽查的产品的质量状况公告。

第二十五条 市场监督管理部门或者其他国家机关以及产品质量检验

机构不得向社会推荐生产者的产品;不得以对产品进行监制、监销等方式参与产品经营活动。

第三章　生产者、销售者的产品质量责任和义务

第一节　生产者的产品质量责任和义务

第二十六条　生产者应当对其生产的产品质量负责。

产品质量应当符合下列要求:

(一)不存在危及人身、财产安全的不合理的危险,有保障人体健康和人身、财产安全的国家标准、行业标准的,应当符合该标准;

(二)具备产品应当具备的使用性能,但是,对产品存在使用性能的瑕疵作出说明的除外;

(三)符合在产品或者其包装上注明采用的产品标准,符合以产品说明、实物样品等方式表明的质量状况。

第二十七条　产品或者其包装上的标识必须真实,并符合下列要求:

(一)有产品质量检验合格证明;

(二)有中文标明的产品名称、生产厂厂名和厂址;

(三)根据产品的特点和使用要求,需要标明产品规格、等级、所含主要成份的名称和含量的,用中文相应予以标明;需要事先让消费者知晓的,应当在外包装上标明,或者预先向消费者提供有关资料;

(四)限期使用的产品,应当在显著位置清晰地标明生产日期和安全使用期或者失效日期;

(五)使用不当,容易造成产品本身损坏或者可能危及人身、财产安全的产品,应当有警示标志或者中文警示说明。

裸装的食品和其他根据产品的特点难以附加标识的裸装产品,可以不附加产品标识。

第二十八条　易碎、易燃、易爆、有毒、有腐蚀性、有放射性等危险物品以及储运中不能倒置和其他有特殊要求的产品,其包装质量必须符合相应要求,依照国家有关规定作出警示标志或者中文警示说明,标明储运注意事项。

第二十九条 生产者不得生产国家明令淘汰的产品。

第三十条 生产者不得伪造产地,不得伪造或者冒用他人的厂名、厂址。

第三十一条 生产者不得伪造或者冒用认证标志等质量标志。

第三十二条 生产者生产产品,不得掺杂、掺假,不得以假充真、以次充好,不得以不合格产品冒充合格产品。

第二节 销售者的产品质量责任和义务

第三十三条 销售者应当建立并执行进货检查验收制度,验明产品合格证明和其他标识。

第三十四条 销售者应当采取措施,保持销售产品的质量。

第三十五条 销售者不得销售国家明令淘汰并停止销售的产品和失效、变质的产品。

第三十六条 销售者销售的产品的标识应当符合本法第二十七条的规定。

第三十七条 销售者不得伪造产地,不得伪造或者冒用他人的厂名、厂址。

第三十八条 销售者不得伪造或者冒用认证标志等质量标志。

第三十九条 销售者销售产品,不得掺杂、掺假,不得以假充真、以次充好,不得以不合格产品冒充合格产品。

第四章 损害赔偿

第四十条 售出的产品有下列情形之一的,销售者应当负责修理、更换、退货;给购买产品的消费者造成损失的,销售者应当赔偿损失:

(一)不具备产品应当具备的使用性能而事先未作说明的;

(二)不符合在产品或者其包装上注明采用的产品标准的;

(三)不符合以产品说明、实物样品等方式表明的质量状况的。

销售者依照前款规定负责修理、更换、退货、赔偿损失后,属于生产者的责任或者属于向销售者提供产品的其他销售者(以下简称供货者)的责任的,销售者有权向生产者、供货者追偿。

销售者未按照第一款规定给予修理、更换、退货或者赔偿损失的,由市场监督管理部门责令改正。

生产者之间,销售者之间,生产者与销售者之间订立的买卖合同、承揽合同有不同约定的,合同当事人按照合同约定执行。

第四十一条　因产品存在缺陷造成人身、缺陷产品以外的其他财产(以下简称他人财产)损害的,生产者应当承担赔偿责任。

生产者能够证明有下列情形之一的,不承担赔偿责任:

(一)未将产品投入流通的;

(二)产品投入流通时,引起损害的缺陷尚不存在的;

(三)将产品投入流通时的科学技术水平尚不能发现缺陷的存在的。

第四十二条　由于销售者的过错使产品存在缺陷,造成人身、他人财产损害的,销售者应当承担赔偿责任。

销售者不能指明缺陷产品的生产者也不能指明缺陷产品的供货者的,销售者应当承担赔偿责任。

第四十三条　因产品存在缺陷造成人身、他人财产损害的,受害人可以向产品的生产者要求赔偿,也可以向产品的销售者要求赔偿。属于产品的生产者的责任,产品的销售者赔偿的,产品的销售者有权向产品的生产者追偿。属于产品的销售者的责任,产品的生产者赔偿的,产品的生产者有权向产品的销售者追偿。

第四十四条　因产品存在缺陷造成受害人人身伤害的,侵害人应当赔偿医疗费、治疗期间的护理费、因误工减少的收入等费用;造成残疾的,还应当支付残疾者生活自助具费、生活补助费、残疾赔偿金以及由其扶养的人所必需的生活费等费用;造成受害人死亡的,并应当支付丧葬费、死亡赔偿金以及由死者生前扶养的人所必需的生活费等费用。

因产品存在缺陷造成受害人财产损失的,侵害人应当恢复原状或者折价赔偿。受害人因此遭受其他重大损失的,侵害人应当赔偿损失。

第四十五条　因产品存在缺陷造成损害要求赔偿的诉讼时效期间为二年,自当事人知道或者应当知道其权益受到损害时起计算。

因产品存在缺陷造成损害要求赔偿的请求权,在造成损害的缺陷产品交付最初消费者满十年丧失;但是,尚未超过明示的安全使用期的除外。

第四十六条　本法所称缺陷,是指产品存在危及人身、他人财产安全的不合理的危险;产品有保障人体健康和人身、财产安全的国家标准、行业标准的，是指不符合该标准。

第四十七条　因产品质量发生民事纠纷时，当事人可以通过协商或者调解解决。当事人不愿通过协商、调解解决或者协商、调解不成的，可以根据当事人各方的协议向仲裁机构申请仲裁；当事人各方没有达成仲裁协议或者仲裁协议无效的，可以直接向人民法院起诉。

第四十八条　仲裁机构或者人民法院可以委托本法第十九条规定的产品质量检验机构，对有关产品质量进行检验。

第五章　罚　　则

第四十九条　生产、销售不符合保障人体健康和人身、财产安全的国家标准、行业标准的产品的，责令停止生产、销售，没收违法生产、销售的产品，并处违法生产、销售产品（包括已售出和未售出的产品，下同）货值金额等值以上三倍以下的罚款；有违法所得的，并处没收违法所得；情节严重的，吊销营业执照；构成犯罪的，依法追究刑事责任。

第五十条　在产品中掺杂、掺假，以假充真，以次充好，或者以不合格产品冒充合格产品的，责令停止生产、销售，没收违法生产、销售的产品，并处违法生产、销售产品货值金额百分之五十以上三倍以下的罚款；有违法所得的，并处没收违法所得；情节严重的，吊销营业执照；构成犯罪的，依法追究刑事责任。

第五十一条　生产国家明令淘汰的产品的，销售国家明令淘汰并停止销售的产品的，责令停止生产、销售，没收违法生产、销售的产品，并处违法生产、销售产品货值金额等值以下的罚款；有违法所得的，并处没收违法所得；情节严重的，吊销营业执照。

第五十二条　销售失效、变质的产品的，责令停止销售，没收违法销售的产品，并处违法销售产品货值金额二倍以下的罚款；有违法所得的，并处没收违法所得；情节严重的，吊销营业执照；构成犯罪的，依法追究刑事责任。

第五十三条　伪造产品产地的，伪造或者冒用他人厂名、厂址的，伪造或者冒用认证标志等质量标志的，责令改正，没收违法生产、销售的产品，并处违法生产、销售产品货值金额等值以下的罚款；有违法所得的，并处没收违法所得；情节严重的，吊销营业执照。

第五十四条　产品标识不符合本法第二十七条规定的，责令改正；有包装的产品标识不符合本法第二十七条第(四)项、第(五)项规定,情节严重的,责令停止生产、销售,并处违法生产、销售产品货值金额百分之三十以下的罚款;有违法所得的,并处没收违法所得。

第五十五条 销售者销售本法第四十九条至第五十三条规定禁止销售的产品,有充分证据证明其不知道该产品为禁止销售的产品并如实说明其进货来源的,可以从轻或者减轻处罚。

第五十六条 拒绝接受依法进行的产品质量监督检查的,给予警告,责令改正;拒不改正的,责令停业整顿;情节特别严重的,吊销营业执照。

第五十七条 产品质量检验机构、认证机构伪造检验结果或者出具虚假证明的,责令改正,对单位处五万元以上十万元以下的罚款,对直接负责的主管人员和其他直接责任人员处一万元以上五万元以下的罚款;有违法所得的,并处没收违法所得;情节严重的,取消其检验资格、认证资格;构成犯罪的,依法追究刑事责任。

产品质量检验机构、认证机构出具的检验结果或者证明不实,造成损失的,应当承担相应的赔偿责任;造成重大损失的,撤销其检验资格、认证资格。

产品质量认证机构违反本法第二十一条第二款的规定,对不符合认证标准而使用认证标志的产品,未依法要求其改正或者取消其使用认证标志资格的,对因产品不符合认证标准给消费者造成的损失,与产品的生产者、销售者承担连带责任;情节严重的,撤销其认证资格。

第五十八条 社会团体、社会中介机构对产品质量作出承诺、保证,而该产品又不符合其承诺、保证的质量要求,给消费者造成损失的,与产品的生产者、销售者承担连带责任。

第五十九条 在广告中对产品质量作虚假宣传,欺骗和误导消费者的,依照《中华人民共和国广告法》的规定追究法律责任。

第六十条 对生产者专门用于生产本法第四十九条、第五十一条所列的产品或者以假充真的产品的原辅材料、包装物、生产工具,应当予以没收。

第六十一条 知道或者应当知道属于本法规定禁止生产、销售的产品而为其提供运输、保管、仓储等便利条件的,或者为以假充真的产品提供制假生产技术的,没收全部运输、保管、仓储或者提供制假生产技术的收入,并处违法收入百分之五十以上三倍以下的罚款;构成犯罪的,依法追究刑事责任。

第六十二条 服务业的经营者将本法第四十九条至第五十二条规定禁

止销售的产品用于经营性服务的，责令停止使用；对知道或者应当知道所使用的产品属于本法规定禁止销售的产品的，按照违法使用的产品（包括已使用和尚未使用的产品）的货值金额，依照本法对销售者的处罚规定处罚。

第六十三条 隐匿、转移、变卖、损毁被市场监督管理部门查封、扣押的物品的，处被隐匿、转移、变卖、损毁物品货值金额等值以上三倍以下的罚款；有违法所得的，并处没收违法所得。

第六十四条 违反本法规定，应当承担民事赔偿责任和缴纳罚款、罚金，其财产不足以同时支付时，先承担民事赔偿责任。

第六十五条 各级人民政府工作人员和其他国家机关工作人员有下列情形之一的，依法给予行政处分；构成犯罪的，依法追究刑事责任：

（一）包庇、放纵产品生产、销售中违反本法规定行为的；

（二）向从事违反本法规定的生产、销售活动的当事人通风报信，帮助其逃避查处的；

（三）阻挠、干预市场监督管理部门依法对产品生产、销售中违反本法规定的行为进行查处，造成严重后果的。

第六十六条 市场监督管理部门在产品质量监督抽查中超过规定的数量索取样品或者向被检查人收取检验费用的，由上级市场监督管理部门或者监察机关责令退还；情节严重的，对直接负责的主管人员和其他直接责任人员依法给予行政处分。

第六十七条 市场监督管理部门或者其他国家机关违反本法第二十五条的规定，向社会推荐生产者的产品或者以监制、监销等方式参与产品经营活动的，由其上级机关或者监察机关责令改正，消除影响，有违法收入的予以没收；情节严重的，对直接负责的主管人员和其他直接责任人员依法给予行政处分。

产品质量检验机构有前款所列违法行为的，由市场监督管理部门责令改正，消除影响，有违法收入的予以没收，可以并处违法收入一倍以下的罚款；情节严重的，撤销其质量检验资格。

第六十八条 市场监督管理部门的工作人员滥用职权、玩忽职守、徇私舞弊，构成犯罪的，依法追究刑事责任；尚不构成犯罪的，依法给予行政处分。

第六十九条 以暴力、威胁方法阻碍市场监督管理部门的工作人员依法执行职务的，依法追究刑事责任；拒绝、阻碍未使用暴力、威胁方法的，由公安机关依照治安管理处罚法的规定处罚。

第七十条 本法第四十九条至第五十七条、第六十条至第六十三条规定的行政处罚由市场监督管理部门决定。法律、行政法规对行使行政处罚权的机关另有规定的,依照有关法律、行政法规的规定执行。

第七十一条 对依照本法规定没收的产品,依照国家有关规定进行销毁或者采取其他方式处理。

第七十二条 本法第四十九条至第五十四条、第六十二条、第六十三条所规定的货值金额以违法生产、销售产品的标价计算;没有标价的,按照同类产品的市场价格计算。

第六章 附 则

第七十三条 军工产品质量监督管理办法,由国务院、中央军事委员会另行制定。

因核设施、核产品造成损害的赔偿责任,法律、行政法规另有规定的,依照其规定。

第七十四条 本法自1993年9月1日起施行。

中华人民共和国农产品质量安全法

(2006年4月29日第十届全国人民代表大会常务委员会第二十一次会议通过 根据2018年10月26日第十三届全国人民代表大会常务委员会第六次会议《关于修改〈中华人民共和国野生动物保护法〉等十五部法律的决定》修正)

第一章 总 则

第一条 为保障农产品质量安全,维护公众健康,促进农业和农村经济发展，制定本法。

第二条 本法所称农产品，是指来源于农业的初级产品，即在农业活动中获得的植物、动物、微生物及其产品。

本法所称农产品质量安全，是指农产品质量符合保障人的健康、安全的要求。

第三条 县级以上人民政府农业行政主管部门负责农产品质量安全的监督管理工作；县级以上人民政府有关部门按照职责分工，负责农产品质量安全的有关工作。

第四条 县级以上人民政府应当将农产品质量安全管理工作纳入本级国民经济和社会发展规划，并安排农产品质量安全经费，用于开展农产品质量安全工作。

第五条 县级以上地方人民政府统一领导、协调本行政区域内的农产品质量安全工作，并采取措施，建立健全农产品质量安全服务体系，提高农产品质量安全水平。

第六条 国务院农业行政主管部门应当设立由有关方面专家组成的农产品质量安全风险评估专家委员会，对可能影响农产品质量安全的潜在危害进行风险分析和评估。

国务院农业行政主管部门应当根据农产品质量安全风险评估结果采取相应的管理措施，并将农产品质量安全风险评估结果及时通报国务院有关部门。

第七条 国务院农业行政主管部门和省、自治区、直辖市人民政府农业行政主管部门应当按照职责权限，发布有关农产品质量安全状况信息。

第八条 国家引导、推广农产品标准化生产，鼓励和支持生产优质农产品，禁止生产、销售不符合国家规定的农产品质量安全标准的农产品。

第九条 国家支持农产品质量安全科学技术研究，推行科学的质量安全管理方法，推广先进安全的生产技术。

第十条 各级人民政府及有关部门应当加强农产品质量安全知识的宣传，提高公众的农产品质量安全意识，引导农产品生产者、销售者加强质量安全管理，保障农产品消费安全。

第二章 农产品质量安全标准

第十一条 国家建立健全农产品质量安全标准体系。农产品质量安全标准是强制性的技术规范。

农产品质量安全标准的制定和发布,依照有关法律、行政法规的规定执行。

第十二条 制定农产品质量安全标准应当充分考虑农产品质量安全风险评估结果,并听取农产品生产者、销售者和消费者的意见,保障消费安全。

第十三条 农产品质量安全标准应当根据科学技术发展水平以及农产品质量安全的需要,及时修订。

第十四条 农产品质量安全标准由农业行政主管部门商有关部门组织实施。

第三章 农产品产地

第十五条 县级以上地方人民政府农业行政主管部门按照保障农产品质量安全的要求,根据农产品品种特性和生产区域大气、土壤、水体中有毒有害物质状况等因素,认为不适宜特定农产品生产的,提出禁止生产的区域,报本级人民政府批准后公布。具体办法由国务院农业行政主管部门商国务院生态环境主管部门制定。

农产品禁止生产区域的调整,依照前款规定的程序办理。

第十六条 县级以上人民政府应当采取措施,加强农产品基地建设,改善农产品的生产条件。

县级以上人民政府农业行政主管部门应当采取措施,推进保障农产品质量安全的标准化生产综合示范区、示范农场、养殖小区和无规定动植物疫病区的建设。

第十七条 禁止在有毒有害物质超过规定标准的区域生产、捕捞、采集食用农产品和建立农产品生产基地。

第十八条 禁止违反法律、法规的规定向农产品产地排放或者倾倒废水、废气、固体废物或者其他有毒有害物质。

农业生产用水和用作肥料的固体废物,应当符合国家规定的标准。

第十九条 农产品生产者应当合理使用化肥、农药、兽药、农用薄膜等化工产品,防止对农产品产地造成污染。

第四章 农产品生产

第二十条 国务院农业行政主管部门和省、自治区、直辖市人民政府农业行政主管部门应当制定保障农产品质量安全的生产技术要求和操作规程。县级以上人民政府农业行政主管部门应当加强对农产品生产的指导。

第二十一条 对可能影响农产品质量安全的农药、兽药、饲料和饲料添加剂、肥料、兽医器械,依照有关法律、行政法规的规定实行许可制度。

国务院农业行政主管部门和省、自治区、直辖市人民政府农业行政主管部门应当定期对可能危及农产品质量安全的农药、兽药、饲料和饲料添加剂、肥料等农业投入品进行监督抽查,并公布抽查结果。

第二十二条 县级以上人民政府农业行政主管部门应当加强对农业投入品使用的管理和指导,建立健全农业投入品的安全使用制度。

第二十三条 农业科研教育机构和农业技术推广机构应当加强对农产品生产者质量安全知识和技能的培训。

第二十四条 农产品生产企业和农民专业合作经济组织应当建立农产品生产记录,如实记载下列事项:

(一)使用农业投入品的名称、来源、用法、用量和使用、停用的日期;

(二)动物疫病、植物病虫草害的发生和防治情况;

(三)收获、屠宰或者捕捞的日期。

农产品生产记录应当保存二年。禁止伪造农产品生产记录。

国家鼓励其他农产品生产者建立农产品生产记录。

第二十五条 农产品生产者应当按照法律、行政法规和国务院农业行政主管部门的规定,合理使用农业投入品,严格执行农业投入品使用安全间隔期或者休药期的规定,防止危及农产品质量安全。

禁止在农产品生产过程中使用国家明令禁止使用的农业投入品。

第二十六条 农产品生产企业和农民专业合作经济组织,应当自行或者委托检测机构对农产品质量安全状况进行检测;经检测不符合农产品质量安全标准的农产品，不得销售。

第二十七条　农民专业合作经济组织和农产品行业协会对其成员应当及时提供生产技术服务，建立农产品质量安全管理制度，健全农产品质量安全控制体系，加强自律管理。

第五章　农产品包装和标识

第二十八条　农产品生产企业、农民专业合作经济组织以及从事农产品收购的单位或者个人销售的农产品，按照规定应当包装或者附加标识的，须经包装或者附加标识后方可销售。包装物或者标识上应当按照规定标明产品的品名、产地、生产者、生产日期、保质期、产品质量等级等内容；使用添加剂的，还应当按照规定标明添加剂的名称。具体办法由国务院农业行政主管部门制定。

第二十九条　农产品在包装、保鲜、贮存、运输中所使用的保鲜剂、防腐剂、添加剂等材料，应当符合国家有关强制性的技术规范。

第三十条　属于农业转基因生物的农产品，应当按照农业转基因生物安全管理的有关规定进行标识。

第三十一条　依法需要实施检疫的动植物及其产品，应当附具检疫合格标志、检疫合格证明。

第三十二条　销售的农产品必须符合农产品质量安全标准，生产者可以申请使用无公害农产品标志。农产品质量符合国家规定的有关优质农产品标准的，生产者可以申请使用相应的农产品质量标志。

禁止冒用前款规定的农产品质量标志。

第六章　监 督 检 查

第三十三条　有下列情形之一的农产品，不得销售：

（一）含有国家禁止使用的农药、兽药或者其他化学物质的；

（二）农药、兽药等化学物质残留或者含有的重金属等有毒有害物质不符合农产品质量安全标准的；

（三）含有的致病性寄生虫、微生物或者生物毒素不符合农产品质量安

全标准的;

(四)使用的保鲜剂、防腐剂、添加剂等材料不符合国家有关强制性的技术规范的;

(五)其他不符合农产品质量安全标准的。

第三十四条 国家建立农产品质量安全监测制度。县级以上人民政府农业行政主管部门应当按照保障农产品质量安全的要求,制定并组织实施农产品质量安全监测计划,对生产中或者市场上销售的农产品进行监督抽查。监督抽查结果由国务院农业行政主管部门或者省、自治区、直辖市人民政府农业行政主管部门按照权限予以公布。

监督抽查检测应当委托符合本法第三十五条规定条件的农产品质量安全检测机构进行,不得向被抽查人收取费用,抽取的样品不得超过国务院农业行政主管部门规定的数量。上级农业行政主管部门监督抽查的农产品,下级农业行政主管部门不得另行重复抽查。

第三十五条 农产品质量安全检测应当充分利用现有的符合条件的检测机构。

从事农产品质量安全检测的机构,必须具备相应的检测条件和能力,由省级以上人民政府农业行政主管部门或者其授权的部门考核合格。具体办法由国务院农业行政主管部门制定。

农产品质量安全检测机构应当依法经计量认证合格。

第三十六条 农产品生产者、销售者对监督抽查检测结果有异议的,可以自收到检测结果之日起五日内,向组织实施农产品质量安全监督抽查的农业行政主管部门或者其上级农业行政主管部门申请复检。

采用国务院农业行政主管部门会同有关部门认定的快速检测方法进行农产品质量安全监督抽查检测,被抽查人对检测结果有异议的,可以自收到检测结果时起四小时内申请复检。复检不得采用快速检测方法。

因检测结果错误给当事人造成损害的,依法承担赔偿责任。

第三十七条 农产品批发市场应当设立或者委托农产品质量安全检测机构,对进场销售的农产品质量安全状况进行抽查检测;发现不符合农产品质量安全标准的,应当要求销售者立即停止销售,并向农业行政主管部门报告。

农产品销售企业对其销售的农产品,应当建立健全进货检查验收制度;

经查验不符合农产品质量安全标准的，不得销售。

第三十八条　国家鼓励单位和个人对农产品质量安全进行社会监督。任何单位和个人都有权对违反本法的行为进行检举、揭发和控告。有关部门收到相关的检举、揭发和控告后，应当及时处理。

第三十九条　县级以上人民政府农业行政主管部门在农产品质量安全监督检查中，可以对生产、销售的农产品进行现场检查，调查了解农产品质量安全的有关情况，查阅、复制与农产品质量安全有关的记录和其他资料；对经检测不符合农产品质量安全标准的农产品，有权查封、扣押。

第四十条　发生农产品质量安全事故时，有关单位和个人应当采取控制措施，及时向所在地乡级人民政府和县级人民政府农业行政主管部门报告；收到报告的机关应当及时处理并报上一级人民政府和有关部门。发生重大农产品质量安全事故时，农业行政主管部门应当及时通报同级市场监督管理部门。

第四十一条　县级以上人民政府农业行政主管部门在农产品质量安全监督管理中，发现有本法第三十三条所列情形之一的农产品，应当按照农产品质量安全责任追究制度的要求，查明责任人，依法予以处理或者提出处理建议。

第四十二条　进口的农产品必须按照国家规定的农产品质量安全标准进行检验；尚未制定有关农产品质量安全标准的，应当依法及时制定，未制定之前，可以参照国家有关部门指定的国外有关标准进行检验。

第七章　法律责任

第四十三条　农产品质量安全监督管理人员不依法履行监督职责，或者滥用职权的，依法给予行政处分。

第四十四条　农产品质量安全检测机构伪造检测结果的，责令改正，没收违法所得，并处五万元以上十万元以下罚款，对直接负责的主管人员和其他直接责任人员处一万元以上五万元以下罚款；情节严重的，撤销其检测资格；造成损害的，依法承担赔偿责任。

农产品质量安全检测机构出具检测结果不实，造成损害的，依法承担赔偿责任；造成重大损害的，并撤销其检测资格。

第四十五条 违反法律、法规规定，向农产品产地排放或者倾倒废水、废气、固体废物或者其他有毒有害物质的，依照有关环境保护法律、法规的规定处罚；造成损害的，依法承担赔偿责任。

第四十六条 使用农业投入品违反法律、行政法规和国务院农业行政主管部门的规定的，依照有关法律、行政法规的规定处罚。

第四十七条 农产品生产企业、农民专业合作经济组织未建立或者未按照规定保存农产品生产记录的，或者伪造农产品生产记录的，责令限期改正；逾期不改正的，可以处二千元以下罚款。

第四十八条 违反本法第二十八条规定，销售的农产品未按照规定进行包装、标识的，责令限期改正；逾期不改正的，可以处二千元以下罚款。

第四十九条 有本法第三十三条第四项规定情形，使用的保鲜剂、防腐剂、添加剂等材料不符合国家有关强制性的技术规范的，责令停止销售，对被污染的农产品进行无害化处理，对不能进行无害化处理的予以监督销毁；没收违法所得，并处二千元以上二万元以下罚款。

第五十条 农产品生产企业、农民专业合作经济组织销售的农产品有本法第三十三条第一项至第三项或者第五项所列情形之一的，责令停止销售，追回已经销售的农产品，对违法销售的农产品进行无害化处理或者予以监督销毁；没收违法所得，并处二千元以上二万元以下罚款。

农产品销售企业销售的农产品有前款所列情形的，依照前款规定处理、处罚。

农产品批发市场中销售的农产品有第一款所列情形的，对违法销售的农产品依照第一款规定处理，对农产品销售者依照第一款规定处罚。

农产品批发市场违反本法第三十七条第一款规定的，责令改正，处二千元以上二万元以下罚款。

第五十一条 违反本法第三十二条规定，冒用农产品质量标志的，责令改正，没收违法所得，并处二千元以上二万元以下罚款。

第五十二条 本法第四十四条，第四十七条至第四十九条，第五十条第一款、第四款和第五十一条规定的处理、处罚，由县级以上人民政府农业行政主管部门决定；第五十条第二款、第三款规定的处理、处罚，由市场监督管理部门决定。

法律对行政处罚及处罚机关有其他规定的，从其规定。但是，对同一违法行为不得重复处罚。

第五十三条 违反本法规定,构成犯罪的,依法追究刑事责任。

第五十四条 生产、销售本法第三十三条所列农产品,给消费者造成损害的,依法承担赔偿责任。

农产品批发市场中销售的农产品有前款规定情形的,消费者可以向农产品批发市场要求赔偿;属于生产者、销售者责任的,农产品批发市场有权追偿。消费者也可以直接向农产品生产者、销售者要求赔偿。

第八章 附 则

第五十五条 生猪屠宰的管理按照国家有关规定执行。

第五十六条 本法自2006年11月1日起施行。

中华人民共和国消费者权益保护法

(1993年10月31日第八届全国人民代表大会常务委员会第四次会议通过 根据2009年8月27日第十一届全国人民代表大会常务委员会第十次会议《关于修改部分法律的决定》第一次修正 根据2013年10月25日第十二届全国人民代表大会常务委员会第五次会议《关于修改〈中华人民共和国消费者权益保护法〉的决定》第二次修正)

第一章 总 则

第一条 为保护消费者的合法权益,维护社会经济秩序,促进社会主义市场经济健康发展,制定本法。

第二条 消费者为生活消费需要购买、使用商品或者接受服务,其权益受本法保护;本法未作规定的,受其他有关法律、法规保护。

第三条 经营者为消费者提供其生产、销售的商品或者提供服务,应当遵守本法;本法未作规定的,应当遵守其他有关法律、法规。

第四条 经营者与消费者进行交易,应当遵循自愿、平等、公平、诚实信用的原则。

第五条 国家保护消费者的合法权益不受侵害。

国家采取措施,保障消费者依法行使权利,维护消费者的合法权益。

国家倡导文明、健康、节约资源和保护环境的消费方式,反对浪费。

第六条 保护消费者的合法权益是全社会的共同责任。

国家鼓励、支持一切组织和个人对损害消费者合法权益的行为进行社会监督。

大众传播媒介应当做好维护消费者合法权益的宣传,对损害消费者合法权益的行为进行舆论监督。

第二章 消费者的权利

第七条 消费者在购买、使用商品和接受服务时享有人身、财产安全不受损害的权利。

消费者有权要求经营者提供的商品和服务,符合保障人身、财产安全的要求。

第八条 消费者享有知悉其购买、使用的商品或者接受的服务的真实情况的权利。

消费者有权根据商品或者服务的不同情况,要求经营者提供商品的价格、产地、生产者、用途、性能、规格、等级、主要成份、生产日期、有效期限、检验合格证明、使用方法说明书、售后服务,或者服务的内容、规格、费用等有关情况。

第九条 消费者享有自主选择商品或者服务的权利。

消费者有权自主选择提供商品或者服务的经营者,自主选择商品品种或者服务方式,自主决定购买或者不购买任何一种商品、接受或者不接受任何一项服务。

消费者在自主选择商品或者服务时，有权进行比较、鉴别和挑选。

第十条 消费者享有公平交易的权利。

消费者在购买商品或者接受服务时，有权获得质量保障、价格合理、计量正确等公平交易条件，有权拒绝经营者的强制交易行为。

第十一条 消费者因购买、使用商品或者接受服务受到人身、财产损害的，享有依法获得赔偿的权利。

第十二条 消费者享有依法成立维护自身合法权益的社会组织的权利。

第十三条 消费者享有获得有关消费和消费者权益保护方面的知识的权利。

消费者应当努力掌握所需商品或者服务的知识和使用技能，正确使用商品，提高自我保护意识。

第十四条 消费者在购买、使用商品和接受服务时，享有人格尊严、民族风俗习惯得到尊重的权利，享有个人信息依法得到保护的权利。

第十五条 消费者享有对商品和服务以及保护消费者权益工作进行监督的权利。

消费者有权检举、控告侵害消费者权益的行为和国家机关及其工作人员在保护消费者权益工作中的违法失职行为，有权对保护消费者权益工作提出批评、建议。

第三章 经营者的义务

第十六条 经营者向消费者提供商品或者服务，应当依照本法和其他有关法律、法规的规定履行义务。

经营者和消费者有约定的，应当按照约定履行义务，但双方的约定不得违背法律、法规的规定。

经营者向消费者提供商品或者服务，应当恪守社会公德，诚信经营，保障消费者的合法权益；不得设定不公平、不合理的交易条件，不得强制交易。

第十七条 经营者应当听取消费者对其提供的商品或者服务的意见，接受消费者的监督。

第十八条 经营者应当保证其提供的商品或者服务符合保障人身、财产安全的要求。对可能危及人身、财产安全的商品和服务，应当向消费者作出真实的说明和明确的警示,并说明和标明正确使用商品或者接受服务的方法以及防止危害发生的方法。

宾馆、商场、餐馆、银行、机场、车站、港口、影剧院等经营场所的经营者,应当对消费者尽到安全保障义务。

第十九条 经营者发现其提供的商品或者服务存在缺陷,有危及人身、财产安全危险的,应当立即向有关行政部门报告和告知消费者,并采取停止销售、警示、召回、无害化处理、销毁、停止生产或者服务等措施。采取召回措施的,经营者应当承担消费者因商品被召回支出的必要费用。

第二十条 经营者向消费者提供有关商品或者服务的质量、性能、用途、有效期限等信息,应当真实、全面,不得作虚假或者引人误解的宣传。

经营者对消费者就其提供的商品或者服务的质量和使用方法等问题提出的询问,应当作出真实、明确的答复。

经营者提供商品或者服务应当明码标价。

第二十一条 经营者应当标明其真实名称和标记。

租赁他人柜台或者场地的经营者,应当标明其真实名称和标记。

第二十二条 经营者提供商品或者服务,应当按照国家有关规定或者商业惯例向消费者出具发票等购货凭证或者服务单据;消费者索要发票等购货凭证或者服务单据的,经营者必须出具。

第二十三条 经营者应当保证在正常使用商品或者接受服务的情况下其提供的商品或者服务应当具有的质量、性能、用途和有效期限;但消费者在购买该商品或者接受该服务前已经知道其存在瑕疵,且存在该瑕疵不违反法律强制性规定的除外。

经营者以广告、产品说明、实物样品或者其他方式表明商品或者服务的质量状况的,应当保证其提供的商品或者服务的实际质量与表明的质量状况相符。

经营者提供的机动车、计算机、电视机、电冰箱、空调器、洗衣机等耐用商品或者装饰装修等服务,消费者自接受商品或者服务之日起六个月内发现瑕疵,发生争议的,由经营者承担有关瑕疵的举证责任。

第二十四条 经营者提供的商品或者服务不符合质量要求的,消费者可以依照国家规定、当事人约定退货,或者要求经营者履行更换、修理等义务。没有国家规定和当事人约定的,消费者可以自收到商品之日起七日内退货;

七日后符合法定解除合同条件的，消费者可以及时退货，不符合法定解除合同条件的，可以要求经营者履行更换、修理等义务。

依照前款规定进行退货、更换、修理的，经营者应当承担运输等必要费用。

第二十五条 经营者采用网络、电视、电话、邮购等方式销售商品，消费者有权自收到商品之日起七日内退货，且无需说明理由，但下列商品除外：

（一）消费者定作的；

（二）鲜活易腐的；

（三）在线下载或者消费者拆封的音像制品、计算机软件等数字化商品；

（四）交付的报纸、期刊。

除前款所列商品外，其他根据商品性质并经消费者在购买时确认不宜退货的商品，不适用无理由退货。

消费者退货的商品应当完好。经营者应当自收到退回商品之日起七日内返还消费者支付的商品价款。退回商品的运费由消费者承担；经营者和消费者另有约定的，按照约定。

第二十六条 经营者在经营活动中使用格式条款的，应当以显著方式提请消费者注意商品或者服务的数量和质量、价款或者费用、履行期限和方式、安全注意事项和风险警示、售后服务、民事责任等与消费者有重大利害关系的内容，并按照消费者的要求予以说明。

经营者不得以格式条款、通知、声明、店堂告示等方式，作出排除或者限制消费者权利、减轻或者免除经营者责任、加重消费者责任等对消费者不公平、不合理的规定，不得利用格式条款并借助技术手段强制交易。

格式条款、通知、声明、店堂告示等含有前款所列内容的，其内容无效。

第二十七条 经营者不得对消费者进行侮辱、诽谤，不得搜查消费者的身体及其携带的物品，不得侵犯消费者的人身自由。

第二十八条 采用网络、电视、电话、邮购等方式提供商品或者服务的经营者，以及提供证券、保险、银行等金融服务的经营者，应当向消费者提供经营地址、联系方式、商品或者服务的数量和质量、价款或者费用、履行期限和方式、安全注意事项和风险警示、售后服务、民事责任等信息。

第二十九条 经营者收集、使用消费者个人信息，应当遵循合法、正当、必要的原则，明示收集、使用信息的目的、方式和范围，并经消费者同意。经营者收集、使用消费者个人信息，应当公开其收集、使用规则，不得违反法律、法规的规定和双方的约定收集、使用信息。

经营者及其工作人员对收集的消费者个人信息必须严格保密，不得泄露、出售或者非法向他人提供。经营者应当采取技术措施和其他必要措施，确保信息安全，防止消费者个人信息泄露、丢失。在发生或者可能发生信息泄露、丢失的情况时，应当立即采取补救措施。

经营者未经消费者同意或者请求，或者消费者明确表示拒绝的，不得向其发送商业性信息。

第四章 国家对消费者合法权益的保护

第三十条 国家制定有关消费者权益的法律、法规、规章和强制性标准，应当听取消费者和消费者协会等组织的意见。

第三十一条 各级人民政府应当加强领导，组织、协调、督促有关行政部门做好保护消费者合法权益的工作，落实保护消费者合法权益的职责。

各级人民政府应当加强监督，预防危害消费者人身、财产安全行为的发生，及时制止危害消费者人身、财产安全的行为。

第三十二条 各级人民政府工商行政管理部门和其他有关行政部门应当依照法律、法规的规定，在各自的职责范围内，采取措施，保护消费者的合法权益。

有关行政部门应当听取消费者和消费者协会等组织对经营者交易行为、商品和服务质量问题的意见，及时调查处理。

第三十三条 有关行政部门在各自的职责范围内，应当定期或者不定期对经营者提供的商品和服务进行抽查检验，并及时向社会公布抽查检验结果。

有关行政部门发现并认定经营者提供的商品或者服务存在缺陷，有危及人身、财产安全危险的，应当立即责令经营者采取停止销售、警示、召回、无害化处理、销毁、停止生产或者服务等措施。

第三十四条 有关国家机关应当依照法律、法规的规定，惩处经营者在提供商品和服务中侵害消费者合法权益的违法犯罪行为。

第三十五条 人民法院应当采取措施，方便消费者提起诉讼。对符合

《中华人民共和国民事诉讼法》起诉条件的消费者权益争议,必须受理,及时审理。

第五章　消费者组织

第三十六条　消费者协会和其他消费者组织是依法成立的对商品和服务进行社会监督的保护消费者合法权益的社会组织。

第三十七条　消费者协会履行下列公益性职责:

(一)向消费者提供消费信息和咨询服务,提高消费者维护自身合法权益的能力,引导文明、健康、节约资源和保护环境的消费方式;

(二)参与制定有关消费者权益的法律、法规、规章和强制性标准;

(三)参与有关行政部门对商品和服务的监督、检查;

(四)就有关消费者合法权益的问题,向有关部门反映、查询,提出建议;

(五)受理消费者的投诉,并对投诉事项进行调查、调解;

(六)投诉事项涉及商品和服务质量问题的,可以委托具备资格的鉴定人鉴定,鉴定人应当告知鉴定意见;

(七)就损害消费者合法权益的行为,支持受损害的消费者提起诉讼或者依照本法提起诉讼;

(八)对损害消费者合法权益的行为,通过大众传播媒介予以揭露、批评。

各级人民政府对消费者协会履行职责应当予以必要的经费等支持。

消费者协会应当认真履行保护消费者合法权益的职责,听取消费者的意见和建议,接受社会监督。

依法成立的其他消费者组织依照法律、法规及其章程的规定,开展保护消费者合法权益的活动。

第三十八条　消费者组织不得从事商品经营和营利性服务,不得以收取费用或者其他牟取利益的方式向消费者推荐商品和服务。

第六章　争议的解决

第三十九条　消费者和经营者发生消费者权益争议的,可以通过下列途径解决：

（一）与经营者协商和解；

（二）请求消费者协会或者依法成立的其他调解组织调解；

（三）向有关行政部门投诉；

（四）根据与经营者达成的仲裁协议提请仲裁机构仲裁；

（五）向人民法院提起诉讼。

第四十条 消费者在购买、使用商品时，其合法权益受到损害的，可以向销售者要求赔偿。销售者赔偿后，属于生产者的责任或者属于向销售者提供商品的其他销售者的责任的，销售者有权向生产者或者其他销售者追偿。

消费者或者其他受害人因商品缺陷造成人身、财产损害的，可以向销售者要求赔偿，也可以向生产者要求赔偿。属于生产者责任的，销售者赔偿后，有权向生产者追偿。属于销售者责任的，生产者赔偿后，有权向销售者追偿。

消费者在接受服务时，其合法权益受到损害的，可以向服务者要求赔偿。

第四十一条 消费者在购买、使用商品或者接受服务时，其合法权益受到损害，因原企业分立、合并的，可以向变更后承受其权利义务的企业要求赔偿。

第四十二条 使用他人营业执照的违法经营者提供商品或者服务，损害消费者合法权益的，消费者可以向其要求赔偿，也可以向营业执照的持有人要求赔偿。

第四十三条 消费者在展销会、租赁柜台购买商品或者接受服务，其合法权益受到损害的，可以向销售者或者服务者要求赔偿。展销会结束或者柜台租赁期满后，也可以向展销会的举办者、柜台的出租者要求赔偿。展销会的举办者、柜台的出租者赔偿后，有权向销售者或者服务者追偿。

第四十四条 消费者通过网络交易平台购买商品或者接受服务，其合法权益受到损害的，可以向销售者或者服务者要求赔偿。网络交易平台提供者不能提供销售者或者服务者的真实名称、地址和有效联系方式的，消费者也可以向网络交易平台提供者要求赔偿；网络交易平台提供者作出更有利于消费者的承诺的，应当履行承诺。网络交易平台提供者赔偿后，有权向销售者或者服务者追偿。

网络交易平台提供者明知或者应知销售者或者服务者利用其平台侵害消费者合法权益，未采取必要措施的，依法与该销售者或者服务者承担连带责任。

第四十五条　消费者因经营者利用虚假广告或者其他虚假宣传方式提供商品或者服务,其合法权益受到损害的,可以向经营者要求赔偿。广告经营者、发布者发布虚假广告的,消费者可以请求行政主管部门予以惩处。广告经营者、发布者不能提供经营者的真实名称、地址和有效联系方式的,应当承担赔偿责任。

广告经营者、发布者设计、制作、发布关系消费者生命健康商品或者服务的虚假广告,造成消费者损害的,应当与提供该商品或者服务的经营者承担连带责任。

社会团体或者其他组织、个人在关系消费者生命健康商品或者服务的虚假广告或者其他虚假宣传中向消费者推荐商品或者服务,造成消费者损害的,应当与提供该商品或者服务的经营者承担连带责任。

第四十六条　消费者向有关行政部门投诉的,该部门应当自收到投诉之日起七个工作日内,予以处理并告知消费者。

第四十七条　对侵害众多消费者合法权益的行为,中国消费者协会以及在省、自治区、直辖市设立的消费者协会,可以向人民法院提起诉讼。

第七章　法 律 责 任

第四十八条　经营者提供商品或者服务有下列情形之一的,除本法另有规定外,应当依照其他有关法律、法规的规定,承担民事责任:

(一)商品或者服务存在缺陷的;

(二)不具备商品应当具备的使用性能而出售时未作说明的;

(三)不符合在商品或者其包装上注明采用的商品标准的;

(四)不符合商品说明、实物样品等方式表明的质量状况的;

(五)生产国家明令淘汰的商品或者销售失效、变质的商品的;

(六)销售的商品数量不足的;

(七)服务的内容和费用违反约定的;

(八)对消费者提出的修理、重作、更换、退货、补足商品数量、退还货款和服务费用或者赔偿损失的要求,故意拖延或者无理拒绝的;

(九)法律、法规规定的其他损害消费者权益的情形。

经营者对消费者未尽到安全保障义务，造成消费者损害的，应当承担侵权责任。

第四十九条　经营者提供商品或者服务，造成消费者或者其他受害人人身伤害的，应当赔偿医疗费、护理费、交通费等为治疗和康复支出的合理费用，以及因误工减少的收入。造成残疾的，还应当赔偿残疾生活辅助具费和残疾赔偿金。造成死亡的，还应当赔偿丧葬费和死亡赔偿金。

第五十条　经营者侵害消费者的人格尊严、侵犯消费者人身自由或者侵害消费者个人信息依法得到保护的权利的，应当停止侵害、恢复名誉、消除影响、赔礼道歉，并赔偿损失。

第五十一条　经营者有侮辱诽谤、搜查身体、侵犯人身自由等侵害消费者或者其他受害人人身权益的行为，造成严重精神损害的，受害人可以要求精神损害赔偿。

第五十二条　经营者提供商品或者服务，造成消费者财产损害的，应当依照法律规定或者当事人约定承担修理、重作、更换、退货、补足商品数量、退还货款和服务费用或者赔偿损失等民事责任。

第五十三条　经营者以预收款方式提供商品或者服务的，应当按照约定提供。未按照约定提供的，应当按照消费者的要求履行约定或者退回预付款；并应当承担预付款的利息、消费者必须支付的合理费用。

第五十四条　依法经有关行政部门认定为不合格的商品，消费者要求退货的，经营者应当负责退货。

第五十五条　经营者提供商品或者服务有欺诈行为的，应当按照消费者的要求增加赔偿其受到的损失，增加赔偿的金额为消费者购买商品的价款或者接受服务的费用的三倍；增加赔偿的金额不足五百元的，为五百元。法律另有规定的，依照其规定。

经营者明知商品或者服务存在缺陷，仍然向消费者提供，造成消费者或者其他受害人死亡或者健康严重损害的，受害人有权要求经营者依照本法第四十九条、第五十一条等法律规定赔偿损失，并有权要求所受损失二倍以下的惩罚性赔偿。

第五十六条　经营者有下列情形之一，除承担相应的民事责任外，其他有关法律、法规对处罚机关和处罚方式有规定的，依照法律、法规的规定执行；法律、法规未作规定的，由工商行政管理部门或者其他有关行政部门责令改正,可以根据情节单处或者并处警告、没收违法所得、处以违法所得一倍以上十倍以下的罚款,没有违法所得的,处以五十万元以下的罚款;情节严重的,责令停业整顿、吊销营业执照:

(一)提供的商品或者服务不符合保障人身、财产安全要求的;

(二)在商品中掺杂、掺假,以假充真,以次充好,或者以不合格商品冒充合格商品的;

(三)生产国家明令淘汰的商品或者销售失效、变质的商品的;

(四)伪造商品的产地,伪造或者冒用他人的厂名、厂址,篡改生产日期,伪造或者冒用认证标志等质量标志的;

(五)销售的商品应当检验、检疫而未检验、检疫或者伪造检验、检疫结果的;

(六)对商品或者服务作虚假或者引人误解的宣传的;

(七)拒绝或者拖延有关行政部门责令对缺陷商品或者服务采取停止销售、警示、召回、无害化处理、销毁、停止生产或者服务等措施的;

(八)对消费者提出的修理、重作、更换、退货、补足商品数量、退还货款和服务费用或者赔偿损失的要求,故意拖延或者无理拒绝的;

(九)侵害消费者人格尊严、侵犯消费者人身自由或者侵害消费者个人信息依法得到保护的权利的;

(十)法律、法规规定的对损害消费者权益应当予以处罚的其他情形。

经营者有前款规定情形的,除依照法律、法规规定予以处罚外,处罚机关应当记入信用档案,向社会公布。

第五十七条 经营者违反本法规定提供商品或者服务,侵害消费者合法权益,构成犯罪的,依法追究刑事责任。

第五十八条 经营者违反本法规定,应当承担民事赔偿责任和缴纳罚款、罚金,其财产不足以同时支付的,先承担民事赔偿责任。

第五十九条 经营者对行政处罚决定不服的,可以依法申请行政复议或者提起行政诉讼。

第六十条 以暴力、威胁等方法阻碍有关行政部门工作人员依法执行职务的,依法追究刑事责任;拒绝、阻碍有关行政部门工作人员依法执行职务,未使用暴力、威胁方法的,由公安机关依照《中华人民共和国治安管理处罚法》的规定处罚。

第六十一条 国家机关工作人员玩忽职守或者包庇经营者侵害消费者合法权益的行为的，由其所在单位或者上级机关给予行政处分；情节严重，构成犯罪的，依法追究刑事责任。

第八章 附 则

第六十二条 农民购买、使用直接用于农业生产的生产资料，参照本法执行。

第六十三条 本法自 1994 年 1 月 1 日起施行。

中华人民共和国广告法

（1994 年 10 月 27 日第八届全国人民代表大会常务委员会第十次会议通过 2015 年 4 月 24 日第十二届全国人民代表大会常务委员会第十四次会议修订 根据 2018 年 10 月 26 日第十三届全国人民代表大会常务委员会第六次会议《关于修改〈中华人民共和国野生动物保护法〉等十五部法律的决定》第一次修正 根据 2021 年 4 月 29 日第十三届全国人民代表大会常务委员会第二十八次会议《关于修改〈中华人民共和国道路交通安全法〉等八部法律的决定》第二次修正）

第一章 总 则

第一条 为了规范广告活动，保护消费者的合法权益，促进广告业的健康发展，维护社会经济秩序，制定本法。

第二条 在中华人民共和国境内，商品经营者或者服务提供者通过一定媒介和形式直接或者间接地介绍自己所推销的商品或者服务的商业广告活动，适用本法。

本法所称广告主，是指为推销商品或者服务，自行或者委托他人设计、制作、发布广告的自然人、法人或者其他组织。

本法所称广告经营者，是指接受委托提供广告设计、制作、代理服务的自然人、法人或者其他组织。

本法所称广告发布者，是指为广告主或者广告主委托的广告经营者发布广告的自然人、法人或者其他组织。

本法所称广告代言人，是指广告主以外的，在广告中以自己的名义或者形象对商品、服务作推荐、证明的自然人、法人或者其他组织。

第三条　广告应当真实、合法，以健康的表现形式表达广告内容，符合社会主义精神文明建设和弘扬中华民族优秀传统文化的要求。

第四条　广告不得含有虚假或者引人误解的内容，不得欺骗、误导消费者。

广告主应当对广告内容的真实性负责。

第五条　广告主、广告经营者、广告发布者从事广告活动，应当遵守法律、法规，诚实信用，公平竞争。

第六条　国务院市场监督管理部门主管全国的广告监督管理工作，国务院有关部门在各自的职责范围内负责广告管理相关工作。

县级以上地方市场监督管理部门主管本行政区域的广告监督管理工作，县级以上地方人民政府有关部门在各自的职责范围内负责广告管理相关工作。

第七条　广告行业组织依照法律、法规和章程的规定，制定行业规范，加强行业自律，促进行业发展，引导会员依法从事广告活动，推动广告行业诚信建设。

第二章　广告内容准则

第八条　广告中对商品的性能、功能、产地、用途、质量、成分、价格、生产者、有效期限、允诺等或者对服务的内容、提供者、形式、质量、价格、允诺等有表示的，应当准确、清楚、明白。

广告中表明推销的商品或者服务附带赠送的，应当明示所附带赠送商品或者服务的品种、规格、数量、期限和方式。

法律、行政法规规定广告中应当明示的内容，应当显著、清晰表示。

第九条　广告不得有下列情形：

（一）使用或者变相使用中华人民共和国的国旗、国歌、国徽，军旗、军歌、军徽；

（二）使用或者变相使用国家机关、国家机关工作人员的名义或者形象；

（三）使用“国家级”、“最高级”、“最佳”等用语；

（四）损害国家的尊严或者利益，泄露国家秘密；

（五）妨碍社会安定，损害社会公共利益；

（六）危害人身、财产安全，泄露个人隐私；

（七）妨碍社会公共秩序或者违背社会良好风尚；

（八）含有淫秽、色情、赌博、迷信、恐怖、暴力的内容；

（九）含有民族、种族、宗教、性别歧视的内容；

（十）妨碍环境、自然资源或者文化遗产保护；

（十一）法律、行政法规规定禁止的其他情形。

第十条　广告不得损害未成年人和残疾人的身心健康。

第十一条　广告内容涉及的事项需要取得行政许可的，应当与许可的内容相符合。

广告使用数据、统计资料、调查结果、文摘、引用语等引证内容的，应当真实、准确，并表明出处。引证内容有适用范围和有效期限的，应当明确表示。

第十二条　广告中涉及专利产品或者专利方法的，应当标明专利号和专利种类。

未取得专利权的，不得在广告中谎称取得专利权。

禁止使用未授予专利权的专利申请和已经终止、撤销、无效的专利作广告。

第十三条　广告不得贬低其他生产经营者的商品或者服务。

第十四条　广告应当具有可识别性，能够使消费者辨明其为广告。

大众传播媒介不得以新闻报道形式变相发布广告。通过大众传播媒介发布的广告应当显著标明“广告”，与其他非广告信息相区别，不得使消费者产生误解。

广播电台、电视台发布广告，应当遵守国务院有关部门关于时长、方式的规定，并应当对广告时长作出明显提示。

第十五条 麻醉药品、精神药品、医疗用毒性药品、放射性药品等特殊药品，药品类易制毒化学品，以及戒毒治疗的药品、医疗器械和治疗方法，不得作广告。

前款规定以外的处方药，只能在国务院卫生行政部门和国务院药品监督管理部门共同指定的医学、药学专业刊物上作广告。

第十六条 医疗、药品、医疗器械广告不得含有下列内容：

（一）表示功效、安全性的断言或者保证；

（二）说明治愈率或者有效率；

（三）与其他药品、医疗器械的功效和安全性或者其他医疗机构比较；

（四）利用广告代言人作推荐、证明；

（五）法律、行政法规规定禁止的其他内容。

药品广告的内容不得与国务院药品监督管理部门批准的说明书不一致，并应当显著标明禁忌、不良反应。处方药广告应当显著标明“本广告仅供医学药学专业人士阅读”，非处方药广告应当显著标明“请按药品说明书或者在药师指导下购买和使用”。

推荐给个人自用的医疗器械的广告，应当显著标明“请仔细阅读产品说明书或者在医务人员的指导下购买和使用”。医疗器械产品注册证明文件中有禁忌内容、注意事项的，广告中应当显著标明“禁忌内容或者注意事项详见说明书”。

第十七条 除医疗、药品、医疗器械广告外，禁止其他任何广告涉及疾病治疗功能，并不得使用医疗用语或者易使推销的商品与药品、医疗器械相混淆的用语。

第十八条 保健食品广告不得含有下列内容：

（一）表示功效、安全性的断言或者保证；

（二）涉及疾病预防、治疗功能；

（三）声称或者暗示广告商品为保障健康所必需；

（四）与药品、其他保健食品进行比较；

（五）利用广告代言人作推荐、证明；

（六）法律、行政法规规定禁止的其他内容。

保健食品广告应当显著标明“本品不能代替药物”。

第十九条 广播电台、电视台、报刊音像出版单位、互联网信息服务提供者不得以介绍健康、养生知识等形式变相发布医疗、药品、医疗器械、保健食品广告。

第二十条 禁止在大众传播媒介或者公共场所发布声称全部或者部分替代母乳的婴儿乳制品、饮料和其他食品广告。

第二十一条 农药、兽药、饲料和饲料添加剂广告不得含有下列内容:

(一)表示功效、安全性的断言或者保证;

(二)利用科研单位、学术机构、技术推广机构、行业协会或者专业人士、用户的名义或者形象作推荐、证明;

(三)说明有效率;

(四)违反安全使用规程的文字、语言或者画面;

(五)法律、行政法规规定禁止的其他内容。

第二十二条 禁止在大众传播媒介或者公共场所、公共交通工具、户外发布烟草广告。禁止向未成年人发送任何形式的烟草广告。

禁止利用其他商品或者服务的广告、公益广告,宣传烟草制品名称、商标、包装、装潢以及类似内容。

烟草制品生产者或者销售者发布的迁址、更名、招聘等启事中,不得含有烟草制品名称、商标、包装、装潢以及类似内容。

第二十三条 酒类广告不得含有下列内容:

(一)诱导、怂恿饮酒或者宣传无节制饮酒;

(二)出现饮酒的动作;

(三)表现驾驶车、船、飞机等活动;

(四)明示或者暗示饮酒有消除紧张和焦虑、增加体力等功效。

第二十四条 教育、培训广告不得含有下列内容:

(一)对升学、通过考试、获得学位学历或者合格证书,或者对教育、培训的效果作出明示或者暗示的保证性承诺;

(二)明示或者暗示有相关考试机构或者其工作人员、考试命题人员参与教育、培训;

(三)利用科研单位、学术机构、教育机构、行业协会、专业人士、受益者的名义或者形象作推荐、证明。

第二十五条　招商等有投资回报预期的商品或者服务广告，应当对可能存在的风险以及风险责任承担有合理提示或者警示，并不得含有下列内容：

（一）对未来效果、收益或者与其相关的情况作出保证性承诺，明示或者暗示保本、无风险或者保收益等，国家另有规定的除外；

（二）利用学术机构、行业协会、专业人士、受益者的名义或者形象作推荐、证明。

第二十六条　房地产广告，房源信息应当真实，面积应当表明为建筑面积或者套内建筑面积，并不得含有下列内容：

（一）升值或者投资回报的承诺；

（二）以项目到达某一具体参照物的所需时间表示项目位置；

（三）违反国家有关价格管理的规定；

（四）对规划或者建设中的交通、商业、文化教育设施以及其他市政条件作误导宣传。

第二十七条　农作物种子、林木种子、草种子、种畜禽、水产苗种和种养殖广告关于品种名称、生产性能、生长量或者产量、品质、抗性、特殊使用价值、经济价值、适宜种植或者养殖的范围和条件等方面的表述应当真实、清楚、明白，并不得含有下列内容：

（一）作科学上无法验证的断言；

（二）表示功效的断言或者保证；

（三）对经济效益进行分析、预测或者作保证性承诺；

（四）利用科研单位、学术机构、技术推广机构、行业协会或者专业人士、用户的名义或者形象作推荐、证明。

第二十八条　广告以虚假或者引人误解的内容欺骗、误导消费者的，构成虚假广告。

广告有下列情形之一的，为虚假广告：

（一）商品或者服务不存在的；

（二）商品的性能、功能、产地、用途、质量、规格、成分、价格、生产者、有效期限、销售状况、曾获荣誉等信息，或者服务的内容、提供者、形式、质量、价格、销售状况、曾获荣誉等信息，以及与商品或者服务有关的允诺等信息与实际情况不符，对购买行为有实质性影响的；

（三）使用虚构、伪造或者无法验证的科研成果、统计资料、调查结果、文摘、引用语等信息作证明材料的；

（四）虚构使用商品或者接受服务的效果的；

（五）以虚假或者引人误解的内容欺骗、误导消费者的其他情形。

第三章 广告行为规范

第二十九条 广播电台、电视台、报刊出版单位从事广告发布业务的，应当设有专门从事广告业务的机构，配备必要的人员，具有与发布广告相适应的场所、设备。

第三十条 广告主、广告经营者、广告发布者之间在广告活动中应当依法订立书面合同。

第三十一条 广告主、广告经营者、广告发布者不得在广告活动中进行任何形式的不正当竞争。

第三十二条 广告主委托设计、制作、发布广告，应当委托具有合法经营资格的广告经营者、广告发布者。

第三十三条 广告主或者广告经营者在广告中使用他人名义或者形象的，应当事先取得其书面同意；使用无民事行为能力人、限制民事行为能力人的名义或者形象的，应当事先取得其监护人的书面同意。

第三十四条 广告经营者、广告发布者应当按照国家有关规定，建立、健全广告业务的承接登记、审核、档案管理制度。

广告经营者、广告发布者依据法律、行政法规查验有关证明文件，核对广告内容。对内容不符或者证明文件不全的广告，广告经营者不得提供设计、制作、代理服务，广告发布者不得发布。

第三十五条 广告经营者、广告发布者应当公布其收费标准和收费办法。

第三十六条 广告发布者向广告主、广告经营者提供的覆盖率、收视率、点击率、发行量等资料应当真实。

第三十七条 法律、行政法规规定禁止生产、销售的产品或者提供的服务，以及禁止发布广告的商品或者服务，任何单位或者个人不得设计、制作、代理、发布广告。

第三十八条 广告代言人在广告中对商品、服务作推荐、证明，应当依据事实，符合本法和有关法律、行政法规规定，并不得为其未使用过的商品或者未接受过的服务作推荐、证明。

不得利用不满十周岁的未成年人作为广告代言人。

对在虚假广告中作推荐、证明受到行政处罚未满三年的自然人、法人或者其他组织，不得利用其作为广告代言人。

第三十九条 不得在中小学校、幼儿园内开展广告活动，不得利用中小学生和幼儿的教材、教辅材料、练习册、文具、教具、校服、校车等发布或者变相发布广告，但公益广告除外。

第四十条 在针对未成年人的大众传播媒介上不得发布医疗、药品、保健食品、医疗器械、化妆品、酒类、美容广告，以及不利于未成年人身心健康的网络游戏广告。

针对不满十四周岁的未成年人的商品或者服务的广告不得含有下列内容：

（一）劝诱其要求家长购买广告商品或者服务；

（二）可能引发其模仿不安全行为。

第四十一条 县级以上地方人民政府应当组织有关部门加强对利用户外场所、空间、设施等发布户外广告的监督管理，制定户外广告设置规划和安全要求。

户外广告的管理办法，由地方性法规、地方政府规章规定。

第四十二条 有下列情形之一的，不得设置户外广告：

（一）利用交通安全设施、交通标志的；

（二）影响市政公共设施、交通安全设施、交通标志、消防设施、消防安全标志使用的；

（三）妨碍生产或者人民生活，损害市容市貌的；

（四）在国家机关、文物保护单位、风景名胜区等的建筑控制地带，或者县级以上地方人民政府禁止设置户外广告的区域设置的。

第四十三条 任何单位或者个人未经当事人同意或者请求，不得向其住宅、交通工具等发送广告，也不得以电子信息方式向其发送广告。

以电子信息方式发送广告的，应当明示发送者的真实身份和联系方式，并向接收者提供拒绝继续接收的方式。

第四十四条 利用互联网从事广告活动，适用本法的各项规定。

利用互联网发布、发送广告,不得影响用户正常使用网络。在互联网页面以弹出等形式发布的广告,应当显著标明关闭标志,确保一键关闭。

第四十五条 公共场所的管理者或者电信业务经营者、互联网信息服务提供者对其明知或者应知的利用其场所或者信息传输、发布平台发送、发布违法广告的,应当予以制止。

第四章 监督管理

第四十六条 发布医疗、药品、医疗器械、农药、兽药和保健食品广告,以及法律、行政法规规定应当进行审查的其他广告,应当在发布前由有关部门(以下称广告审查机关)对广告内容进行审查;未经审查,不得发布。

第四十七条 广告主申请广告审查,应当依照法律、行政法规向广告审查机关提交有关证明文件。

广告审查机关应当依照法律、行政法规规定作出审查决定,并应当将审查批准文件抄送同级市场监督管理部门。广告审查机关应当及时向社会公布批准的广告。

第四十八条 任何单位或者个人不得伪造、变造或者转让广告审查批准文件。

第四十九条 市场监督管理部门履行广告监督管理职责,可以行使下列职权:

(一)对涉嫌从事违法广告活动的场所实施现场检查;

(二)询问涉嫌违法当事人或者其法定代表人、主要负责人和其他有关人员,对有关单位或者个人进行调查;

(三)要求涉嫌违法当事人限期提供有关证明文件;

(四)查阅、复制与涉嫌违法广告有关的合同、票据、账簿、广告作品和其他有关资料;

(五)查封、扣押与涉嫌违法广告直接相关的广告物品、经营工具、设备等财物;

(六)责令暂停发布可能造成严重后果的涉嫌违法广告;

(七)法律、行政法规规定的其他职权。

市场监督管理部门应当建立健全广告监测制度,完善监测措施,及时发现和依法查处违法广告行为。

第五十条　国务院市场监督管理部门会同国务院有关部门，制定大众传播媒介广告发布行为规范。

第五十一条　市场监督管理部门依照本法规定行使职权，当事人应当协助、配合，不得拒绝、阻挠。

第五十二条　市场监督管理部门和有关部门及其工作人员对其在广告监督管理活动中知悉的商业秘密负有保密义务。

第五十三条　任何单位或者个人有权向市场监督管理部门和有关部门投诉、举报违反本法的行为。市场监督管理部门和有关部门应当向社会公开受理投诉、举报的电话、信箱或者电子邮件地址，接到投诉、举报的部门应当自收到投诉之日起七个工作日内，予以处理并告知投诉、举报人。

市场监督管理部门和有关部门不依法履行职责的，任何单位或者个人有权向其上级机关或者监察机关举报。接到举报的机关应当依法作出处理，并将处理结果及时告知举报人。

有关部门应当为投诉、举报人保密。

第五十四条　消费者协会和其他消费者组织对违反本法规定，发布虚假广告侵害消费者合法权益，以及其他损害社会公共利益的行为，依法进行社会监督。

第五章　法 律 责 任

第五十五条　违反本法规定，发布虚假广告的，由市场监督管理部门责令停止发布广告，责令广告主在相应范围内消除影响，处广告费用三倍以上五倍以下的罚款，广告费用无法计算或者明显偏低的，处二十万元以上一百万元以下的罚款；两年内有三次以上违法行为或者有其他严重情节的，处广告费用五倍以上十倍以下的罚款，广告费用无法计算或者明显偏低的，处一百万元以上二百万元以下的罚款，可以吊销营业执照，并由广告审查机关撤销广告审查批准文件、一年内不受理其广告审查申请。

医疗机构有前款规定违法行为，情节严重的，除由市场监督管理部门依照本法处罚外，卫生行政部门可以吊销诊疗科目或者吊销医疗机构执业许可证。

广告经营者、广告发布者明知或者应知广告虚假仍设计、制作、代理、发布的，由市场监督管理部门没收广告费用，并处广告费用三倍以上五倍以下的罚款，广告费用无法计算或者明显偏低的，处二十万元以上一百万元以下的罚款；两年内有三次以上违法行为或者有其他严重情节的，处广告费用五倍以上十倍以下的罚款，广告费用无法计算或者明显偏低的，处一百万元以上二百万元以下的罚款，并可以由有关部门暂停广告发布业务、吊销营业执照。

广告主、广告经营者、广告发布者有本条第一款、第三款规定行为，构成犯罪的，依法追究刑事责任。

第五十六条　违反本法规定，发布虚假广告，欺骗、误导消费者，使购买商品或者接受服务的消费者的合法权益受到损害的，由广告主依法承担民事责任。广告经营者、广告发布者不能提供广告主的真实名称、地址和有效联系方式的，消费者可以要求广告经营者、广告发布者先行赔偿。

关系消费者生命健康的商品或者服务的虚假广告，造成消费者损害的，其广告经营者、广告发布者、广告代言人应当与广告主承担连带责任。

前款规定以外的商品或者服务的虚假广告，造成消费者损害的，其广告经营者、广告发布者、广告代言人，明知或者应知广告虚假仍设计、制作、代理、发布或者作推荐、证明的，应当与广告主承担连带责任。

第五十七条　有下列行为之一的，由市场监督管理部门责令停止发布广告，对广告主处二十万元以上一百万元以下的罚款，情节严重的，并可以吊销营业执照，由广告审查机关撤销广告审查批准文件、一年内不受理其广告审查申请；对广告经营者、广告发布者，由市场监督管理部门没收广告费用，处二十万元以上一百万元以下的罚款，情节严重的，并可以吊销营业执照：

（一）发布有本法第九条、第十条规定的禁止情形的广告的；

（二）违反本法第十五条规定发布处方药广告、药品类易制毒化学品广告、戒毒治疗的医疗器械和治疗方法广告的；

（三）违反本法第二十条规定，发布声称全部或者部分替代母乳的婴儿乳制品、饮料和其他食品广告的；

（四）违反本法第二十二条规定发布烟草广告的；

（五）违反本法第三十七条规定，利用广告推销禁止生产、销售的产品或者提供的服务，或者禁止发布广告的商品或者服务的；

（六）违反本法第四十条第一款规定，在针对未成年人的大众传播媒介上发布医疗、药品、保健食品、医疗器械、化妆品、酒类、美容广告，以及不利于未成年人身心健康的网络游戏广告的。

第五十八条　有下列行为之一的，由市场监督管理部门责令停止发布广告，责令广告主在相应范围内消除影响，处广告费用一倍以上三倍以下的罚款，广告费用无法计算或者明显偏低的，处十万元以上二十万元以下的罚款；情节严重的，处广告费用三倍以上五倍以下的罚款，广告费用无法计算或者明显偏低的，处二十万元以上一百万元以下的罚款，可以吊销营业执照，并由广告审查机关撤销广告审查批准文件、一年内不受理其广告审查申请：

（一）违反本法第十六条规定发布医疗、药品、医疗器械广告的；

（二）违反本法第十七条规定，在广告中涉及疾病治疗功能，以及使用医疗用语或者易使推销的商品与药品、医疗器械相混淆的用语的；

（三）违反本法第十八条规定发布保健食品广告的；

（四）违反本法第二十一条规定发布农药、兽药、饲料和饲料添加剂广告的；

（五）违反本法第二十三条规定发布酒类广告的；

（六）违反本法第二十四条规定发布教育、培训广告的；

（七）违反本法第二十五条规定发布招商等有投资回报预期的商品或者服务广告的；

（八）违反本法第二十六条规定发布房地产广告的；

（九）违反本法第二十七条规定发布农作物种子、林木种子、草种子、种畜禽、水产苗种和种养殖广告的；

（十）违反本法第三十八条第二款规定，利用不满十周岁的未成年人作为广告代言人的；

（十一）违反本法第三十八条第三款规定，利用自然人、法人或者其他组织作为广告代言人的；

（十二）违反本法第三十九条规定，在中小学校、幼儿园内或者利用与中小学生、幼儿有关的物品发布广告的；

（十三）违反本法第四十条第二款规定，发布针对不满十四周岁的未成年人的商品或者服务的广告的；

（十四）违反本法第四十六条规定，未经审查发布广告的。

医疗机构有前款规定违法行为，情节严重的，除由市场监督管理部门依照本法处罚外,卫生行政部门可以吊销诊疗科目或者吊销医疗机构执业许可证。

广告经营者、广告发布者明知或者应知有本条第一款规定违法行为仍设计、制作、代理、发布的,由市场监督管理部门没收广告费用,并处广告费用一倍以上三倍以下的罚款,广告费用无法计算或者明显偏低的,处十万元以上二十万元以下的罚款;情节严重的,处广告费用三倍以上五倍以下的罚款,广告费用无法计算或者明显偏低的,处二十万元以上一百万元以下的罚款,并可以由有关部门暂停广告发布业务、吊销营业执照。

第五十九条　有下列行为之一的,由市场监督管理部门责令停止发布广告,对广告主处十万元以下的罚款:

(一)广告内容违反本法第八条规定的;

(二)广告引证内容违反本法第十一条规定的;

(三)涉及专利的广告违反本法第十二条规定的;

(四)违反本法第十三条规定,广告贬低其他生产经营者的商品或者服务的。

广告经营者、广告发布者明知或者应知有前款规定违法行为仍设计、制作、代理、发布的,由市场监督管理部门处十万元以下的罚款。

广告违反本法第十四条规定,不具有可识别性的,或者违反本法第十九条规定,变相发布医疗、药品、医疗器械、保健食品广告的,由市场监督管理部门责令改正,对广告发布者处十万元以下的罚款。

第六十条　违反本法第三十四条规定,广告经营者、广告发布者未按照国家有关规定建立、健全广告业务管理制度的,或者未对广告内容进行核对的,由市场监督管理部门责令改正,可以处五万元以下的罚款。

违反本法第三十五条规定,广告经营者、广告发布者未公布其收费标准和收费办法的,由价格主管部门责令改正,可以处五万元以下的罚款。

第六十一条　广告代言人有下列情形之一的,由市场监督管理部门没收违法所得,并处违法所得一倍以上二倍以下的罚款:

(一)违反本法第十六条第一款第四项规定,在医疗、药品、医疗器械广告中作推荐、证明的;

(二)违反本法第十八条第一款第五项规定,在保健食品广告中作推荐、证明的;

(三)违反本法第三十八条第一款规定,为其未使用过的商品或者未接受过的服务作推荐、证明的；

（四）明知或者应知广告虚假仍在广告中对商品、服务作推荐、证明的。

第六十二条 违反本法第四十三条规定发送广告的，由有关部门责令停止违法行为，对广告主处五千元以上三万元以下的罚款。

违反本法第四十四条第二款规定，利用互联网发布广告，未显著标明关闭标志，确保一键关闭的，由市场监督管理部门责令改正，对广告主处五千元以上三万元以下的罚款。

第六十三条 违反本法第四十五条规定，公共场所的管理者和电信业务经营者、互联网信息服务提供者，明知或者应知广告活动违法不予制止的，由市场监督管理部门没收违法所得，违法所得五万元以上的，并处违法所得一倍以上三倍以下的罚款，违法所得不足五万元的，并处一万元以上五万元以下的罚款；情节严重的，由有关部门依法停止相关业务。

第六十四条 违反本法规定，隐瞒真实情况或者提供虚假材料申请广告审查的，广告审查机关不予受理或者不予批准，予以警告，一年内不受理该申请人的广告审查申请；以欺骗、贿赂等不正当手段取得广告审查批准的，广告审查机关予以撤销，处十万元以上二十万元以下的罚款，三年内不受理该申请人的广告审查申请。

第六十五条 违反本法规定，伪造、变造或者转让广告审查批准文件的，由市场监督管理部门没收违法所得，并处一万元以上十万元以下的罚款。

第六十六条 有本法规定的违法行为的，由市场监督管理部门记入信用档案，并依照有关法律、行政法规规定予以公示。

第六十七条 广播电台、电视台、报刊音像出版单位发布违法广告，或者以新闻报道形式变相发布广告，或者以介绍健康、养生知识等形式变相发布医疗、药品、医疗器械、保健食品广告，市场监督管理部门依照本法给予处罚的，应当通报新闻出版、广播电视主管部门以及其他有关部门。新闻出版、广播电视主管部门以及其他有关部门应当依法对负有责任的主管人员和直接责任人员给予处分；情节严重的，并可以暂停媒体的广告发布业务。

新闻出版、广播电视主管部门以及其他有关部门未依照前款规定对广播电台、电视台、报刊音像出版单位进行处理的，对负有责任的主管人员和直接责任人员，依法给予处分。

第六十八条 广告主、广告经营者、广告发布者违反本法规定，有下列侵

权行为之一的,依法承担民事责任:

(一)在广告中损害未成年人或者残疾人的身心健康的;

(二)假冒他人专利的;

(三)贬低其他生产经营者的商品、服务的;

(四)在广告中未经同意使用他人名义或者形象的;

(五)其他侵犯他人合法民事权益的。

第六十九条 因发布虚假广告,或者有其他本法规定的违法行为,被吊销营业执照的公司、企业的法定代表人,对违法行为负有个人责任的,自该公司、企业被吊销营业执照之日起三年内不得担任公司、企业的董事、监事、高级管理人员。

第七十条 违反本法规定,拒绝、阻挠市场监督管理部门监督检查,或者有其他构成违反治安管理行为的,依法给予治安管理处罚;构成犯罪的,依法追究刑事责任。

第七十一条 广告审查机关对违法的广告内容作出审查批准决定的,对负有责任的主管人员和直接责任人员,由任免机关或者监察机关依法给予处分;构成犯罪的,依法追究刑事责任。

第七十二条 市场监督管理部门对在履行广告监测职责中发现的违法广告行为或者对经投诉、举报的违法广告行为,不依法予以查处的,对负有责任的主管人员和直接责任人员,依法给予处分。

市场监督管理部门和负责广告管理相关工作的有关部门的工作人员玩忽职守、滥用职权、徇私舞弊的,依法给予处分。

有前两款行为,构成犯罪的,依法追究刑事责任。

第六章 附 则

第七十三条 国家鼓励、支持开展公益广告宣传活动,传播社会主义核心价值观,倡导文明风尚。

大众传播媒介有义务发布公益广告。广播电台、电视台、报刊出版单位应当按照规定的版面、时段、时长发布公益广告。公益广告的管理办法,由国务院市场监督管理部门会同有关部门制定。

第七十四条 本法自 2015 年 9 月 1 日起施行。

中华人民共和国刑法(节录)

(1979年7月1日第五届全国人民代表大会第二次会议通过 1997年3月14日第八届全国人民代表大会第五次会议修订 根据1998年12月29日第九届全国人民代表大会常务委员会第六次会议通过的《关于惩治骗购外汇、逃汇和非法买卖外汇犯罪的决定》、1999年12月25日第九届全国人民代表大会常务委员会第十三次会议通过的《中华人民共和国刑法修正案》、2001年8月31日第九届全国人民代表大会常务委员会第二十三次会议通过的《中华人民共和国刑法修正案(二)》、2001年12月29日第九届全国人民代表大会常务委员会第二十五次会议通过的《中华人民共和国刑法修正案(三)》、2002年12月28日第九届全国人民代表大会常务委员会第三十一次会议通过的《中华人民共和国刑法修正案(四)》、2005年2月28日第十届全国人民代表大会常务委员会第十四次会议通过的《中华人民共和国刑法修正案(五)》、2006年6月29日第十届全国人民代表大会常务委员会第二十二次会议通过的《中华人民共和国刑法修正案(六)》、2009年2月28日第十一届全国人民代表大会常务委员会第七次会议通过的《中华人民共和国刑法修正案(七)》、2009年8月27日第十一届全国人民代表大会常务委员会第十次会议通过的《关于修改部分法律的决定》、2011年2月25日第十一届全国人民代表大会常务委员会第十九次会议通过的《中华人民共和国刑法修正案(八)》、2015年8月29日第十二届全国人民代表大会常务委员会第十六次会议通过的《中华人民共和国刑法修正案(九)》、2017年11月4日第十二届全国人民代表大会常务委员会第三十次会议通过的《中华人民共和国刑法修正案(十)》、2020年12月26日第十三届全国人民代表大会常务委员

会第二十四次会议通过的《中华人民共和国刑法修正案(十一)》修正)

第一百四十一条　生产、销售假药的,处三年以下有期徒刑或者拘役,并处罚金;对人体健康造成严重危害或者有其他严重情节的,处三年以上十年以下有期徒刑,并处罚金;致人死亡或者有其他特别严重情节的,处十年以上有期徒刑、无期徒刑或者死刑,并处罚金或者没收财产。

药品使用单位的人员明知是假药而提供给他人使用的,依照前款的规定处罚。

第一百四十二条　生产、销售劣药,对人体健康造成严重危害的,处三年以上十年以下有期徒刑,并处罚金;后果特别严重的,处十年以上有期徒刑或者无期徒刑,并处罚金或者没收财产。

药品使用单位的人员明知是劣药而提供给他人使用的,依照前款的规定处罚。

第一百四十二条之一　违反药品管理法规,有下列情形之一,足以严重危害人体健康的,处三年以下有期徒刑或者拘役,并处或者单处罚金;对人体健康造成严重危害或者有其他严重情节的,处三年以上七年以下有期徒刑,并处罚金:

(一)生产、销售国务院药品监督管理部门禁止使用的药品的;

(二)未取得药品相关批准证明文件生产、进口药品或者明知是上述药品而销售的;

(三)药品申请注册中提供虚假的证明、数据、资料、样品或者采取其他欺骗手段的;

(四)编造生产、检验记录的。

有前款行为,同时又构成本法第一百四十一条、第一百四十二条规定之罪或者其他犯罪的,依照处罚较重的规定定罪处罚。

第一百四十三条　生产、销售不符合食品安全标准的食品,足以造成严重食物中毒事故或者其他严重食源性疾病的,处三年以下有期徒刑或者拘役,并处罚金;对人体健康造成严重危害或者有其他严重情节的,处三年以上七年以下有期徒刑,并处罚金;后果特别严重的,处七年以上有期徒刑或者无期徒刑,并处罚金或者没收财产。

第一百四十四条 在生产、销售的食品中掺入有毒、有害的非食品原料的,或者销售明知掺有有毒、有害的非食品原料的食品的,处五年以下有期徒刑,并处罚金;对人体健康造成严重危害或者有其他严重情节的,处五年以上十年以下有期徒刑,并处罚金;致人死亡或者有其他特别严重情节的,依照本法第一百四十一条的规定处罚。

第二百七十七条 以暴力、威胁方法阻碍国家机关工作人员依法执行职务的,处三年以下有期徒刑、拘役、管制或者罚金。

以暴力、威胁方法阻碍全国人民代表大会和地方各级人民代表大会代表依法执行代表职务的,依照前款的规定处罚。

在自然灾害和突发事件中,以暴力、威胁方法阻碍红十字会工作人员依法履行职责的,依照第一款的规定处罚。

故意阻碍国家安全机关、公安机关依法执行国家安全工作任务,未使用暴力、威胁方法,造成严重后果的,依照第一款的规定处罚。

暴力袭击正在依法执行职务的人民警察的,处三年以下有期徒刑、拘役或者管制;使用枪支、管制刀具,或者以驾驶机动车撞击等手段,严重危及其人身安全的,处三年以上七年以下有期徒刑。

第三百三十条 违反传染病防治法的规定,有下列情形之一,引起甲类传染病以及依法确定采取甲类传染病预防、控制措施的传染病传播或者有传播严重危险的,处三年以下有期徒刑或者拘役;后果特别严重的,处三年以上七年以下有期徒刑:

(一)供水单位供应的饮用水不符合国家规定的卫生标准的;

(二)拒绝按照疾病预防控制机构提出的卫生要求,对传染病病原体污染的污水、污物、场所和物品进行消毒处理的;

(三)准许或者纵容传染病病人、病原携带者和疑似传染病病人从事国务院卫生行政部门规定禁止从事的易使该传染病扩散的工作的;

(四)出售、运输疫区中被传染病病原体污染或者可能被传染病病原体污染的物品,未进行消毒处理的;

(五)拒绝执行县级以上人民政府、疾病预防控制机构依照传染病防治法提出的预防、控制措施的。

单位犯前款罪的,对单位判处罚金,并对其直接负责的主管人员和其他直接责任人员,依照前款的规定处罚。

甲类传染病的范围,依照《中华人民共和国传染病防治法》和国务院有关规定确定。

第三百八十五条　国家工作人员利用职务上的便利,索取他人财物的,或者非法收受他人财物,为他人谋取利益的,是受贿罪。

国家工作人员在经济往来中,违反国家规定,收受各种名义的回扣、手续费,归个人所有的,以受贿论处。

第三百九十七条　国家机关工作人员滥用职权或者玩忽职守,致使公共财产、国家和人民利益遭受重大损失的,处三年以下有期徒刑或者拘役;情节特别严重的,处三年以上七年以下有期徒刑。本法另有规定的,依照规定。

国家机关工作人员徇私舞弊,犯前款罪的,处五年以下有期徒刑或者拘役;情节特别严重的,处五年以上十年以下有期徒刑。本法另有规定的,依照规定。

食品生产许可管理办法

(2020年1月2日国家市场监督管理总局令
第24号公布　自2020年3月1日起施行)

第一章　总　　则

第一条　为规范食品、食品添加剂生产许可活动,加强食品生产监督管理,保障食品安全,根据《中华人民共和国行政许可法》《中华人民共和国食品安全法》《中华人民共和国食品安全法实施条例》等法律法规,制定本办法。

第二条　在中华人民共和国境内,从事食品生产活动,应当依法取得食品生产许可。

食品生产许可的申请、受理、审查、决定及其监督检查,适用本办法。

第三条 食品生产许可应当遵循依法、公开、公平、公正、便民、高效的原则。

第四条 食品生产许可实行一企一证原则,即同一个食品生产者从事食品生产活动,应当取得一个食品生产许可证。

第五条 市场监督管理部门按照食品的风险程度,结合食品原料、生产工艺等因素,对食品生产实施分类许可。

第六条 国家市场监督管理总局负责监督指导全国食品生产许可管理工作。

县级以上地方市场监督管理部门负责本行政区域内的食品生产许可监督管理工作。

第七条 省、自治区、直辖市市场监督管理部门可以根据食品类别和食品安全风险状况,确定市、县级市场监督管理部门的食品生产许可管理权限。

保健食品、特殊医学用途配方食品、婴幼儿配方食品、婴幼儿辅助食品、食盐等食品的生产许可,由省、自治区、直辖市市场监督管理部门负责。

第八条 国家市场监督管理总局负责制定食品生产许可审查通则和细则。

省、自治区、直辖市市场监督管理部门可以根据本行政区域食品生产许可审查工作的需要,对地方特色食品制定食品生产许可审查细则,在本行政区域内实施,并向国家市场监督管理总局报告。国家市场监督管理总局制定公布相关食品生产许可审查细则后,地方特色食品生产许可审查细则自行废止。

县级以上地方市场监督管理部门实施食品生产许可审查,应当遵守食品生产许可审查通则和细则。

第九条 县级以上地方市场监督管理部门应当加快信息化建设,推进许可申请、受理、审查、发证、查询等全流程网上办理,并在行政机关的网站上公布生产许可事项,提高办事效率。

第二章　申请与受理

第十条 申请食品生产许可,应当先行取得营业执照等合法主体资格。

企业法人、合伙企业、个人独资企业、个体工商户、农民专业合作组织等，以营业执照载明的主体作为申请人。

第十一条 申请食品生产许可，应当按照以下食品类别提出：粮食加工品，食用油、油脂及其制品，调味品，肉制品，乳制品，饮料，方便食品，饼干，罐头，冷冻饮品，速冻食品，薯类和膨化食品，糖果制品，茶叶及相关制品，酒类，蔬菜制品，水果制品，炒货食品及坚果制品，蛋制品，可可及焙烤咖啡产品，食糖，水产制品，淀粉及淀粉制品，糕点，豆制品，蜂产品，保健食品，特殊医学用途配方食品，婴幼儿配方食品，特殊膳食食品，其他食品等。

国家市场监督管理总局可以根据监督管理工作需要对食品类别进行调整。

第十二条 申请食品生产许可，应当符合下列条件：

（一）具有与生产的食品品种、数量相适应的食品原料处理和食品加工、包装、贮存等场所，保持该场所环境整洁，并与有毒、有害场所以及其他污染源保持规定的距离；

（二）具有与生产的食品品种、数量相适应的生产设备或者设施，有相应的消毒、更衣、盥洗、采光、照明、通风、防腐、防尘、防蝇、防鼠、防虫、洗涤以及处理废水、存放垃圾和废弃物的设备或者设施；保健食品生产工艺有原料提取、纯化等前处理工序的，需要具备与生产的品种、数量相适应的原料前处理设备或者设施；

（三）有专职或者兼职的食品安全专业技术人员、食品安全管理人员和保证食品安全的规章制度；

（四）具有合理的设备布局和工艺流程，防止待加工食品与直接入口食品、原料与成品交叉污染，避免食品接触有毒物、不洁物；

（五）法律、法规规定的其他条件。

第十三条 申请食品生产许可，应当向申请人所在地县级以上地方市场监督管理部门提交下列材料：

（一）食品生产许可申请书；

（二）食品生产设备布局图和食品生产工艺流程图；

（三）食品生产主要设备、设施清单；

（四）专职或者兼职的食品安全专业技术人员、食品安全管理人员信息和食品安全管理制度。

第十四条　申请保健食品、特殊医学用途配方食品、婴幼儿配方食品等特殊食品的生产许可，还应当提交与所生产食品相适应的生产质量管理体系文件以及相关注册和备案文件。

第十五条　从事食品添加剂生产活动，应当依法取得食品添加剂生产许可。

申请食品添加剂生产许可，应当具备与所生产食品添加剂品种相适应的场所、生产设备或者设施、食品安全管理人员、专业技术人员和管理制度。

第十六条　申请食品添加剂生产许可，应当向申请人所在地县级以上地方市场监督管理部门提交下列材料：

（一）食品添加剂生产许可申请书；

（二）食品添加剂生产设备布局图和生产工艺流程图；

（三）食品添加剂生产主要设备、设施清单；

（四）专职或者兼职的食品安全专业技术人员、食品安全管理人员信息和食品安全管理制度。

第十七条　申请人应当如实向市场监督管理部门提交有关材料和反映真实情况，对申请材料的真实性负责，并在申请书等材料上签名或者盖章。

第十八条　申请人申请生产多个类别食品的，由申请人按照省级市场监督管理部门确定的食品生产许可管理权限，自主选择其中一个受理部门提交申请材料。受理部门应当及时告知有相应审批权限的市场监督管理部门，组织联合审查。

第十九条　县级以上地方市场监督管理部门对申请人提出的食品生产许可申请，应当根据下列情况分别作出处理：

（一）申请事项依法不需要取得食品生产许可的，应当即时告知申请人不受理；

（二）申请事项依法不属于市场监督管理部门职权范围的，应当即时作出不予受理的决定，并告知申请人向有关行政机关申请；

（三）申请材料存在可以当场更正的错误的，应当允许申请人当场更正，由申请人在更正处签名或者盖章，注明更正日期；

（四）申请材料不齐全或者不符合法定形式的，应当当场或者在 5 个工作日内一次告知申请人需要补正的全部内容。当场告知的，应当将申请材料退回申请人；在 5 个工作日内告知的，应当收取申请材料并出具收到申请材

料的凭据。逾期不告知的,自收到申请材料之日起即为受理;

(五)申请材料齐全、符合法定形式,或者申请人按照要求提交全部补正材料的,应当受理食品生产许可申请。

第二十条　县级以上地方市场监督管理部门对申请人提出的申请决定予以受理的,应当出具受理通知书;决定不予受理的,应当出具不予受理通知书,说明不予受理的理由,并告知申请人依法享有申请行政复议或者提起行政诉讼的权利。

第三章　审查与决定

第二十一条　县级以上地方市场监督管理部门应当对申请人提交的申请材料进行审查。需要对申请材料的实质内容进行核实的,应当进行现场核查。

市场监督管理部门开展食品生产许可现场核查时,应当按照申请材料进行核查。对首次申请许可或者增加食品类别的变更许可的,根据食品生产工艺流程等要求,核查试制食品的检验报告。开展食品添加剂生产许可现场核查时,可以根据食品添加剂品种特点,核查试制食品添加剂的检验报告和复配食品添加剂配方等。试制食品检验可以由生产者自行检验,或者委托有资质的食品检验机构检验。

现场核查应当由食品安全监管人员进行,根据需要可以聘请专业技术人员作为核查人员参加现场核查。核查人员不得少于2人。核查人员应当出示有效证件,填写食品生产许可现场核查表,制作现场核查记录,经申请人核对无误后,由核查人员和申请人在核查表和记录上签名或者盖章。申请人拒绝签名或者盖章的,核查人员应当注明情况。

申请保健食品、特殊医学用途配方食品、婴幼儿配方乳粉生产许可,在产品注册或者产品配方注册时经过现场核查的项目,可以不再重复进行现场核查。

市场监督管理部门可以委托下级市场监督管理部门,对受理的食品生产许可申请进行现场核查。特殊食品生产许可的现场核查原则上不得委托下级市场监督管理部门实施。

核查人员应当自接受现场核查任务之日起5个工作日内,完成对生产场所的现场核查。

第二十二条　除可以当场作出行政许可决定的外,县级以上地方市场监督管理部门应当自受理申请之日起10个工作日内作出是否准予行政许可的决定。因特殊原因需要延长期限的,经本行政机关负责人批准,可以延长5个工作日,并应当将延长期限的理由告知申请人。

第二十三条　县级以上地方市场监督管理部门应当根据申请材料审查和现场核查等情况,对符合条件的,作出准予生产许可的决定,并自作出决定之日起5个工作日内向申请人颁发食品生产许可证;对不符合条件的,应当及时作出不予许可的书面决定并说明理由,同时告知申请人依法享有申请行政复议或者提起行政诉讼的权利。

第二十四条　食品添加剂生产许可申请符合条件的,由申请人所在地县级以上地方市场监督管理部门依法颁发食品生产许可证,并标注食品添加剂。

第二十五条　食品生产许可证发证日期为许可决定作出的日期,有效期为5年。

第二十六条　县级以上地方市场监督管理部门认为食品生产许可申请涉及公共利益的重大事项,需要听证的,应当向社会公告并举行听证。

第二十七条　食品生产许可直接涉及申请人与他人之间重大利益关系的,县级以上地方市场监督管理部门在作出行政许可决定前,应当告知申请人、利害关系人享有要求听证的权利。

申请人、利害关系人在被告知听证权利之日起5个工作日内提出听证申请的,市场监督管理部门应当在20个工作日内组织听证。听证期限不计算在行政许可审查期限之内。

第四章　许可证管理

第二十八条　食品生产许可证分为正本、副本。正本、副本具有同等法律效力。

国家市场监督管理总局负责制定食品生产许可证式样。省、自治区、直辖市市场监督管理部门负责本行政区域食品生产许可证的印制、发放等管理工作。

第二十九条　食品生产许可证应当载明:生产者名称、社会信用代码、法定代表人(负责人)、住所、生产地址、食品类别、许可证编号、有效期、发证机关、发证日期和二维码。

副本还应当载明食品明细。生产保健食品、特殊医学用途配方食品、婴幼儿配方食品的,还应当载明产品或者产品配方的注册号或者备案登记号;接受委托生产保健食品的,还应当载明委托企业名称及住所等相关信息。

第三十条　食品生产许可证编号由SC("生产"的汉语拼音字母缩写)和14位阿拉伯数字组成。数字从左至右依次为:3位食品类别编码、2位省(自治区、直辖市)代码、2位市(地)代码、2位县(区)代码、4位顺序码、1位校验码。

第三十一条　食品生产者应当妥善保管食品生产许可证,不得伪造、涂改、倒卖、出租、出借、转让。

食品生产者应当在生产场所的显著位置悬挂或者摆放食品生产许可证正本。

第五章　变更、延续与注销

第三十二条　食品生产许可证有效期内,食品生产者名称、现有设备布局和工艺流程、主要生产设备设施、食品类别等事项发生变化,需要变更食品生产许可证载明的许可事项的,食品生产者应当在变化后10个工作日内向原发证的市场监督管理部门提出变更申请。

食品生产者的生产场所迁址的,应当重新申请食品生产许可。

食品生产许可证副本载明的同一食品类别内的事项发生变化的,食品生产者应当在变化后10个工作日内向原发证的市场监督管理部门报告。

食品生产者的生产条件发生变化,不再符合食品生产要求,需要重新办理许可手续的,应当依法办理。

第三十三条　申请变更食品生产许可的,应当提交下列申请材料:

(一)食品生产许可变更申请书;

(二)与变更食品生产许可事项有关的其他材料。

第三十四条　食品生产者需要延续依法取得的食品生产许可的有效期的,应当在该食品生产许可有效期届满30个工作日前,向原发证的市场监督管理部门提出申请。

第三十五条 食品生产者申请延续食品生产许可,应当提交下列材料:

(一)食品生产许可延续申请书;

(二)与延续食品生产许可事项有关的其他材料。

保健食品、特殊医学用途配方食品、婴幼儿配方食品的生产企业申请延续食品生产许可的,还应当提供生产质量管理体系运行情况的自查报告。

第三十六条 县级以上地方市场监督管理部门应当根据被许可人的延续申请,在该食品生产许可有效期届满前作出是否准予延续的决定。

第三十七条 县级以上地方市场监督管理部门应当对变更或者延续食品生产许可的申请材料进行审查,并按照本办法第二十一条的规定实施现场核查。

申请人声明生产条件未发生变化的,县级以上地方市场监督管理部门可以不再进行现场核查。

申请人的生产条件及周边环境发生变化,可能影响食品安全的,市场监督管理部门应当就变化情况进行现场核查。

保健食品、特殊医学用途配方食品、婴幼儿配方食品注册或者备案的生产工艺发生变化的,应当先办理注册或者备案变更手续。

第三十八条 市场监督管理部门决定准予变更的,应当向申请人颁发新的食品生产许可证。食品生产许可证编号不变,发证日期为市场监督管理部门作出变更许可决定的日期,有效期与原证书一致。但是,对因迁址等原因而进行全面现场核查的,其换发的食品生产许可证有效期自发证之日起计算。

因食品安全国家标准发生重大变化,国家和省级市场监督管理部门决定组织重新核查而换发的食品生产许可证,其发证日期以重新批准日期为准,有效期自重新发证之日起计算。

第三十九条 市场监督管理部门决定准予延续的,应当向申请人颁发新的食品生产许可证,许可证编号不变,有效期自市场监督管理部门作出延续许可决定之日起计算。

不符合许可条件的,市场监督管理部门应当作出不予延续食品生产许可的书面决定,并说明理由。

第四十条 食品生产者终止食品生产,食品生产许可被撤回、撤销,应当在20个工作日内向原发证的市场监督管理部门申请办理注销手续。

食品生产者申请注销食品生产许可的,应当向原发证的市场监督管理部门提交食品生产许可注销申请书。

食品生产许可被注销的,许可证编号不得再次使用。

第四十一条 有下列情形之一,食品生产者未按规定申请办理注销手续的,原发证的市场监督管理部门应当依法办理食品生产许可注销手续,并在网站进行公示:

(一)食品生产许可有效期届满未申请延续的;

(二)食品生产者主体资格依法终止的;

(三)食品生产许可依法被撤回、撤销或者食品生产许可证依法被吊销的;

(四)因不可抗力导致食品生产许可事项无法实施的;

(五)法律法规规定的应当注销食品生产许可的其他情形。

第四十二条 食品生产许可证变更、延续与注销的有关程序参照本办法第二章、第三章的有关规定执行。

第六章 监督检查

第四十三条 县级以上地方市场监督管理部门应当依据法律法规规定的职责,对食品生产者的许可事项进行监督检查。

第四十四条 县级以上地方市场监督管理部门应当建立食品许可管理信息平台,便于公民、法人和其他社会组织查询。

县级以上地方市场监督管理部门应当将食品生产许可颁发、许可事项检查、日常监督检查、许可违法行为查处等情况记入食品生产者食品安全信用档案,并通过国家企业信用信息公示系统向社会公示;对有不良信用记录的食品生产者应当增加监督检查频次。

第四十五条 县级以上地方市场监督管理部门及其工作人员履行食品生产许可管理职责,应当自觉接受食品生产者和社会监督。

接到有关工作人员在食品生产许可管理过程中存在违法行为的举报,市场监督管理部门应当及时进行调查核实。情况属实的,应当立即纠正。

第四十六条 县级以上地方市场监督管理部门应当建立食品生产许可

档案管理制度,将办理食品生产许可的有关材料、发证情况及时归档。

第四十七条　国家市场监督管理总局可以定期或者不定期组织对全国食品生产许可工作进行监督检查;省、自治区、直辖市市场监督管理部门可以定期或者不定期组织对本行政区域内的食品生产许可工作进行监督检查。

第四十八条　未经申请人同意,行政机关及其工作人员、参加现场核查的人员不得披露申请人提交的商业秘密、未披露信息或者保密商务信息,法律另有规定或者涉及国家安全、重大社会公共利益的除外。

第七章　法律责任

第四十九条　未取得食品生产许可从事食品生产活动的,由县级以上地方市场监督管理部门依照《中华人民共和国食品安全法》第一百二十二条的规定给予处罚。

食品生产者生产的食品不属于食品生产许可证上载明的食品类别的,视为未取得食品生产许可从事食品生产活动。

第五十条　许可申请人隐瞒真实情况或者提供虚假材料申请食品生产许可的,由县级以上地方市场监督管理部门给予警告。申请人在1年内不得再次申请食品生产许可。

第五十一条　被许可人以欺骗、贿赂等不正当手段取得食品生产许可的,由原发证的市场监督管理部门撤销许可,并处1万元以上3万元以下罚款。被许可人在3年内不得再次申请食品生产许可。

第五十二条　违反本办法第三十一条第一款规定,食品生产者伪造、涂改、倒卖、出租、出借、转让食品生产许可证的,由县级以上地方市场监督管理部门责令改正,给予警告,并处1万元以下罚款;情节严重的,处1万元以上3万元以下罚款。

违反本办法第三十一条第二款规定,食品生产者未按规定在生产场所的显著位置悬挂或者摆放食品生产许可证的,由县级以上地方市场监督管理部门责令改正;拒不改正的,给予警告。

第五十三条　违反本办法第三十二条第一款规定,食品生产许可证有效期内,食品生产者名称、现有设备布局和工艺流程、主要生产设备设施等事项发生变化,需要变更食品生产许可证载明的许可事项,未按规定申请变更的,由原发证的市场监督管理部门责令改正，给予警告；拒不改正的，处1万元以上3万元以下罚款。

违反本办法第三十二条第二款规定，食品生产者的生产场所迁址后未重新申请取得食品生产许可从事食品生产活动的，由县级以上地方市场监督管理部门依照《中华人民共和国食品安全法》第一百二十二条的规定给予处罚。

违反本办法第三十二条第三款、第四十条第一款规定，食品生产许可证副本载明的同一食品类别内的事项发生变化，食品生产者未按规定报告的，食品生产者终止食品生产，食品生产许可被撤回、撤销或者食品生产许可证被吊销，未按规定申请办理注销手续的，由原发证的市场监督管理部门责令改正；拒不改正的，给予警告，并处5000元以下罚款。

第五十四条 食品生产者违反本办法规定，有《中华人民共和国食品安全法实施条例》第七十五条第一款规定的情形的，依法对单位的法定代表人、主要负责人、直接负责的主管人员和其他直接责任人员给予处罚。

被吊销生产许可证的食品生产者及其法定代表人、直接负责的主管人员和其他直接责任人员自处罚决定作出之日起5年内不得申请食品生产经营许可，或者从事食品生产经营管理工作、担任食品生产经营企业食品安全管理人员。

第五十五条 市场监督管理部门对不符合条件的申请人准予许可，或者超越法定职权准予许可的，依照《中华人民共和国食品安全法》第一百四十四条的规定给予处分。

第八章 附 则

第五十六条 取得食品经营许可的餐饮服务提供者在其餐饮服务场所制作加工食品，不需要取得本办法规定的食品生产许可。

第五十七条 食品添加剂的生产许可管理原则、程序、监督检查和法律责任，适用本办法有关食品生产许可的规定。

第五十八条 对食品生产加工小作坊的监督管理，按照省、自治区、直辖市制定的具体管理办法执行。

第五十九条 各省、自治区、直辖市市场监督管理部门可以根据本行政区域实际情况，制定有关食品生产许可管理的具体实施办法。

第六十条 市场监督管理部门制作的食品生产许可电子证书与印制的食品生产许可证书具有同等法律效力。

第六十一条 本办法自 2020 年 3 月 1 日起施行。原国家食品药品监督管理总局 2015 年 8 月 31 日公布，根据 2017 年 11 月 7 日原国家食品药品监督管理总局《关于修改部分规章的决定》修正的《食品生产许可管理办法》同时废止。

食品经营许可管理办法

（2015 年 8 月 31 日国家食品药品监督管理总局令第 17 号公布 根据 2017 年 11 月 17 日国家食品药品监督管理总局令第 37 号《关于修改部分规章的决定》修正）

第一章 总 则

第一条 为规范食品经营许可活动，加强食品经营监督管理，保障食品安全，根据《中华人民共和国食品安全法》、《中华人民共和国行政许可法》等法律法规，制定本办法。

第二条 在中华人民共和国境内，从事食品销售和餐饮服务活动，应当依法取得食品经营许可。

食品经营许可的申请、受理、审查、决定及其监督检查，适用本办法。

第三条 食品经营许可应当遵循依法、公开、公平、公正、便民、高效的原则。

第四条 食品经营许可实行一地一证原则，即食品经营者在一个经营场所从事食品经营活动，应当取得一个食品经营许可证。

第五条 食品药品监督管理部门按照食品经营主体业态和经营项目的风险程度对食品经营实施分类许可。

第六条 国家食品药品监督管理总局负责监督指导全国食品经营许可管理工作。

县级以上地方食品药品监督管理部门负责本行政区域内的食品经营许可管理工作。

省、自治区、直辖市食品药品监督管理部门可以根据食品类别和食品安全风险状况,确定市、县级食品药品监督管理部门的食品经营许可管理权限。

第七条 国家食品药品监督管理总局负责制定食品经营许可审查通则。

县级以上地方食品药品监督管理部门实施食品经营许可审查,应当遵守食品经营许可审查通则。

第八条 县级以上食品药品监督管理部门应当加快信息化建设,在行政机关的网站上公布经营许可事项,方便申请人采取数据电文等方式提出经营许可申请,提高办事效率。

第二章 申请与受理

第九条 申请食品经营许可,应当先行取得营业执照等合法主体资格。

企业法人、合伙企业、个人独资企业、个体工商户等,以营业执照载明的主体作为申请人。

机关、事业单位、社会团体、民办非企业单位、企业等申办单位食堂,以机关或者事业单位法人登记证、社会团体登记证或者营业执照等载明的主体作为申请人。

第十条 申请食品经营许可,应当按照食品经营主体业态和经营项目分类提出。

食品经营主体业态分为食品销售经营者、餐饮服务经营者、单位食堂。食品经营者申请通过网络经营、建立中央厨房或者从事集体用餐配送的,应当在主体业态后以括号标注。

食品经营项目分为预包装食品销售(含冷藏冷冻食品、不含冷藏冷冻食品)、散装食品销售(含冷藏冷冻食品、不含冷藏冷冻食品)、特殊食品销售(保健食品、特殊医学用途配方食品、婴幼儿配方乳粉、其他婴幼儿配方食品)、其他类食品销售;热食类食品制售、冷食类食品制售、生食类食品制售、糕点类食品制售、自制饮品制售、其他类食品制售等。

列入其他类食品销售和其他类食品制售的具体品种应当报国家食品药品监督管理总局批准后执行,并明确标注。具有热、冷、生、固态、液态等多种情形,难以明确归类的食品,可以按照食品安全风险等级最高的情形进行归类。

国家食品药品监督管理总局可以根据监督管理工作需要对食品经营项目类别进行调整。

第十一条 申请食品经营许可,应当符合下列条件:

(一)具有与经营的食品品种、数量相适应的食品原料处理和食品加工、销售、贮存等场所,保持该场所环境整洁,并与有毒、有害场所以及其他污染源保持规定的距离;

(二)具有与经营的食品品种、数量相适应的经营设备或者设施,有相应的消毒、更衣、盥洗、采光、照明、通风、防腐、防尘、防蝇、防鼠、防虫、洗涤以及处理废水、存放垃圾和废弃物的设备或者设施;

(三)有专职或者兼职的食品安全管理人员和保证食品安全的规章制度;

(四)具有合理的设备布局和工艺流程,防止待加工食品与直接入口食品、原料与成品交叉污染,避免食品接触有毒物、不洁物;

(五)法律、法规规定的其他条件。

第十二条 申请食品经营许可,应当向申请人所在地县级以上地方食品药品监督管理部门提交下列材料:

(一)食品经营许可申请书;

(二)营业执照或者其他主体资格证明文件复印件;

(三)与食品经营相适应的主要设备设施布局、操作流程等文件;

(四)食品安全自查、从业人员健康管理、进货查验记录、食品安全事故处置等保证食品安全的规章制度。

利用自动售货设备从事食品销售的,申请人还应当提交自动售货设备的产品合格证明、具体放置地点,经营者名称、住所、联系方式、食品经营许可证的公示方法等材料。

申请人委托他人办理食品经营许可申请的,代理人应当提交授权委托书以及代理人的身份证明文件。

第十三条 申请人应当如实向食品药品监督管理部门提交有关材料和反映真实情况,对申请材料的真实性负责,并在申请书等材料上签名或者盖章。

第十四条 县级以上地方食品药品监督管理部门对申请人提出的食品经营许可申请,应当根据下列情况分别作出处理:

(一)申请事项依法不需要取得食品经营许可的,应当即时告知申请人不受理。

(二)申请事项依法不属于食品药品监督管理部门职权范围的,应当即时作出不予受理的决定,并告知申请人向有关行政机关申请。

(三)申请材料存在可以当场更正的错误的,应当允许申请人当场更正,由申请人在更正处签名或者盖章,注明更正日期。

(四)申请材料不齐全或者不符合法定形式的,应当当场或者在5个工作日内一次告知申请人需要补正的全部内容。当场告知的,应当将申请材料退回申请人;在5个工作日内告知的,应当收取申请材料并出具收到申请材料的凭据。逾期不告知的,自收到申请材料之日起即为受理。

(五)申请材料齐全、符合法定形式,或者申请人按照要求提交全部补正材料的,应当受理食品经营许可申请。

第十五条 县级以上地方食品药品监督管理部门对申请人提出的申请决定予以受理的,应当出具受理通知书;决定不予受理的,应当出具不予受理通知书,说明不予受理的理由,并告知申请人依法享有申请行政复议或者提起行政诉讼的权利。

第三章 审查与决定

第十六条 县级以上地方食品药品监督管理部门应当对申请人提交的许可申请材料进行审查。需要对申请材料的实质内容进行核实的,应当进行现场核查。仅申请预包装食品销售(不含冷藏冷冻食品)的,以及食品经营许可变更不改变设施和布局的,可以不进行现场核查。

现场核查应当由符合要求的核查人员进行。核查人员不得少于2人。核查人员应当出示有效证件,填写食品经营许可现场核查表,制作现场核查记录，经申请人核对无误后，由核查人员和申请人在核查表和记录上签名或者盖章。申请人拒绝签名或者盖章的，核查人员应当注明情况。

食品药品监督管理部门可以委托下级食品药品监督管理部门，对受理的食品经营许可申请进行现场核查。

核查人员应当自接受现场核查任务之日起 10 个工作日内，完成对经营场所的现场核查。

第十七条 除可以当场作出行政许可决定的外，县级以上地方食品药品监督管理部门应当自受理申请之日起 20 个工作日内作出是否准予行政许可的决定。因特殊原因需要延长期限的，经本行政机关负责人批准，可以延长 10 个工作日，并应当将延长期限的理由告知申请人。

第十八条 县级以上地方食品药品监督管理部门应当根据申请材料审查和现场核查等情况，对符合条件的，作出准予经营许可的决定，并自作出决定之日起 10 个工作日内向申请人颁发食品经营许可证；对不符合条件的，应当及时作出不予许可的书面决定并说明理由，同时告知申请人依法享有申请行政复议或者提起行政诉讼的权利。

第十九条 食品经营许可证发证日期为许可决定作出的日期，有效期为 5 年。

第二十条 县级以上地方食品药品监督管理部门认为食品经营许可申请涉及公共利益的重大事项，需要听证的，应当向社会公告并举行听证。

第二十一条 食品经营许可直接涉及申请人与他人之间重大利益关系的，县级以上地方食品药品监督管理部门在作出行政许可决定前，应当告知申请人、利害关系人享有要求听证的权利。

申请人、利害关系人在被告知听证权利之日起 5 个工作日内提出听证申请的，食品药品监督管理部门应当在 20 个工作日内组织听证。听证期限不计算在行政许可审查期限之内。

第四章 许可证管理

第二十二条 食品经营许可证分为正本、副本。正本、副本具有同等法律效力。

国家食品药品监督管理总局负责制定食品经营许可证正本、副本式样。

省、自治区、直辖市食品药品监督管理部门负责本行政区域食品经营许可证的印制、发放等管理工作。

第二十三条　食品经营许可证应当载明:经营者名称、社会信用代码(个体经营者为身份证号码)、法定代表人(负责人)、住所、经营场所、主体业态、经营项目、许可证编号、有效期、日常监督管理机构、日常监督管理人员、投诉举报电话、发证机关、签发人、发证日期和二维码。

在经营场所外设置仓库(包括自有和租赁)的,还应当在副本中载明仓库具体地址。

第二十四条　食品经营许可证编号由JY("经营"的汉语拼音字母缩写)和14位阿拉伯数字组成。数字从左至右依次为:1位主体业态代码、2位省(自治区、直辖市)代码、2位市(地)代码、2位县(区)代码、6位顺序码、1位校验码。

第二十五条　日常监督管理人员为负责对食品经营活动进行日常监督管理的工作人员。日常监督管理人员发生变化的,可以通过签章的方式在许可证上变更。

第二十六条　食品经营者应当妥善保管食品经营许可证,不得伪造、涂改、倒卖、出租、出借、转让。

食品经营者应当在经营场所的显著位置悬挂或者摆放食品经营许可证正本。

第五章　变更、延续、补办与注销

第二十七条　食品经营许可证载明的许可事项发生变化的,食品经营者应当在变化后10个工作日内向原发证的食品药品监督管理部门申请变更经营许可。

经营场所发生变化的,应当重新申请食品经营许可。外设仓库地址发生变化的,食品经营者应当在变化后10个工作日内向原发证的食品药品监督管理部门报告。

第二十八条　申请变更食品经营许可的,应当提交下列申请材料:

(一)食品经营许可变更申请书;

(二)食品经营许可证正本、副本;

（三）与变更食品经营许可事项有关的其他材料。

第二十九条 食品经营者需要延续依法取得的食品经营许可的有效期的，应当在该食品经营许可有效期届满30个工作日前，向原发证的食品药品监督管理部门提出申请。

第三十条 食品经营者申请延续食品经营许可，应当提交下列材料：

（一）食品经营许可延续申请书；

（二）食品经营许可证正本、副本；

（三）与延续食品经营许可事项有关的其他材料。

第三十一条 县级以上地方食品药品监督管理部门应当根据被许可人的延续申请，在该食品经营许可有效期届满前作出是否准予延续的决定。

第三十二条 县级以上地方食品药品监督管理部门应当对变更或者延续食品经营许可的申请材料进行审查。

申请人声明经营条件未发生变化的，县级以上地方食品药品监督管理部门可以不再进行现场核查。

申请人的经营条件发生变化，可能影响食品安全的，食品药品监督管理部门应当就变化情况进行现场核查。

第三十三条 原发证的食品药品监督管理部门决定准予变更的，应当向申请人颁发新的食品经营许可证。食品经营许可证编号不变，发证日期为食品药品监督管理部门作出变更许可决定的日期，有效期与原证书一致。

第三十四条 原发证的食品药品监督管理部门决定准予延续的，应当向申请人颁发新的食品经营许可证，许可证编号不变，有效期自食品药品监督管理部门作出延续许可决定之日起计算。

不符合许可条件的，原发证的食品药品监督管理部门应当作出不予延续食品经营许可的书面决定，并说明理由。

第三十五条 食品经营许可证遗失、损坏的，应当向原发证的食品药品监督管理部门申请补办，并提交下列材料：

（一）食品经营许可证补办申请书。

（二）食品经营许可证遗失的，申请人应当提交在县级以上地方食品药品监督管理部门网站或者其他县级以上主要媒体上刊登遗失公告的材料；食品经营许可证损坏的，应当提交损坏的食品经营许可证原件。

材料符合要求的，县级以上地方食品药品监督管理部门应当在受理后

20个工作日内予以补发。

因遗失、损坏补发的食品经营许可证,许可证编号不变,发证日期和有效期与原证书保持一致。

第三十六条　食品经营者终止食品经营,食品经营许可被撤回、撤销或者食品经营许可证被吊销的,应当在30个工作日内向原发证的食品药品监督管理部门申请办理注销手续。

食品经营者申请注销食品经营许可的,应当向原发证的食品药品监督管理部门提交下列材料:

(一)食品经营许可注销申请书;

(二)食品经营许可证正本、副本;

(三)与注销食品经营许可有关的其他材料。

第三十七条　有下列情形之一,食品经营者未按规定申请办理注销手续的,原发证的食品药品监督管理部门应当依法办理食品经营许可注销手续:

(一)食品经营许可有效期届满未申请延续的;

(二)食品经营者主体资格依法终止的;

(三)食品经营许可依法被撤回、撤销或者食品经营许可证依法被吊销的;

(四)因不可抗力导致食品经营许可事项无法实施的;

(五)法律法规规定的应当注销食品经营许可的其他情形。

食品经营许可被注销的,许可证编号不得再次使用。

第三十八条　食品经营许可证变更、延续、补办与注销的有关程序参照本办法第二章和第三章的有关规定执行。

第六章　监督检查

第三十九条　县级以上地方食品药品监督管理部门应当依据法律法规规定的职责,对食品经营者的许可事项进行监督检查。

第四十条　县级以上地方食品药品监督管理部门应当建立食品许可管理信息平台,便于公民、法人和其他社会组织查询。

县级以上地方食品药品监督管理部门应当将食品经营许可颁发、许可事项检查、日常监督检查、许可违法行为查处等情况记入食品经营者食品安全信用档案,并依法向社会公布;对有不良信用记录的食品经营者应当增加监督检查频次。

第四十一条 县级以上地方食品药品监督管理部门日常监督管理人员负责所管辖食品经营者许可事项的监督检查,必要时,应当依法对相关食品仓储、物流企业进行检查。

日常监督管理人员应当按照规定的频次对所管辖的食品经营者实施全覆盖检查。

第四十二条 县级以上地方食品药品监督管理部门及其工作人员履行食品经营许可管理职责,应当自觉接受食品经营者和社会监督。

接到有关工作人员在食品经营许可管理过程中存在违法行为的举报,食品药品监督管理部门应当及时进行调查核实。情况属实的,应当立即纠正。

第四十三条 县级以上地方食品药品监督管理部门应当建立食品经营许可档案管理制度,将办理食品经营许可的有关材料、发证情况及时归档。

第四十四条 国家食品药品监督管理总局可以定期或者不定期组织对全国食品经营许可工作进行监督检查;省、自治区、直辖市食品药品监督管理部门可以定期或者不定期组织对本行政区域内的食品经营许可工作进行监督检查。

第七章 法律责任

第四十五条 未取得食品经营许可从事食品经营活动的,由县级以上地方食品药品监督管理部门依照《中华人民共和国食品安全法》第一百二十二条的规定给予处罚。

第四十六条 许可申请人隐瞒真实情况或者提供虚假材料申请食品经营许可的,由县级以上地方食品药品监督管理部门给予警告。申请人在1年内不得再次申请食品经营许可。

第四十七条 被许可人以欺骗、贿赂等不正当手段取得食品经营许可的,由原发证的食品药品监督管理部门撤销许可,并处1万元以上3万元以下罚款。被许可人在3年内不得再次申请食品经营许可。

第四十八条 违反本办法第二十六条第一款规定,食品经营者伪造、涂改、倒卖、出租、出借、转让食品经营许可证的,由县级以上地方食品药品监督管理部门责令改正，给予警告，并处 1 万元以下罚款；情节严重的，处 1 万元以上 3 万元以下罚款。

违反本办法第二十六条第二款规定，食品经营者未按规定在经营场所的显著位置悬挂或者摆放食品经营许可证的，由县级以上地方食品药品监督管理部门责令改正；拒不改正的，给予警告。

第四十九条　违反本办法第二十七条第一款规定，食品经营许可证载明的许可事项发生变化，食品经营者未按规定申请变更经营许可的，由原发证的食品药品监督管理部门责令改正，给予警告；拒不改正的，处 2000 元以上 1 万元以下罚款。

违反本办法第二十七条第二款规定或者第三十六条第一款规定，食品经营者外设仓库地址发生变化，未按规定报告的，或者食品经营者终止食品经营，食品经营许可被撤回、撤销或者食品经营许可证被吊销，未按规定申请办理注销手续的，由原发证的食品药品监督管理部门责令改正；拒不改正的，给予警告，并处 2000 元以下罚款。

第五十条　被吊销经营许可证的食品经营者及其法定代表人、直接负责的主管人员和其他直接责任人员自处罚决定作出之日起 5 年内不得申请食品生产经营许可，或者从事食品生产经营管理工作、担任食品生产经营企业食品安全管理人员。

第五十一条　食品药品监督管理部门对不符合条件的申请人准予许可，或者超越法定职权准予许可的，依照《中华人民共和国食品安全法》第一百四十四条的规定给予处分。

第八章　附　　则

第五十二条　本办法下列用语的含义：

（一）单位食堂，指设于机关、事业单位、社会团体、民办非企业单位、企业等，供应内部职工、学生等集中就餐的餐饮服务提供者；

（二）预包装食品，指预先定量包装或者制作在包装材料和容器中的食品，包括预先定量包装以及预先定量制作在包装材料和容器中并且在一定量限范围内具有统一的质量或体积标识的食品；

（三）散装食品，指无预先定量包装，需称重销售的食品，包括无包装和带非定量包装的食品；

（四）热食类食品，指食品原料经粗加工、切配并经过蒸、煮、烹、煎、炒、烤、炸等烹饪工艺制作，在一定热度状态下食用的即食食品，含火锅和烧烤等烹饪方式加工而成的食品等；

（五）冷食类食品，指一般无需再加热，在常温或者低温状态下即可食用的食品，含熟食卤味、生食瓜果蔬菜、腌菜等；

（六）生食类食品，一般特指生食水产品；

（七）糕点类食品，指以粮、糖、油、蛋、奶等为主要原料经焙烤等工艺现场加工而成的食品，含裱花蛋糕等；

（八）自制饮品，指经营者现场制作的各种饮料，含冰淇淋等；

（九）中央厨房，指由餐饮单位建立的，具有独立场所及设施设备，集中完成食品成品或者半成品加工制作并配送的食品经营者；

（十）集体用餐配送单位，指根据服务对象订购要求，集中加工、分送食品但不提供就餐场所的食品经营者；

（十一）其他类食品，指区域性销售食品、民族特色食品、地方特色食品等。

本办法所称的特殊医学用途配方食品，是指国家食品药品监督管理总局按照分类管理原则确定的可以在商场、超市等食品销售场所销售的特殊医学用途配方食品。

第五十三条　对食品摊贩等的监督管理，按照省、自治区、直辖市制定的具体管理办法执行。

第五十四条　食品经营者在本办法施行前已经取得的许可证在有效期内继续有效。

第五十五条　各省、自治区、直辖市食品药品监督管理部门可以根据本行政区域实际情况，制定有关食品经营许可管理的具体实施办法。

第五十六条　食品药品监督管理部门制作的食品经营许可电子证书与印制的食品经营许可证书具有同等法律效力。

第五十七条　本办法自 2015 年 10 月 1 日起施行。

食品标识管理规定

（2007年8月27日国家质量监督检验检疫总局令第102号发布　根据2009年10月22日国家质量监督检验检疫总局令2009年第123号《关于修改〈食品标识管理规定〉的决定》修订）

第一章　总　　则

第一条　为了加强对食品标识的监督管理，规范食品标识的标注，防止质量欺诈，保护企业和消费者合法权益，根据《中华人民共和国食品安全法》、《中华人民共和国产品质量法》、《国务院关于加强食品等产品安全监督管理的特别规定》等法律法规，制定本规定。

第二条　在中华人民共和国境内生产（含分装）、销售的食品的标识标注和管理，适用本规定。

第三条　本规定所称食品标识是指粘贴、印刷、标记在食品或者其包装上，用以表示食品名称、质量等级、商品量、食用或者使用方法、生产者或者销售者等相关信息的文字、符号、数字、图案以及其他说明的总称。

第四条　国家质量监督检验检疫总局（以下简称国家质检总局）在其职权范围内负责组织全国食品标识的监督管理工作。

县级以上地方质量技术监督部门在其职权范围内负责本行政区域内食品标识的监督管理工作。

第二章　食品标识的标注内容

第五条　食品或者其包装上应当附加标识，但是按法律、行政法规规定可以不附加标识的食品除外。

食品标识的内容应当真实准确、通俗易懂、科学合法。

第六条 食品标识应当标注食品名称。

食品名称应当表明食品的真实属性，并符合下列要求：

（一）国家标准、行业标准对食品名称有规定的，应当采用国家标准、行业标准规定的名称；

（二）国家标准、行业标准对食品名称没有规定的，应当使用不会引起消费者误解和混淆的常用名称或者俗名；

（三）标注“新创名称”、“奇特名称”、“音译名称”、“牌号名称”、“地区俚语名称”或者“商标名称”等易使人误解食品属性的名称时，应当在所示名称的邻近部位使用同一字号标注本条（一）、（二）项规定的一个名称或者分类（类属）名称；

（四）由两种或者两种以上食品通过物理混合而成且外观均匀一致难以相互分离的食品，其名称应当反映该食品的混合属性和分类（类属）名称；

（五）以动、植物食物为原料，采用特定的加工工艺制作，用以模仿其他生物的个体、器官、组织等特征的食品，应当在名称前冠以“人造”、“仿”或者“素”等字样，并标注该食品真实属性的分类（类属）名称。

第七条 食品标识应当标注食品的产地。

食品产地应当按照行政区划标注到地市级地域。

第八条 食品标识应当标注生产者的名称、地址和联系方式。生产者名称和地址应当是依法登记注册、能够承担产品质量责任的生产者的名称、地址。

有下列情形之一的，按照下列规定相应予以标注：

（一）依法独立承担法律责任的公司或者其子公司，应当标注各自的名称和地址；

（二）依法不能独立承担法律责任的公司和分公司或者公司的生产基地，应当标注公司和分公司或者生产基地的名称、地址，或者仅标注公司的名称、地址；

（三）受委托生产加工食品且不负责对外销售的，应当标注委托企业的名称和地址；对于实施生产许可证管理的食品，委托企业具有其委托加工的食品生产许可证的，应当标注委托企业的名称、地址和被委托企业的名称，或者仅标注委托企业的名称和地址；

（四）分装食品应当标注分装者的名称及地址，并注明分装字样。

第九条 食品标识应当清晰地标注食品的生产日期、保质期,并按照有关规定要求标注贮存条件。

乙醇含量10%以上(含10%)的饮料酒、食醋、食用盐、固态食糖类,可以免除标注保质期。

日期的标注方法应当符合国家标准规定或者采用"年、月、日"表示。

第十条 定量包装食品标识应当标注净含量,并按照有关规定要求标注规格。对含有固、液两相物质的食品,除标示净含量外,还应当标示沥干物(固形物)的含量。

净含量应当与食品名称排在食品包装的同一展示版面。净含量的标注应当符合《定量包装商品计量监督管理办法》的规定。

第十一条 食品标识应当标注食品的成分或者配料清单。

配料清单中各种配料应当按照生产加工食品时加入量的递减顺序进行标注,具体标注方法按照国家标准的规定执行。

在食品中直接使用甜味剂、防腐剂、着色剂的,应当在配料清单食品添加剂项下标注具体名称;使用其他食品添加剂的,可以标注具体名称、种类或者代码。食品添加剂的使用范围和使用量应当按照国家标准的规定执行。

专供婴幼儿和其他特定人群的主辅食品,其标识还应当标注主要营养成分及其含量。

第十二条 食品标识应当标注企业所执行的产品标准代号。

第十三条 食品执行的标准明确要求标注食品的质量等级、加工工艺的,应当相应地予以标明。

第十四条 实施生产许可证管理的食品,食品标识应当标注食品生产许可证编号及QS标志。

委托生产加工实施生产许可证管理的食品,委托企业具有其委托加工食品生产许可证的,可以标注委托企业或者被委托企业的生产许可证编号。

第十五条 混装非食用产品易造成误食,使用不当,容易造成人身伤害的,应当在其标识上标注警示标志或者中文警示说明。

第十六条 食品有以下情形之一的,应当在其标识上标注中文说明:

(一)医学临床证明对特殊群体易造成危害的;

(二)经过电离辐射或者电离能量处理过的;

(三)属于转基因食品或者含法定转基因原料的;

（四）按照法律、法规和国家标准等规定，应当标注其他中文说明的。

第十七条 食品在其名称或者说明中标注“营养”、“强化”字样的，应当按照国家标准有关规定，标注该食品的营养素和热量，并符合国家标准规定的定量标示。

第十八条 食品标识不得标注下列内容：

（一）明示或者暗示具有预防、治疗疾病作用的；

（二）非保健食品明示或者暗示具有保健作用的；

（三）以欺骗或者误导的方式描述或者介绍食品的；

（四）附加的产品说明无法证实其依据的；

（五）文字或者图案不尊重民族习俗，带有歧视性描述的；

（六）使用国旗、国徽或者人民币等进行标注的；

（七）其他法律、法规和标准禁止标注的内容。

第十九条 禁止下列食品标识违法行为：

（一）伪造或者虚假标注生产日期和保质期；

（二）伪造食品产地，伪造或者冒用其他生产者的名称、地址；

（三）伪造、冒用、变造生产许可证标志及编号；

（四）法律、法规禁止的其他行为。

第三章 食品标识的标注形式

第二十条 食品标识不得与食品或者其包装分离。

第二十一条 食品标识应当直接标注在最小销售单元的食品或者其包装上。

第二十二条 在一个销售单元的包装中含有不同品种、多个独立包装的食品，每件独立包装的食品标识应当按照本规定进行标注。

透过销售单元的外包装，不能清晰地识别各独立包装食品的所有或者部分强制标注内容的，应当在销售单元的外包装上分别予以标注，但外包装易于开启识别的除外；能够清晰地识别各独立包装食品的所有或者部分强制标注内容的，可以不在外包装上重复标注相应内容。

第二十三条 食品标识应当清晰醒目，标识的背景和底色应当采用对比色，使消费者易于辨认、识读。

第二十四条 食品标识所用文字应当为规范的中文,但注册商标除外。

食品标识可以同时使用汉语拼音或者少数民族文字,也可以同时使用外文,但应当与中文有对应关系,所用外文不得大于相应的中文,但注册商标除外。

第二十五条 食品或者其包装最大表面面积大于20平方厘米时,食品标识中强制标注内容的文字、符号、数字的高度不得小于1.8毫米。

食品或者其包装最大表面面积小于10平方厘米时,其标识可以仅标注食品名称、生产者的名称和地址、净含量以及生产日期和保质期。但是,法律、行政法规规定应当标注的,依照其规定。

第四章 法 律 责 任

第二十六条 违反本规定构成《中华人民共和国食品安全法》及其实施条例等法律法规规定的违法行为的,依照有关法律法规的规定予以处罚。

第二十七条 违反本规定第六条至第八条、第十一条至第十三条,未按规定标注应当标注内容的,责令限期改正;逾期不改的,处以500元以上1万元以下罚款。

第二十八条 违反本规定第十五条,未按规定标注警示标志或中文警示说明的,依照《中华人民共和国产品质量法》第五十四条规定进行处罚。

第二十九条 违反本规定第十条,未按规定标注净含量的,依照《定量包装商品计量监督管理办法》规定进行处罚。

第三十条 违反本规定第十七条,未按规定标注食品营养素、热量以及定量标示的,责令限期改正;逾期不改的,处以5000元以下罚款。

第三十一条 违反本规定第十八条,食品标识标注禁止性内容的,责令限期改正;逾期不改的,处以1万元以下罚款;违反有关法律法规规定的,按有关法律法规规定处理。

第三十二条 伪造或者虚假标注食品生产日期和保质期的,责令限期改正,处以500元以上1万元以下罚款;情节严重,造成后果的,依照有关法律、行政法规规定进行处罚。

第三十三条 伪造食品产地,伪造或者冒用其他生产者的名称、地址的,依照《中华人民共和国产品质量法》第五十三条规定进行处罚。

第三十四条 违反本规定第二十条,食品标识与食品或者其包装分离的，责令限期改正，处以5000元以下罚款。

第三十五条 违反本规定第二十一条、第二十二条第二款、第二十四条、第二十五条的，责令限期改正；逾期不改的，处以1万元以下罚款。

第三十六条 违反本规定第二十二条第一款的，依照本章有关规定处罚。

第三十七条 从事食品标识监督管理的工作人员，玩忽职守、滥用职权、包庇放纵违法行为的，依法给予行政处分；构成犯罪的，依法追究刑事责任。

第三十八条 本规定规定的行政处罚由县级以上地方质量技术监督部门在职权范围内依法实施。

法律、行政法规对行政处罚另有规定的，依照其规定。

第五章 附 则

第三十九条 进出口食品标识的管理，由出入境检验检疫机构按照国家质检总局有关规定执行。

第四十条 本规定由国家质检总局负责解释。

第四十一条 本规定自2008年9月1日起施行。原国家技术监督局公布的《查处食品标签违法行为规定》同时废止。

食品添加剂新品种管理办法

（2010年3月30日卫生部令第73号发布 根据2017年12月26日国家卫生和计划生育委员会令第18号《关于修改〈新食品原料安全性审查管理办法〉等7件部门规章的决定》修正）

第一条 为加强食品添加剂新品种管理，根据《食品安全法》和《食品安全法实施条例》有关规定，制定本办法。

第二条　食品添加剂新品种是指：

（一）未列入食品安全国家标准的食品添加剂品种；

（二）未列入国家卫生计生委公告允许使用的食品添加剂品种；

（三）扩大使用范围或者用量的食品添加剂品种。

第三条　食品添加剂应当在技术上确有必要且经过风险评估证明安全可靠。

第四条　使用食品添加剂应当符合下列要求：

（一）不应当掩盖食品腐败变质；

（二）不应当掩盖食品本身或者加工过程中的质量缺陷；

（三）不以掺杂、掺假、伪造为目的而使用食品添加剂；

（四）不应当降低食品本身的营养价值；

（五）在达到预期的效果下尽可能降低在食品中的用量；

（六）食品工业用加工助剂应当在制成最后成品之前去除，有规定允许残留量的除外。

第五条　国家卫生计生委负责食品添加剂新品种的审查许可工作，组织制定食品添加剂新品种技术评价和审查规范。

国家卫生计生委食品添加剂新品种技术审评机构（以下简称审评机构）负责食品添加剂新品种技术审查，提出综合审查结论及建议。

第六条　申请食品添加剂新品种生产、经营、使用或者进口的单位或者个人（以下简称申请人），应当提出食品添加剂新品种许可申请，并提交以下材料：

（一）添加剂的通用名称、功能分类，用量和使用范围；

（二）证明技术上确有必要和使用效果的资料或者文件；

（三）食品添加剂的质量规格要求、生产工艺和检验方法，食品中该添加剂的检验方法或者相关情况说明；

（四）安全性评估材料，包括生产原料或者来源、化学结构和物理特性、生产工艺、毒理学安全性评价资料或者检验报告、质量规格检验报告；

（五）标签、说明书和食品添加剂产品样品；

（六）其他国家（地区）、国际组织允许生产和使用等有助于安全性评估的资料。

申请食品添加剂品种扩大使用范围或者用量的，可以免于提交前款第四项材料，但是技术评审中要求补充提供的除外。

第七条 申请首次进口食品添加剂新品种的，除提交第六条规定的材料外，还应当提交以下材料：

（一）出口国（地区）相关部门或者机构出具的允许该添加剂在本国（地区）生产或者销售的证明材料；

（二）生产企业所在国（地区）有关机构或者组织出具的对生产企业审查或者认证的证明材料。

第八条 申请人应当如实提交有关材料，反映真实情况，并对申请材料内容的真实性负责，承担法律后果。

第九条 申请人应当在其提交的本办法第六条第一款第一项、第二项、第三项材料中注明不涉及商业秘密，可以向社会公开的内容。

食品添加剂新品种技术上确有必要和使用效果等情况，应当向社会公开征求意见，同时征求质量监督、工商行政管理、食品药品监督管理、工业和信息化、商务等有关部门和相关行业组织的意见。

对有重大意见分歧，或者涉及重大利益关系的，可以举行听证会听取意见。

反映的有关意见作为技术评审的参考依据。

第十条 国家卫生计生委应当在受理后 60 日内组织医学、农业、食品、营养、工艺等方面的专家对食品添加剂新品种技术上确有必要性和安全性评估资料进行技术审查，并作出技术评审结论。对技术评审中需要补充有关资料的，应当及时通知申请人，申请人应当按照要求及时补充有关材料。

必要时，可以组织专家对食品添加剂新品种研制及生产现场进行核实、评价。

第十一条 食品添加剂新品种行政许可的具体程序按照《行政许可法》和《卫生行政许可管理办法》等有关规定执行。

第十二条 审评机构提出的综合审查结论，应当包括安全性、技术必要性审查结果和社会稳定风险评估结果。

第十三条 根据技术评审结论，国家卫生计生委决定对在技术上确有必要性和符合食品安全要求的食品添加剂新品种准予许可并列入允许使用的食品添加剂名单予以公布。

对缺乏技术上必要性和不符合食品安全要求的，不予许可并书面说明理由。

对发现可能添加到食品中的非食用化学物质或者其他危害人体健康的物质，按照《食品安全法实施条例》第四十九条执行。

第十四条 国家卫生计生委根据技术上必要性和食品安全风险评估结果,将公告允许使用的食品添加剂的品种、使用范围、用量按照食品安全国家标准的程序,制定、公布为食品安全国家标准。

第十五条 有下列情形之一的,国家卫生计生委应当及时组织对食品添加剂进行重新评估:

(一)科学研究结果或者有证据表明食品添加剂安全性可能存在问题的;

(二)不再具备技术上必要性的。

对重新审查认为不符合食品安全要求的,国家卫生计生委可以公告撤销已批准的食品添加剂品种或者修订其使用范围和用量。

第十六条 申请人隐瞒有关情况或者提供虚假材料申请食品添加剂新品种许可的,国家卫生计生委不予受理或者不予行政许可,并给予警告,且申请人在一年内不得再次申请食品添加剂新品种许可。

以欺骗、贿赂等不正当手段通过食品添加剂新品种审查并取得许可的,国家卫生计生委应当撤销许可,且申请人在三年内不得再次申请食品添加剂新品种许可。

第十七条 本办法自公布之日起施行。卫生部2002年3月28日发布的《食品添加剂卫生管理办法》同时废止。

网络食品安全违法行为查处办法

(2016年7月13日国家食品药品监督管理总局令第27号公布 根据2021年4月2日《国家市场监督管理总局关于废止和修改部分规章的决定》修正)

第一章 总 则

第一条 为依法查处网络食品安全违法行为,加强网络食品安全监督管理，保证食品安全，根据《中华人民共和国食品安全法》等法律法规，制定本办法。

第二条　在中华人民共和国境内网络食品交易第三方平台提供者以及通过第三方平台或者自建的网站进行交易的食品生产经营者（以下简称入网食品生产经营者）违反食品安全法律、法规、规章或者食品安全标准行为的查处，适用本办法。

第三条　国家市场监督管理总局负责监督指导全国网络食品安全违法行为查处工作。

县级以上地方市场监督管理部门负责本行政区域内网络食品安全违法行为查处工作。

第四条　网络食品交易第三方平台提供者和入网食品生产经营者应当履行法律、法规和规章规定的食品安全义务。

网络食品交易第三方平台提供者和入网食品生产经营者应当对网络食品安全信息的真实性负责。

第五条　网络食品交易第三方平台提供者和入网食品生产经营者应当配合市场监督管理部门对网络食品安全违法行为的查处，按照市场监督管理部门的要求提供网络食品交易相关数据和信息。

第六条　鼓励网络食品交易第三方平台提供者和入网食品生产经营者开展食品安全法律、法规以及食品安全标准和食品安全知识的普及工作。

第七条　任何组织或者个人均可向市场监督管理部门举报网络食品安全违法行为。

第二章　网络食品安全义务

第八条　网络食品交易第三方平台提供者应当在通信主管部门批准后30个工作日内，向所在地省级市场监督管理部门备案，取得备案号。

通过自建网站交易的食品生产经营者应当在通信主管部门批准后30个工作日内，向所在地市、县级市场监督管理部门备案，取得备案号。

省级和市、县级市场监督管理部门应当自完成备案后7个工作日内向社会公开相关备案信息。

备案信息包括域名、IP地址、电信业务经营许可证、企业名称、法定代表人或者负责人姓名、备案号等。

第九条 网络食品交易第三方平台提供者和通过自建网站交易的食品生产经营者应当具备数据备份、故障恢复等技术条件，保障网络食品交易数据和资料的可靠性与安全性。

第十条 网络食品交易第三方平台提供者应当建立入网食品生产经营者审查登记、食品安全自查、食品安全违法行为制止及报告、严重违法行为平台服务停止、食品安全投诉举报处理等制度，并在网络平台上公开。

第十一条 网络食品交易第三方平台提供者应当对入网食品生产经营者食品生产经营许可证、入网食品添加剂生产企业生产许可证等材料进行审查，如实记录并及时更新。

网络食品交易第三方平台提供者应当对入网食用农产品生产经营者营业执照、入网食品添加剂经营者营业执照以及入网交易食用农产品的个人的身份证号码、住址、联系方式等信息进行登记，如实记录并及时更新。

第十二条 网络食品交易第三方平台提供者应当建立入网食品生产经营者档案，记录入网食品生产经营者的基本情况、食品安全管理人员等信息。

第十三条 网络食品交易第三方平台提供者和通过自建网站交易食品的生产经营者应当记录、保存食品交易信息，保存时间不得少于产品保质期满后6个月；没有明确保质期的，保存时间不得少于2年。

第十四条 网络食品交易第三方平台提供者应当设置专门的网络食品安全管理机构或者指定专职食品安全管理人员，对平台上的食品经营行为及信息进行检查。

网络食品交易第三方平台提供者发现存在食品安全违法行为的，应当及时制止，并向所在地县级市场监督管理部门报告。

第十五条 网络食品交易第三方平台提供者发现入网食品生产经营者有下列严重违法行为之一的，应当停止向其提供网络交易平台服务：

（一）入网食品生产经营者因涉嫌食品安全犯罪被立案侦查或者提起公诉的；

（二）入网食品生产经营者因食品安全相关犯罪被人民法院判处刑罚的；

（三）入网食品生产经营者因食品安全违法行为被公安机关拘留或者给予其他治安管理处罚的；

（四）入网食品生产经营者被市场监督管理部门依法作出吊销许可证、责令停产停业等处罚的。

第十六条　入网食品生产经营者应当依法取得许可，入网食品生产者应当按照许可的类别范围销售食品，入网食品经营者应当按照许可的经营项目范围从事食品经营。法律、法规规定不需要取得食品生产经营许可的除外。

取得食品生产许可的食品生产者，通过网络销售其生产的食品，不需要取得食品经营许可。取得食品经营许可的食品经营者通过网络销售其制作加工的食品，不需要取得食品生产许可。

第十七条　入网食品生产经营者不得从事下列行为：

（一）网上刊载的食品名称、成分或者配料表、产地、保质期、贮存条件，生产者名称、地址等信息与食品标签或者标识不一致。

（二）网上刊载的非保健食品信息明示或者暗示具有保健功能；网上刊载的保健食品的注册证书或者备案凭证等信息与注册或者备案信息不一致。

（三）网上刊载的婴幼儿配方乳粉产品信息明示或者暗示具有益智、增加抵抗力、提高免疫力、保护肠道等功能或者保健作用。

（四）对在贮存、运输、食用等方面有特殊要求的食品，未在网上刊载的食品信息中予以说明和提示。

（五）法律、法规规定禁止从事的其他行为。

第十八条　通过第三方平台进行交易的食品生产经营者应当在其经营活动主页面显著位置公示其食品生产经营许可证。通过自建网站交易的食品生产经营者应当在其网站首页显著位置公示营业执照、食品生产经营许可证。

餐饮服务提供者还应当同时公示其餐饮服务食品安全监督量化分级管理信息。相关信息应当画面清晰，容易辨识。

第十九条　入网销售保健食品、特殊医学用途配方食品、婴幼儿配方乳粉的食品生产经营者，除依照本办法第十八条的规定公示相关信息外，还应当依法公示产品注册证书或者备案凭证，持有广告审查批准文号的还应当公示广告审查批准文号，并链接至市场监督管理部门网站对应的数据查询页面。保健食品还应当显著标明“本品不能代替药物”。

特殊医学用途配方食品中特定全营养配方食品不得进行网络交易。

第二十条　网络交易的食品有保鲜、保温、冷藏或者冷冻等特殊贮存条件要求的,入网食品生产经营者应当采取能够保证食品安全的贮存、运输措施,或者委托具备相应贮存、运输能力的企业贮存、配送。

第三章 网络食品安全违法行为查处管理

第二十一条 对网络食品交易第三方平台提供者食品安全违法行为的查处,由网络食品交易第三方平台提供者所在地县级以上地方市场监督管理部门管辖。

对网络食品交易第三方平台提供者分支机构的食品安全违法行为的查处,由网络食品交易第三方平台提供者所在地或者分支机构所在地县级以上地方市场监督管理部门管辖。

对入网食品生产经营者食品安全违法行为的查处,由入网食品生产经营者所在地或者生产经营场所所在地县级以上地方市场监督管理部门管辖;对应当取得食品生产经营许可而没有取得许可的违法行为的查处,由入网食品生产经营者所在地、实际生产经营地县级以上地方市场监督管理部门管辖。

因网络食品交易引发食品安全事故或者其他严重危害后果的,也可以由网络食品安全违法行为发生地或者违法行为结果地的县级以上地方市场监督管理部门管辖。

第二十二条 两个以上市场监督管理部门都有管辖权的网络食品安全违法案件,由最先立案查处的市场监督管理部门管辖。对管辖有争议的,由双方协商解决。协商不成的,报请共同的上一级市场监督管理部门指定管辖。

第二十三条 消费者因网络食品安全违法问题进行投诉举报的,由网络食品交易第三方平台提供者所在地、入网食品生产经营者所在地或者生产经营场所所在地等县级以上地方市场监督管理部门处理。

第二十四条 县级以上地方市场监督管理部门,对网络食品安全违法行为进行调查处理时,可以行使下列职权:

(一)进入当事人网络食品交易场所实施现场检查;

(二)对网络交易的食品进行抽样检验;

(三)询问有关当事人,调查其从事网络食品交易行为的相关情况;

(四)查阅、复制当事人的交易数据、合同、票据、账簿以及其他相关资料;

（五）调取网络交易的技术监测、记录资料；

（六）法律、法规规定可以采取的其他措施。

第二十五条　县级以上市场监督管理部门通过网络购买样品进行检验的，应当按照相关规定填写抽样单，记录抽检样品的名称、类别以及数量，购买样品的人员以及付款账户、注册账号、收货地址、联系方式，并留存相关票据。买样人员应当对网络购买样品包装等进行查验，对样品和备份样品分别封样，并采取拍照或者录像等手段记录拆封过程。

第二十六条　检验结果不符合食品安全标准的，市场监督管理部门应当按照有关规定及时将检验结果通知被抽样的入网食品生产经营者。入网食品生产经营者应当采取停止生产经营、封存不合格食品等措施，控制食品安全风险。

通过网络食品交易第三方平台购买样品的，应当同时将检验结果通知网络食品交易第三方平台提供者。网络食品交易第三方平台提供者应当依法制止不合格食品的销售。

入网食品生产经营者联系方式不详的，网络食品交易第三方平台提供者应当协助通知。入网食品生产经营者无法联系的，网络食品交易第三方平台提供者应当停止向其提供网络食品交易平台服务。

第二十七条　网络食品交易第三方平台提供者和入网食品生产经营者有下列情形之一的，县级以上市场监督管理部门可以对其法定代表人或者主要负责人进行责任约谈：

（一）发生食品安全问题，可能引发食品安全风险蔓延的；

（二）未及时妥善处理投诉举报的食品安全问题，可能存在食品安全隐患的；

（三）未及时采取有效措施排查、消除食品安全隐患，落实食品安全责任的；

（四）县级以上市场监督管理部门认为需要进行责任约谈的其他情形。

责任约谈不影响市场监督管理部门依法对其进行行政处理，责任约谈情况及后续处理情况应当向社会公开。

被约谈者无正当理由未按照要求落实整改的，县级以上地方市场监督管理部门应当增加监督检查频次。

第四章 法律责任

第二十八条 食品安全法等法律法规对网络食品安全违法行为已有规定的,从其规定。

第二十九条 违反本办法第八条规定,网络食品交易第三方平台提供者和通过自建网站交易的食品生产经营者未履行相应备案义务的,由县级以上地方市场监督管理部门责令改正,给予警告;拒不改正的,处 5000 元以上 3 万元以下罚款。

第三十条 违反本办法第九条规定,网络食品交易第三方平台提供者和通过自建网站交易的食品生产经营者不具备数据备份、故障恢复等技术条件,不能保障网络食品交易数据和资料的可靠性与安全性的,由县级以上地方市场监督管理部门责令改正,给予警告;拒不改正的,处 3 万元罚款。

第三十一条 违反本办法第十条规定,网络食品交易第三方平台提供者未按要求建立入网食品生产经营者审查登记、食品安全自查、食品安全违法行为制止及报告、严重违法行为平台服务停止、食品安全投诉举报处理等制度的或者未公开以上制度的,由县级以上地方市场监督管理部门责令改正,给予警告;拒不改正的,处 5000 元以上 3 万元以下罚款。

第三十二条 违反本办法第十一条规定,网络食品交易第三方平台提供者未对入网食品生产经营者的相关材料及信息进行审查登记、如实记录并更新的,由县级以上地方市场监督管理部门依照食品安全法第一百三十一条的规定处罚。

第三十三条 违反本办法第十二条规定,网络食品交易第三方平台提供者未建立入网食品生产经营者档案、记录入网食品生产经营者相关信息的,由县级以上地方市场监督管理部门责令改正,给予警告;拒不改正的,处 5000 元以上 3 万元以下罚款。

第三十四条 违反本办法第十三条规定,网络食品交易第三方平台提供者未按要求记录、保存食品交易信息的,由县级以上地方市场监督管理部门责令改正,给予警告;拒不改正的,处 5000 元以上 3 万元以下罚款。

第三十五条 违反本办法第十四条规定,网络食品交易第三方平台提供者未设置专门的网络食品安全管理机构或者指定专职食品安全管理人员对平台上的食品安全经营行为及信息进行检查的，由县级以上地方市场监督管理部门责令改正，给予警告；拒不改正的，处 5000 元以上 3 万元以下罚款。

第三十六条 违反本办法第十五条规定，网络食品交易第三方平台提供者发现入网食品生产经营者有严重违法行为未停止提供网络交易平台服务的，由县级以上地方市场监督管理部门依照食品安全法第一百三十一条的规定处罚。

第三十七条 网络食品交易第三方平台提供者未履行相关义务，导致发生下列严重后果之一的，由县级以上地方市场监督管理部门依照食品安全法第一百三十一条的规定责令停业，并将相关情况移送通信主管部门处理：

（一）致人死亡或者造成严重人身伤害的；

（二）发生较大级别以上食品安全事故的；

（三）发生较为严重的食源性疾病的；

（四）侵犯消费者合法权益，造成严重不良社会影响的；

（五）引发其他的严重后果的。

第三十八条 违反本办法第十六条规定，入网食品生产经营者未依法取得食品生产经营许可的，或者入网食品生产者超过许可的类别范围销售食品、入网食品经营者超过许可的经营项目范围从事食品经营的，依照食品安全法第一百二十二条的规定处罚。

第三十九条 入网食品生产经营者违反本办法第十七条禁止性规定的，由县级以上地方市场监督管理部门责令改正，给予警告；拒不改正的，处 5000 元以上 3 万元以下罚款。

第四十条 违反本办法第十八条规定，入网食品生产经营者未按要求进行信息公示的，由县级以上地方市场监督管理部门责令改正，给予警告；拒不改正的，处 5000 元以上 3 万元以下罚款。

第四十一条 违反本办法第十九条第一款规定，食品生产经营者未按要求公示特殊食品相关信息的，由县级以上地方市场监督管理部门责令改正，给予警告；拒不改正的，处 5000 元以上 3 万元以下罚款。

违反本办法第十九条第二款规定，食品生产经营者通过网络销售特定全营养配方食品的，由县级以上地方市场监督管理部门处 3 万元罚款。

第四十二条 违反本办法第二十条规定，入网食品生产经营者未按要求采取保证食品安全的贮存、运输措施，或者委托不具备相应贮存、运输能力的企业从事贮存、配送的，由县级以上地方市场监督管理部门依照食品安全法

第一百三十二条的规定处罚。

第四十三条　违反本办法规定，网络食品交易第三方平台提供者、入网食品生产经营者提供虚假信息的，由县级以上地方市场监督管理部门责令改正，处1万元以上3万元以下罚款。

第四十四条　网络食品交易第三方平台提供者、入网食品生产经营者违反食品安全法规定，构成犯罪的，依法追究刑事责任。

第四十五条　市场监督管理部门工作人员不履行职责或者滥用职权、玩忽职守、徇私舞弊的，依法追究行政责任；构成犯罪的，移送司法机关，依法追究刑事责任。

第五章　附　　则

第四十六条　对食品生产加工小作坊、食品摊贩等的网络食品安全违法行为的查处，可以参照本办法执行。

第四十七条　市场监督管理部门依法对网络食品安全违法行为进行查处的，应当自行政处罚决定书作出之日起20个工作日内，公开行政处罚决定书。

第四十八条　本办法自2016年10月1日起施行。

中华人民共和国进出口食品安全管理办法

（2021年4月12日海关总署第249号令公布
自2022年1月1日起施行）

第一章　总　　则

第一条　为了保障进出口食品安全，保护人类、动植物生命和健康，根据

《中华人民共和国食品安全法》(以下简称《食品安全法》)及其实施条例、《中华人民共和国海关法》《中华人民共和国进出口商品检验法》及其实施条例、《中华人民共和国进出境动植物检疫法》及其实施条例、《中华人民共和国国境卫生检疫法》及其实施细则、《中华人民共和国农产品质量安全法》和《国务院关于加强食品等产品安全监督管理的特别规定》等法律、行政法规的规定,制定本办法。

第二条　从事下列活动,应当遵守本办法:

(一)进出口食品生产经营活动;

(二)海关对进出口食品生产经营者及其进出口食品安全实施监督管理。

进出口食品添加剂、食品相关产品的生产经营活动按照海关总署相关规定执行。

第三条　进出口食品安全工作坚持安全第一、预防为主、风险管理、全程控制、国际共治的原则。

第四条　进出口食品生产经营者对其生产经营的进出口食品安全负责。

进出口食品生产经营者应当依照中国缔结或者参加的国际条约、协定,中国法律法规和食品安全国家标准从事进出口食品生产经营活动,依法接受监督管理,保证进出口食品安全,对社会和公众负责,承担社会责任。

第五条　海关总署主管全国进出口食品安全监督管理工作。

各级海关负责所辖区域进出口食品安全监督管理工作。

第六条　海关运用信息化手段提升进出口食品安全监督管理水平。

第七条　海关加强进出口食品安全的宣传教育,开展食品安全法律、行政法规以及食品安全国家标准和知识的普及工作。

海关加强与食品安全国际组织、境外政府机构、境外食品行业协会、境外消费者协会等交流与合作,营造进出口食品安全国际共治格局。

第八条　海关从事进出口食品安全监督管理的人员应当具备相关专业知识。

第二章　食 品 进 口

第九条　进口食品应当符合中国法律法规和食品安全国家标准,中国缔结或者参加的国际条约、协定有特殊要求的，还应当符合国际条约、协定的要求。

进口尚无食品安全国家标准的食品，应当符合国务院卫生行政部门公布的暂予适用的相关标准要求。

利用新的食品原料生产的食品，应当依照《食品安全法》第三十七条的规定，取得国务院卫生行政部门新食品原料卫生行政许可。

第十条 海关依据进出口商品检验相关法律、行政法规的规定对进口食品实施合格评定。

进口食品合格评定活动包括：向中国境内出口食品的境外国家（地区）〔以下简称境外国家（地区）〕食品安全管理体系评估和审查、境外生产企业注册、进出口商备案和合格保证、进境动植物检疫审批、随附合格证明检查、单证审核、现场查验、监督抽检、进口和销售记录检查以及各项的组合。

第十一条 海关总署可以对境外国家（地区）的食品安全管理体系和食品安全状况开展评估和审查，并根据评估和审查结果，确定相应的检验检疫要求。

第十二条 有下列情形之一的，海关总署可以对境外国家（地区）启动评估和审查：

（一）境外国家（地区）申请向中国首次输出某类（种）食品的；

（二）境外国家（地区）食品安全、动植物检疫法律法规、组织机构等发生重大调整的；

（三）境外国家（地区）主管部门申请对其输往中国某类（种）食品的检验检疫要求发生重大调整的；

（四）境外国家（地区）发生重大动植物疫情或者食品安全事件的；

（五）海关在输华食品中发现严重问题，认为存在动植物疫情或者食品安全隐患的；

（六）其他需要开展评估和审查的情形。

第十三条 境外国家（地区）食品安全管理体系评估和审查主要包括对以下内容的评估、确认：

（一）食品安全、动植物检疫相关法律法规；

（二）食品安全监督管理组织机构；

（三）动植物疫情流行情况及防控措施；

（四）致病微生物、农兽药和污染物等管理和控制；

（五）食品生产加工、运输仓储环节安全卫生控制；

（六）出口食品安全监督管理；

（七）食品安全防护、追溯和召回体系；

（八）预警和应急机制；

（九）技术支撑能力；

（十）其他涉及动植物疫情、食品安全的情况。

第十四条　海关总署可以组织专家通过资料审查、视频检查、现场检查等形式及其组合，实施评估和审查。

第十五条　海关总署组织专家对接受评估和审查的国家（地区）递交的申请资料、书面评估问卷等资料实施审查，审查内容包括资料的真实性、完整性和有效性。根据资料审查情况，海关总署可以要求相关国家（地区）的主管部门补充缺少的信息或者资料。

对已通过资料审查的国家（地区），海关总署可以组织专家对其食品安全管理体系实施视频检查或者现场检查。对发现的问题可以要求相关国家（地区）主管部门及相关企业实施整改。

相关国家（地区）应当为评估和审查提供必要的协助。

第十六条　接受评估和审查的国家（地区）有下列情形之一，海关总署可以终止评估和审查，并通知相关国家（地区）主管部门：

（一）收到书面评估问卷 12 个月内未反馈的；

（二）收到海关总署补充信息和材料的通知 3 个月内未按要求提供的；

（三）突发重大动植物疫情或者重大食品安全事件的；

（四）未能配合中方完成视频检查或者现场检查、未能有效完成整改的；

（五）主动申请终止评估和审查的。

前款第一、二项情形，相关国家（地区）主管部门因特殊原因可以申请延期，经海关总署同意，按照海关总署重新确定的期限递交相关材料。

第十七条　评估和审查完成后，海关总署向接受评估和审查的国家（地区）主管部门通报评估和审查结果。

第十八条　海关总署对向中国境内出口食品的境外生产企业实施注册管理，并公布获得注册的企业名单。

第十九条　向中国境内出口食品的境外出口商或者代理商（以下简称

“境外出口商或者代理商”)应当向海关总署备案。

食品进口商应当向其住所地海关备案。

境外出口商或者代理商、食品进口商办理备案时,应当对其提供资料的真实性、有效性负责。

境外出口商或者代理商、食品进口商备案名单由海关总署公布。

第二十条 境外出口商或者代理商、食品进口商备案内容发生变更的,应当在变更发生之日起60日内,向备案机关办理变更手续。

海关发现境外出口商或者代理商、食品进口商备案信息错误或者备案内容未及时变更的,可以责令其在规定期限内更正。

第二十一条 食品进口商应当建立食品进口和销售记录制度,如实记录食品名称、净含量/规格、数量、生产日期、生产或者进口批号、保质期、境外出口商和购货者名称、地址及联系方式、交货日期等内容,并保存相关凭证。记录和凭证保存期限不得少于食品保质期满后6个月;没有明确保质期的,保存期限为销售后2年以上。

第二十二条 食品进口商应当建立境外出口商、境外生产企业审核制度,重点审核下列内容:

(一)制定和执行食品安全风险控制措施情况;

(二)保证食品符合中国法律法规和食品安全国家标准的情况。

第二十三条 海关依法对食品进口商实施审核活动的情况进行监督检查。食品进口商应当积极配合,如实提供相关情况和材料。

第二十四条 海关可以根据风险管理需要,对进口食品实施指定口岸进口,指定监管场地检查。指定口岸、指定监管场地名单由海关总署公布。

第二十五条 食品进口商或者其代理人进口食品时应当依法向海关如实申报。

第二十六条 海关依法对应当实施入境检疫的进口食品实施检疫。

第二十七条 海关依法对需要进境动植物检疫审批的进口食品实施检疫审批管理。食品进口商应当在签订贸易合同或者协议前取得进境动植物检疫许可。

第二十八条 海关根据监督管理需要,对进口食品实施现场查验,现场查验包括但不限于以下内容:

(一)运输工具、存放场所是否符合安全卫生要求;

（二）集装箱号、封识号、内外包装上的标识内容、货物的实际状况是否与申报信息及随附单证相符；

（三）动植物源性食品、包装物及铺垫材料是否存在《进出境动植物检疫法实施条例》第二十二条规定的情况；

（四）内外包装是否符合食品安全国家标准，是否存在污染、破损、湿浸、渗透；

（五）内外包装的标签、标识及说明书是否符合法律、行政法规、食品安全国家标准以及海关总署规定的要求；

（六）食品感官性状是否符合该食品应有性状；

（七）冷冻冷藏食品的新鲜程度、中心温度是否符合要求、是否有病变、冷冻冷藏环境温度是否符合相关标准要求、冷链控温设备设施运作是否正常、温度记录是否符合要求，必要时可以进行蒸煮试验。

第二十九条　海关制定年度国家进口食品安全监督抽检计划和专项进口食品安全监督抽检计划，并组织实施。

第三十条　进口食品的包装和标签、标识应当符合中国法律法规和食品安全国家标准；依法应当有说明书的，还应当有中文说明书。

对于进口鲜冻肉类产品，内外包装上应当有牢固、清晰、易辨的中英文或者中文和出口国家（地区）文字标识，标明以下内容：产地国家（地区）、品名、生产企业注册编号、生产批号；外包装上应当以中文标明规格、产地（具体到州/省/市）、目的地、生产日期、保质期限、储存温度等内容，必须标注目的地为中华人民共和国，加施出口国家（地区）官方检验检疫标识。

对于进口水产品，内外包装上应当有牢固、清晰、易辨的中英文或者中文和出口国家（地区）文字标识，标明以下内容：商品名和学名、规格、生产日期、批号、保质期限和保存条件、生产方式（海水捕捞、淡水捕捞、养殖）、生产地区（海洋捕捞海域、淡水捕捞国家或者地区、养殖产品所在国家或者地区）、涉及的所有生产加工企业（含捕捞船、加工船、运输船、独立冷库）名称、注册编号及地址（具体到州/省/市）、必须标注目的地为中华人民共和国。

进口保健食品、特殊膳食用食品的中文标签必须印制在最小销售包装上，不得加贴。

进口食品内外包装有特殊标识规定的，按照相关规定执行。

第三十一条　进口食品运达口岸后，应当存放在海关指定或者认可的场所;需要移动的,必须经海关允许,并按照海关要求采取必要的安全防护措施。

指定或者认可的场所应当符合法律、行政法规和食品安全国家标准规定的要求。

第三十二条 大宗散装进口食品应当按照海关要求在卸货口岸进行检验。

第三十三条 进口食品经海关合格评定合格的,准予进口。

进口食品经海关合格评定不合格的,由海关出具不合格证明;涉及安全、健康、环境保护项目不合格的,由海关书面通知食品进口商,责令其销毁或者退运;其他项目不合格的,经技术处理符合合格评定要求的,方准进口。相关进口食品不能在规定时间内完成技术处理或者经技术处理仍不合格的,由海关责令食品进口商销毁或者退运。

第三十四条 境外发生食品安全事件可能导致中国境内食品安全隐患,或者海关实施进口食品监督管理过程中发现不合格进口食品,或者发现其他食品安全问题的,海关总署和经授权的直属海关可以依据风险评估结果对相关进口食品实施提高监督抽检比例等控制措施。

海关依照前款规定对进口食品采取提高监督抽检比例等控制措施后,再次发现不合格进口食品,或者有证据显示进口食品存在重大安全隐患的,海关总署和经授权的直属海关可以要求食品进口商逐批向海关提交有资质的检验机构出具的检验报告。海关应当对食品进口商提供的检验报告进行验核。

第三十五条 有下列情形之一的,海关总署依据风险评估结果,可以对相关食品采取暂停或者禁止进口的控制措施:

(一)出口国家(地区)发生重大动植物疫情,或者食品安全体系发生重大变化,无法有效保证输华食品安全的;

(二)进口食品被检疫传染病病原体污染,或者有证据表明能够成为检疫传染病传播媒介,且无法实施有效卫生处理的;

(三)海关实施本办法第三十四条第二款规定控制措施的进口食品,再次发现相关安全、健康、环境保护项目不合格的;

(四)境外生产企业违反中国相关法律法规,情节严重的;

(五)其他信息显示相关食品存在重大安全隐患的。

第三十六条　进口食品安全风险已降低到可控水平时，海关总署和经授权的直属海关可以按照以下方式解除相应控制措施：

（一）实施本办法第三十四条第一款控制措施的食品，在规定的时间、批次内未被发现不合格的，在风险评估基础上可以解除该控制措施；

（二）实施本办法第三十四条第二款控制措施的食品，出口国家（地区）已采取预防措施，经海关总署风险评估能够保障食品安全、控制动植物疫情风险，或者从实施该控制措施之日起在规定时间、批次内未发现不合格食品的，海关在风险评估基础上可以解除该控制措施；

（三）实施暂停或者禁止进口控制措施的食品，出口国家（地区）主管部门已采取风险控制措施，且经海关总署评估符合要求的，可以解除暂停或者禁止进口措施。恢复进口的食品，海关总署视评估情况可以采取本办法第三十四条规定的控制措施。

第三十七条　食品进口商发现进口食品不符合法律、行政法规和食品安全国家标准，或者有证据证明可能危害人体健康，应当按照《食品安全法》第六十三条和第九十四条第三款规定，立即停止进口、销售和使用，实施召回，通知相关生产经营者和消费者，记录召回和通知情况，并将食品召回、通知和处理情况向所在地海关报告。

第三章　食品出口

第三十八条　出口食品生产企业应当保证其出口食品符合进口国家（地区）的标准或者合同要求；中国缔结或者参加的国际条约、协定有特殊要求的，还应当符合国际条约、协定的要求。

进口国家（地区）暂无标准，合同也未作要求，且中国缔结或者参加的国际条约、协定无相关要求的，出口食品生产企业应当保证其出口食品符合中国食品安全国家标准。

第三十九条　海关依法对出口食品实施监督管理。出口食品监督管理措施包括：出口食品原料种植养殖场备案、出口食品生产企业备案、企业核查、单证审核、现场查验、监督抽检、口岸抽查、境外通报核查以及各项的组合。

第四十条　出口食品原料种植、养殖场应当向所在地海关备案。

海关总署统一公布原料种植、养殖场备案名单，备案程序和要求由海关总署制定。

第四十一条 海关依法采取资料审查、现场检查、企业核查等方式，对备案原料种植、养殖场进行监督。

第四十二条 出口食品生产企业应当向住所地海关备案，备案程序和要求由海关总署制定。

第四十三条 境外国家（地区）对中国输往该国家（地区）的出口食品生产企业实施注册管理且要求海关总署推荐的，出口食品生产企业须向住所地海关提出申请，住所地海关进行初核后报海关总署。

海关总署结合企业信用、监督管理以及住所地海关初核情况组织开展对外推荐注册工作，对外推荐注册程序和要求由海关总署制定。

第四十四条 出口食品生产企业应当建立完善可追溯的食品安全卫生控制体系，保证食品安全卫生控制体系有效运行，确保出口食品生产、加工、贮存过程持续符合中国相关法律法规、出口食品生产企业安全卫生要求；进口国家（地区）相关法律法规和相关国际条约、协定有特殊要求的，还应当符合相关要求。

出口食品生产企业应当建立供应商评估制度、进货查验记录制度、生产记录档案制度、出厂检验记录制度、出口食品追溯制度和不合格食品处置制度。相关记录应当真实有效，保存期限不得少于食品保质期期满后 6 个月；没有明确保质期的，保存期限不得少于 2 年。

第四十五条 出口食品生产企业应当保证出口食品包装和运输方式符合食品安全要求。

第四十六条 出口食品生产企业应当在运输包装上标注生产企业备案号、产品品名、生产批号和生产日期。

进口国家（地区）或者合同有特殊要求的，在保证产品可追溯的前提下，经直属海关同意，出口食品生产企业可以调整前款规定的标注项目。

第四十七条 海关应当对辖区内出口食品生产企业的食品安全卫生控制体系运行情况进行监督检查。监督检查包括日常监督检查和年度监督检查。

监督检查可以采取资料审查、现场检查、企业核查等方式，并可以与出口食品境外通报核查、监督抽检、现场查验等工作结合开展。

第四十八条 出口食品应当依法由产地海关实施检验检疫。

海关总署根据便利对外贸易和出口食品检验检疫工作需要,可以指定其他地点实施检验检疫。

第四十九条 出口食品生产企业、出口商应当按照法律、行政法规和海关总署规定,向产地或者组货地海关提出出口申报前监管申请。

产地或者组货地海关受理食品出口申报前监管申请后,依法对需要实施检验检疫的出口食品实施现场检查和监督抽检。

第五十条 海关制定年度国家出口食品安全监督抽检计划并组织实施。

第五十一条 出口食品经海关现场检查和监督抽检符合要求的,由海关出具证书,准予出口。进口国家(地区)对证书形式和内容要求有变化的,经海关总署同意可以对证书形式和内容进行变更。

出口食品经海关现场检查和监督抽检不符合要求的,由海关书面通知出口商或者其代理人。相关出口食品可以进行技术处理的,经技术处理合格后方准出口;不能进行技术处理或者经技术处理仍不合格的,不准出口。

第五十二条 食品出口商或者其代理人出口食品时应当依法向海关如实申报。

第五十三条 海关对出口食品在口岸实施查验,查验不合格的,不准出口。

第五十四条 出口食品因安全问题被国际组织、境外政府机构通报的,海关总署应当组织开展核查,并根据需要实施调整监督抽检比例、要求食品出口商逐批向海关提交有资质的检验机构出具的检验报告、撤回向境外官方主管机构的注册推荐等控制措施。

第五十五条 出口食品存在安全问题,已经或者可能对人体健康和生命安全造成损害的,出口食品生产经营者应当立即采取相应措施,避免和减少损害发生,并向所在地海关报告。

第五十六条 海关在实施出口食品监督管理时发现安全问题的,应当向同级政府和上一级政府食品安全主管部门通报。

第四章 监督管理

第五十七条 海关总署依照《食品安全法》第一百条规定,收集、汇总进出口食品安全信息,建立进出口食品安全信息管理制度。

各级海关负责本辖区内以及上级海关指定的进出口食品安全信息的收

集和整理工作,并按照有关规定通报本辖区地方政府、相关部门、机构和企业。通报信息涉及其他地区的,应当同时通报相关地区海关。

海关收集、汇总的进出口食品安全信息,除《食品安全法》第一百条规定内容外,还包括境外食品技术性贸易措施信息。

第五十八条 海关应当对收集到的进出口食品安全信息开展风险研判,依据风险研判结果,确定相应的控制措施。

第五十九条 境内外发生食品安全事件或者疫情疫病可能影响到进出口食品安全的,或者在进出口食品中发现严重食品安全问题的,直属海关应当及时上报海关总署;海关总署根据情况进行风险预警,在海关系统内发布风险警示通报,并向国务院食品安全监督管理、卫生行政、农业行政部门通报,必要时向消费者发布风险警示通告。

海关总署发布风险警示通报的,应当根据风险警示通报要求对进出口食品采取本办法第三十四条、第三十五条、第三十六条和第五十四条规定的控制措施。

第六十条 海关制定年度国家进出口食品安全风险监测计划,系统和持续收集进出口食品中食源性疾病、食品污染和有害因素的监测数据及相关信息。

第六十一条 境外发生的食品安全事件可能对中国境内造成影响,或者评估后认为存在不可控风险的,海关总署可以参照国际通行做法,直接在海关系统内发布风险预警通报或者向消费者发布风险预警通告,并采取本办法第三十四条、第三十五条和第三十六条规定的控制措施。

第六十二条 海关制定并组织实施进出口食品安全突发事件应急处置预案。

第六十三条 海关在依法履行进出口食品安全监督管理职责时,有权采取下列措施:

(一)进入生产经营场所实施现场检查;

(二)对生产经营的食品进行抽样检验;

(三)查阅、复制有关合同、票据、账簿以及其他有关资料;

(四)查封、扣押有证据证明不符合食品安全国家标准或者有证据证明存在安全隐患以及违法生产经营的食品。

第六十四条 海关依法对进出口企业实施信用管理。

第六十五条 海关依法对进出口食品生产经营者以及备案原料种植、养殖场开展稽查、核查。

第六十六条　过境食品应当符合海关总署对过境货物的监管要求。过境食品过境期间,未经海关批准,不得开拆包装或者卸离运输工具,并应当在规定期限内运输出境。

第六十七条　进出口食品生产经营者对海关的检验结果有异议的,可以按照进出口商品复验相关规定申请复验。

有下列情形之一的,海关不受理复验:

(一)检验结果显示微生物指标超标的;

(二)复验备份样品超过保质期的;

(三)其他原因导致备份样品无法实现复验目的的。

第五章　法 律 责 任

第六十八条　食品进口商备案内容发生变更,未按照规定向海关办理变更手续,情节严重的,海关处以警告。

食品进口商在备案中提供虚假备案信息的,海关处 1 万元以下罚款。

第六十九条　境内进出口食品生产经营者不配合海关进出口食品安全核查工作,拒绝接受询问、提供材料,或者答复内容和提供材料与实际情况不符的,海关处以警告或者 1 万元以下罚款。

第七十条　海关在进口预包装食品监管中,发现进口预包装食品未加贴中文标签或者中文标签不符合法律法规和食品安全国家标准,食品进口商拒不按照海关要求实施销毁、退运或者技术处理的,海关处以警告或者 1 万元以下罚款。

第七十一条　未经海关允许,将进口食品提离海关指定或者认可的场所的,海关责令改正,并处 1 万元以下罚款。

第七十二条　下列违法行为属于《食品安全法》第一百二十九条第一款第三项规定的"未遵守本法的规定出口食品"的,由海关依照《食品安全法》第一百二十四条的规定给予处罚:

(一)擅自调换经海关监督抽检并已出具证单的出口食品的;

(二)出口掺杂掺假、以假充真、以次充好的食品或者以不合格出口食品冒充合格出口食品的;

（三）出口未获得备案出口食品生产企业生产的食品的；

（四）向有注册要求的国家（地区）出口未获得注册出口食品生产企业生产食品的或者出口已获得注册出口食品生产企业生产的注册范围外食品的；

（五）出口食品生产企业生产的出口食品未按照规定使用备案种植、养殖场原料的；

（六）出口食品生产经营者有《食品安全法》第一百二十三条、第一百二十四条、第一百二十五条、第一百二十六条规定情形，且出口食品不符合进口国家（地区）要求的。

第七十三条 违反本办法规定，构成犯罪的，依法追究刑事责任。

第六章 附 则

第七十四条 海关特殊监管区域、保税监管场所、市场采购、边境小额贸易和边民互市贸易进出口食品安全监督管理，按照海关总署有关规定执行。

第七十五条 邮寄、快件、跨境电子商务零售和旅客携带方式进出口食品安全监督管理，按照海关总署有关规定办理。

第七十六条 样品、礼品、赠品、展示品、援助等非贸易性的食品，免税经营的食品，外国驻中国使领馆及其人员进出境公用、自用的食品，驻外使领馆及其人员公用、自用的食品，中国企业驻外人员自用的食品的监督管理，按照海关总署有关规定办理。

第七十七条 本办法所称进出口食品生产经营者包括：向中国境内出口食品的境外生产企业、境外出口商或者代理商、食品进口商、出口食品生产企业、出口商以及相关人员等。

本办法所称进口食品的境外生产企业包括向中国出口食品的境外生产、加工、贮存企业等。

本办法所称进口食品的进出口商包括向中国出口食品的境外出口商或者代理商、食品进口商。

第七十八条 本办法由海关总署负责解释。

第七十九条 本办法自 2022 年 1 月 1 日起施行。2011 年 9 月 13 日原国家质量监督检验检疫总局令第 144 号公布并根据 2016 年 10 月 18 日原国家质量监督检验检疫总局令第 184 号以及 2018 年 11 月 23 日海关总署令第

243号修改的《进出口食品安全管理办法》、2000年2月22日原国家检验检疫局令第20号公布并根据2018年4月28日海关总署令第238号修改的《出口蜂蜜检验检疫管理办法》、2011年1月4日原国家质量监督检验检疫总局令第135号公布并根据2018年11月23日海关总署令第243号修改的《进出口水产品检验检疫监督管理办法》、2011年1月4日原国家质量监督检验检疫总局令第136号公布并根据2018年11月23日海关总署令第243号修改的《进出口肉类产品检验检疫监督管理办法》、2013年1月24日原国家质量监督检验检疫总局令第152号公布并根据2018年11月23日海关总署令第243号修改的《进出口乳品检验检疫监督管理办法》、2017年11月14日原国家质量监督检验检疫总局令第192号公布并根据2018年11月23日海关总署令第243号修改的《出口食品生产企业备案管理规定》同时废止。

食品生产企业安全生产监督管理暂行规定

（2014年1月3日国家安全监管总局令第66号公布　根据2015年5月29日国家安全监管总局令第80号《关于废止和修改劳动防护用品和安全培训等领域十部规章的决定》修正）

第一章　总　　则

第一条　为加强食品生产企业的安全生产工作，防止和减少生产安全事故，保障从业人员的生命和财产安全，根据《中华人民共和国安全生产法》等有关法律、行政法规，制定本规定。

第二条　食品生产企业的安全生产及其监督管理，适用本规定。农副产品从种植养殖环节进入批发、零售市场或者生产加工企业前的安全生产及其监督管理,不适用本规定。

本规定所称食品生产企业,是指以农业、渔业、畜牧业、林业或者化学工业的产品、半成品为原料,通过工业化加工、制作,为人们提供食用或者饮用的物品的企业。

第三条 国家安全生产监督管理总局对全国食品生产企业的安全生产工作实施监督管理。

县级以上地方人民政府安全生产监督管理部门和有关部门(以下统称负责食品生产企业安全生产监管的部门)根据本级人民政府规定的职责,按照属地监管、分级负责的原则,对本行政区域内食品生产企业的安全生产工作实施监督管理。

食品生产企业的工程建设安全、消防安全和特种设备安全,依照法律、行政法规的规定由县级以上地方人民政府相关部门负责专项监督管理。

第四条 食品生产企业是安全生产的责任主体,其主要负责人对本企业的安全生产工作全面负责,分管安全生产工作的负责人和其他负责人对其职责范围内的安全生产工作负责。

集团公司对其所属或者控股的食品生产企业的安全生产工作负主管责任。

第二章 安全生产的基本要求

第五条 食品生产企业应当严格遵守有关安全生产法律、行政法规和国家标准、行业标准的规定,建立健全安全生产责任制、安全生产规章制度和安全操作规程。

第六条 从业人员超过100人的食品生产企业,应当设置安全生产管理机构或者配备3名以上专职安全生产管理人员,鼓励配备注册安全工程师从事安全生产管理工作。

前款规定以外的其他食品生产企业,应当配备专职或者兼职安全生产管理人员,或者委托安全生产中介机构提供安全生产服务。

委托安全生产中介机构提供安全生产技术、管理服务的,保证安全生产的责任仍由本企业负责。

第七条 食品生产企业应当支持安全生产管理机构和安全生产管理人员履行管理职责,并保证其开展工作所必须的条件。

食品生产企业作出涉及安全生产的决策,应当听取安全生产管理机构以及安全生产管理人员的意见,不得因安全生产管理人员依法履行职责而降低其工资、福利等待遇或者解除与其订立的劳动合同。

第八条 食品生产企业应当推进安全生产标准化建设,强化安全生产基础,做到安全管理标准化、设施设备标准化、作业现场标准化和作业行为标准化,并持续改进,不断提高企业本质安全水平。

第九条 食品生产企业新建、改建和扩建建设项目(以下统称建设项目)的安全设施,必须与主体工程同时设计、同时施工、同时投入生产和使用。安全设施投资应当纳入建设项目概算。

第十条 食品生产企业应当委托具备国家规定资质的工程设计单位、施工单位和监理单位,对建设工程进行设计、施工和监理。

工程设计单位、施工单位和监理单位应当按照有关法律、行政法规、国家标准或者行业标准的规定进行设计、施工和监理,并对其工作成果负责。

第十一条 食品生产企业应当按照有关法律、行政法规的规定,加强工程建设、消防、特种设备的安全管理;对于需要有关部门审批和验收的事项,应当依法向有关部门提出申请;未经有关部门依法批准或者验收合格的,不得投入生产和使用。

第十二条 食品生产企业应当建立健全事故隐患排查治理制度,明确事故隐患治理的措施、责任、资金、时限和预案,采取技术、管理措施,及时发现并消除事故隐患。事故隐患排查治理情况应当如实记录,向从业人员通报,并按规定报告所在地负责食品生产企业安全生产监管的部门。

第十三条 食品生产企业的加工、制作等项目有多个承包单位、承租单位,或者存在空间交叉的,应当对承包单位、承租单位的安全生产工作进行统一协调、管理。承包单位、承租单位应当服从食品生产企业的统一管理,并对作业现场的安全生产负责。

第十四条 食品生产企业应当对新录用、季节性复工、调整工作岗位和离岗半年以上重新上岗的从业人员,进行相应的安全生产教育培训。未经安全生产教育培训合格的从业人员,不得上岗作业。

第十五条 食品生产企业应当定期组织开展危险源辨识,并将其工作场所存在和作业过程中可能产生的危险因素、防范措施和事故应急措施等如实书面告知从业人员,不得隐瞒或者欺骗。

从业人员发现直接危及人身安全的紧急情况时，有权停止作业或者在采取可能的应急措施后撤离作业场所。食品生产企业不得因此降低其工资、福利待遇或者解除劳动合同。

第三章　作业过程的安全管理

第十六条　食品生产企业的作业场所应当符合下列要求：

（一）生产设施设备，按照国家有关规定配备有温度、压力、流量、液位以及粉尘浓度、可燃和有毒气体浓度等工艺指标的超限报警装置；

（二）用电设备设施和场所，采取保护措施，并在配电设备设施上安装剩余电流动作保护装置或者其他防止触电的装置；

（三）涉及烘制、油炸等高温的设施设备和岗位，采用必要的防过热自动报警切断和隔热板、墙等保护设施；

（四）涉及淀粉等可燃性粉尘爆炸危险的场所、设施设备，采用惰化、抑爆、阻爆、泄爆等措施防止粉尘爆炸，现场安全管理措施和条件符合《粉尘防爆安全规程》（GB 15577）等国家标准或者行业标准的要求；

（五）油库（罐）、燃气站、除尘器、压缩空气站、压力容器、压力管道、电缆隧道（沟）等重点防火防爆部位，采取有效、可靠的监控、监测、预警、防火、防爆、防毒等安全措施。安全附件和联锁装置不得随意拆弃和解除，声、光报警等信号不得随意切断；

（六）制冷车间符合《冷库设计规范》（GB 50072）、《冷库安全规程》（GB 28009）等国家标准或者行业标准的规定，设置气体浓度报警装置，且与制冷电机联锁、与事故排风机联动。在包装间、分割间等人员密集场所，严禁采用氨直接蒸发的制冷系统。

第十七条　食品生产企业涉及生产、储存和使用危险化学品的，应当严格按照《危险化学品安全管理条例》等法律、行政法规、国家标准或者行业标准的规定，根据危险化学品的种类和危险特性，在生产、储存和使用场所设置相应的监测、监控、通风、防晒、调温、防火、灭火、防爆、泄压、防毒、中和、防潮、防雷、防静电、防腐、防泄漏以及防护围堤等安全设施设备，并对安全设施设备进行经常性维护保养，保证其正常运行。

食品生产企业的中间产品为危险化学品的，应当依照有关规定取得危险化学品安全生产许可证。

第十八条 食品生产企业应当定期组织对作业场所、仓库、设备设施使用、从业人员持证、劳动防护用品配备和使用、危险源管理情况进行检查,对检查发现的问题应当立即整改;不能立即整改的,应当制定相应的防范措施和整改计划,限期整改。检查应当作好记录,并由有关人员签字。

第十九条 食品生产企业应当加强日常消防安全管理,按照有关规定配置并保持消防设施完好有效。生产作业场所应当设有标志明显、符合要求的安全出口和疏散通道,禁止封堵、锁闭生产作业场所的安全出口和疏散通道。

第二十条 食品生产企业应当使用符合安全技术规范要求的特种设备,并按照国家规定向有关部门登记,进行定期检验。

食品生产企业应当在有危险因素的场所和有关设施、设备上设置明显的安全警示标志和警示说明。

第二十一条 食品生产企业进行高处作业、吊装作业、临近高压输电线路作业、电焊气焊等动火作业,以及在污水池等有限空间内作业的,应当实行作业审批制度,安排专门人员负责现场安全管理,落实现场安全管理措施。

第四章 监督管理

第二十二条 县级以上人民政府负责食品生产企业安全生产监管的部门及其行政执法人员应当在其职责范围内加强对食品生产企业安全生产的监督检查,对违反有关安全生产法律、行政法规、国家标准或者行业标准和本规定的违法行为,依法实施行政处罚。

第二十三条 县级以上地方人民政府负责食品生产企业安全生产监管的部门应当将食品生产企业纳入年度执法工作计划,明确检查的重点企业、关键事项、时间和标准,对检查中发现的重大事故隐患实施挂牌督办。

第二十四条 县级以上地方人民政府负责食品生产企业安全生产监管的部门接到食品生产企业报告的重大事故隐患后,应当根据需要,进行现场核查,督促食品生产企业按照治理方案排除事故隐患,防止事故发生;必要时,可以责令食品生产企业暂时停产停业或者停止使用;重大事故隐患治理后,经县级以上地方人民政府负责食品生产企业安全生产监管的部门审查同意,方可恢复生产经营和使用。

第二十五条　县级以上地方人民政府负责食品生产企业安全生产监管的部门对食品生产企业进行监督检查时，发现其存在工程建设、消防和特种设备等方面的事故隐患或者违法行为的，应当及时移送本级人民政府有关部门处理。

第五章　法律责任

第二十六条　食品生产企业有下列行为之一的，责令限期改正，可以处5万元以下的罚款；逾期未改正的，责令停产停业整顿，并处5万元以上10万元以下的罚款，对其直接负责的主管人员和其他直接责任人员处1万元以上2万元以下的罚款：

（一）未按照规定设置安全生产管理机构或者配备安全生产管理人员的；

（二）未如实记录安全生产教育和培训情况的；

（三）未将事故隐患排查治理情况如实记录或者未向从业人员通报的。

第二十七条　食品生产企业不具备法律、行政法规和国家标准或者行业标准规定的安全生产条件，经停产整顿后仍不具备安全生产条件的，县级以上地方人民政府负责食品生产企业安全生产监管的部门应当提请本级人民政府依法予以关闭。

第二十八条　监督检查人员在对食品生产企业进行监督检查时，滥用职权、玩忽职守、徇私舞弊的，依照有关规定给予处分；构成犯罪的，依法追究刑事责任。

第二十九条　本规定的行政处罚由县级以上地方人民政府负责食品生产企业安全生产监管的部门实施，有关法律、法规和规章对行政处罚的种类、幅度和决定机关另有规定的，依照其规定。

第六章　附　　则

第三十条　本规定自2014年3月1日起施行。

食品安全抽样检验管理办法

(2019 年 8 月 8 日国家市场监督管理总局令
第 15 号公布　自 2019 年 10 月 1 日起施行)

第一章　总　　则

第一条　为规范食品安全抽样检验工作,加强食品安全监督管理,保障公众身体健康和生命安全,根据《中华人民共和国食品安全法》等法律法规,制定本办法。

第二条　市场监督管理部门组织实施的食品安全监督抽检和风险监测的抽样检验工作,适用本办法。

第三条　国家市场监督管理总局负责组织开展全国性食品安全抽样检验工作,监督指导地方市场监督管理部门组织实施食品安全抽样检验工作。

县级以上地方市场监督管理部门负责组织开展本级食品安全抽样检验工作,并按照规定实施上级市场监督管理部门组织的食品安全抽样检验工作。

第四条　市场监督管理部门应当按照科学、公开、公平、公正的原则,以发现和查处食品安全问题为导向,依法对食品生产经营活动全过程组织开展食品安全抽样检验工作。

食品生产经营者是食品安全第一责任人,应当依法配合市场监督管理部门组织实施的食品安全抽样检验工作。

第五条　市场监督管理部门应当与承担食品安全抽样、检验任务的技术机构(以下简称承检机构)签订委托协议,明确双方权利和义务。

承检机构应当依照有关法律、法规规定取得资质认定后方可从事检验活动。承检机构进行检验,应当尊重科学,恪守职业道德,保证出具的检验数据和结论客观、公正,不得出具虚假检验报告。

市场监督管理部门应当对承检机构的抽样检验工作进行监督检查,发现存在检验能力缺陷或者有重大检验质量问题等情形的,应当按照有关规定及时处理。

第六条 国家市场监督管理总局建立国家食品安全抽样检验信息系统,定期分析食品安全抽样检验数据,加强食品安全风险预警,完善并督促落实相关监督管理制度。

县级以上地方市场监督管理部门应当按照规定通过国家食品安全抽样检验信息系统,及时报送并汇总分析食品安全抽样检验数据。

第七条 国家市场监督管理总局负责组织制定食品安全抽样检验指导规范。

开展食品安全抽样检验工作应当遵守食品安全抽样检验指导规范。

第二章 计 划

第八条 国家市场监督管理总局根据食品安全监管工作的需要,制定全国性食品安全抽样检验年度计划。

县级以上地方市场监督管理部门应当根据上级市场监督管理部门制定的抽样检验年度计划并结合实际情况,制定本行政区域的食品安全抽样检验工作方案。

市场监督管理部门可以根据工作需要不定期开展食品安全抽样检验工作。

第九条 食品安全抽样检验工作计划和工作方案应当包括下列内容:

(一)抽样检验的食品品种;

(二)抽样环节、抽样方法、抽样数量等抽样工作要求;

(三)检验项目、检验方法、判定依据等检验工作要求;

(四)抽检结果及汇总分析的报送方式和时限;

(五)法律、法规、规章和食品安全标准规定的其他内容。

第十条 下列食品应当作为食品安全抽样检验工作计划的重点:

(一)风险程度高以及污染水平呈上升趋势的食品;

（二）流通范围广、消费量大、消费者投诉举报多的食品；

（三）风险监测、监督检查、专项整治、案件稽查、事故调查、应急处置等工作表明存在较大隐患的食品；

（四）专供婴幼儿和其他特定人群的主辅食品；

（五）学校和托幼机构食堂以及旅游景区餐饮服务单位、中央厨房、集体用餐配送单位经营的食品；

（六）有关部门公布的可能违法添加非食用物质的食品；

（七）已在境外造成健康危害并有证据表明可能在国内产生危害的食品；

（八）其他应当作为抽样检验工作重点的食品。

第三章　抽　　样

第十一条　市场监督管理部门可以自行抽样或者委托承检机构抽样。食品安全抽样工作应当遵守随机选取抽样对象、随机确定抽样人员的要求。

县级以上地方市场监督管理部门应当按照上级市场监督管理部门的要求，配合做好食品安全抽样工作。

第十二条　食品安全抽样检验应当支付样品费用。

第十三条　抽样单位应当建立食品抽样管理制度，明确岗位职责、抽样流程和工作纪律，加强对抽样人员的培训和指导，保证抽样工作质量。

抽样人员应当熟悉食品安全法律、法规、规章和食品安全标准等的相关规定。

第十四条　抽样人员执行现场抽样任务时不得少于 2 人，并向被抽样食品生产经营者出示抽样检验告知书及有效身份证明文件。由承检机构执行抽样任务的，还应当出示任务委托书。

案件稽查、事故调查中的食品安全抽样活动，应当由食品安全行政执法人员进行或者陪同。

承担食品安全抽样检验任务的抽样单位和相关人员不得提前通知被抽样食品生产经营者。

第十五条　抽样人员现场抽样时，应当记录被抽样食品生产经营者的营业执照、许可证等可追溯信息。

抽样人员可以从食品经营者的经营场所、仓库以及食品生产者的成品库待销产品中随机抽取样品，不得由食品生产经营者自行提供样品。

抽样数量原则上应当满足检验和复检的要求。

第十六条 风险监测、案件稽查、事故调查、应急处置中的抽样，不受抽样数量、抽样地点、被抽样单位是否具备合法资质等限制。

第十七条 食品安全监督抽检中的样品分为检验样品和复检备份样品。

现场抽样的，抽样人员应当采取有效的防拆封措施，对检验样品和复检备份样品分别封样，并由抽样人员和被抽样食品生产经营者签字或者盖章确认。

抽样人员应当保存购物票据，并对抽样场所、贮存环境、样品信息等通过拍照或者录像等方式留存证据。

第十八条 市场监督管理部门开展网络食品安全抽样检验时，应当记录买样人员以及付款账户、注册账号、收货地址、联系方式等信息。买样人员应当通过截图、拍照或者录像等方式记录被抽样网络食品生产经营者信息、样品网页展示信息，以及订单信息、支付记录等。

抽样人员收到样品后，应当通过拍照或者录像等方式记录拆封过程，对递送包装、样品包装、样品储运条件等进行查验，并对检验样品和复检备份样品分别封样。

第十九条 抽样人员应当使用规范的抽样文书，详细记录抽样信息。记录保存期限不得少于2年。

现场抽样时，抽样人员应当书面告知被抽样食品生产经营者依法享有的权利和应当承担的义务。被抽样食品生产经营者应当在食品安全抽样文书上签字或者盖章，不得拒绝或者阻挠食品安全抽样工作。

第二十条 现场抽样时，样品、抽样文书以及相关资料应当由抽样人员于5个工作日内携带或者寄送至承检机构，不得由被抽样食品生产经营者自行送样和寄送文书。因客观原因需要延长送样期限的，应当经组织抽样检验的市场监督管理部门同意。

对有特殊贮存和运输要求的样品，抽样人员应当采取相应措施，保证样品贮存、运输过程符合国家相关规定和包装标示的要求，不发生影响检验结论的变化。

第二十一条 抽样人员发现食品生产经营者涉嫌违法、生产经营的食品及原料没有合法来源或者无正当理由拒绝接受食品安全抽样的，应当报告有管辖权的市场监督管理部门进行处理。

第四章　检验与结果报送

第二十二条　食品安全抽样检验的样品由承检机构保存。

承检机构接收样品时，应当查验、记录样品的外观、状态、封条有无破损以及其他可能对检验结论产生影响的情况，并核对样品与抽样文书信息，将检验样品和复检备份样品分别加贴相应标识后，按照要求入库存放。

对抽样不规范的样品，承检机构应当拒绝接收并书面说明理由，及时向组织或者实施食品安全抽样检验的市场监督管理部门报告。

第二十三条　食品安全监督抽检应当采用食品安全标准规定的检验项目和检验方法。没有食品安全标准的，应当采用依照法律法规制定的临时限量值、临时检验方法或者补充检验方法。

风险监测、案件稽查、事故调查、应急处置等工作中，在没有前款规定的检验方法的情况下，可以采用其他检验方法分析查找食品安全问题的原因。所采用的方法应当遵循技术手段先进的原则，并取得国家或者省级市场监督管理部门同意。

第二十四条　食品安全抽样检验实行承检机构与检验人负责制。承检机构出具的食品安全检验报告应当加盖机构公章，并有检验人的签名或者盖章。承检机构和检验人对出具的食品安全检验报告负责。

承检机构应当自收到样品之日起20个工作日内出具检验报告。市场监督管理部门与承检机构另有约定的，从其约定。

未经组织实施抽样检验任务的市场监督管理部门同意，承检机构不得分包或者转包检验任务。

第二十五条　食品安全监督抽检的检验结论合格的，承检机构应当自检验结论作出之日起3个月内妥善保存复检备份样品。复检备份样品剩余保质期不足3个月的，应当保存至保质期结束。

检验结论不合格的，承检机构应当自检验结论作出之日起6个月内妥善保存复检备份样品。复检备份样品剩余保质期不足6个月的，应当保存至保质期结束。

第二十六条 食品安全监督抽检的检验结论合格的,承检机构应当在检验结论作出后7个工作日内将检验结论报送组织或者委托实施抽样检验的市场监督管理部门。

抽样检验结论不合格的,承检机构应当在检验结论作出后2个工作日内报告组织或者委托实施抽样检验的市场监督管理部门。

第二十七条 国家市场监督管理总局组织的食品安全监督抽检的检验结论不合格的,承检机构除按照相关要求报告外,还应当通过食品安全抽样检验信息系统及时通报抽样地以及标称的食品生产者住所地市场监督管理部门。

地方市场监督管理部门组织或者实施食品安全监督抽检的检验结论不合格的,抽样地与标称食品生产者住所地不在同一省级行政区域的,抽样地市场监督管理部门应当在收到不合格检验结论后通过食品安全抽样检验信息系统及时通报标称的食品生产者住所地同级市场监督管理部门。同一省级行政区域内不合格检验结论的通报按照抽检地省级市场监督管理部门规定的程序和时限通报。

通过网络食品交易第三方平台抽样的,除按照前两款的规定通报外,还应当同时通报网络食品交易第三方平台提供者住所地市场监督管理部门。

第二十八条 食品安全监督抽检的抽样检验结论表明不合格食品可能对身体健康和生命安全造成严重危害的,市场监督管理部门和承检机构应当按照规定立即报告或者通报。

案件稽查、事故调查、应急处置中的检验结论的通报和报告,不受本办法规定时限限制。

第二十九条 县级以上地方市场监督管理部门收到监督抽检不合格检验结论后,应当按照省级以上市场监督管理部门的规定,在5个工作日内将检验报告和抽样检验结果通知书送达被抽样食品生产经营者、食品集中交易市场开办者、网络食品交易第三方平台提供者,并告知其依法享有的权利和应当承担的义务。

第五章 复检和异议

第三十条 食品生产经营者对依照本办法规定实施的监督抽检检验结论有异议的,可以自收到检验结论之日起7个工作日内,向实施监督抽检的市场监督管理部门或者其上一级市场监督管理部门提出书面复检申请。向国家市场监督管理总局提出复检申请的，国家市场监督管理总局可以委托复检申请人住所地省级市场监督管理部门负责办理。逾期未提出的，不予受理。

第三十一条 有下列情形之一的，不予复检：

（一）检验结论为微生物指标不合格的；

（二）复检备份样品超过保质期的；

（三）逾期提出复检申请的；

（四）其他原因导致备份样品无法实现复检目的的；

（五）法律、法规、规章以及食品安全标准规定的不予复检的其他情形。

第三十二条 市场监督管理部门应当自收到复检申请材料之日起5个工作日内，出具受理或者不予受理通知书。不予受理的，应当书面说明理由。

市场监督管理部门应当自出具受理通知书之日起5个工作日内，在公布的复检机构名录中，遵循便捷高效原则，随机确定复检机构进行复检。复检机构不得与初检机构为同一机构。因客观原因不能及时确定复检机构的，可以延长5个工作日，并向申请人说明理由。

复检机构无正当理由不得拒绝复检任务，确实无法承担复检任务的，应当在2个工作日内向相关市场监督管理部门作出书面说明。

复检机构与复检申请人存在日常检验业务委托等利害关系的，不得接受复检申请。

第三十三条 初检机构应当自复检机构确定后3个工作日内，将备份样品移交至复检机构。因客观原因不能按时移交的，经受理复检的市场监督管理部门同意，可以延长3个工作日。复检样品的递送方式由初检机构和申请人协商确定。

复检机构接到备份样品后，应当通过拍照或者录像等方式对备份样品外包装、封条等完整性进行确认，并做好样品接收记录。复检备份样品封条、包装破坏，或者出现其他对结果判定产生影响的情况，复检机构应当及时书面报告市场监督管理部门。

第三十四条 复检机构实施复检，应当使用与初检机构一致的检验方法。实施复检时，食品安全标准对检验方法有新的规定的，从其规定。

初检机构可以派员观察复检机构的复检实施过程，复检机构应当予以配合。初检机构不得干扰复检工作。

第三十五条 复检机构应当自收到备份样品之日起10个工作日内，向市场监督管理部门提交复检结论。市场监督管理部门与复检机构对时限另有约定的，从其约定。复检机构出具的复检结论为最终检验结论。

市场监督管理部门应当自收到复检结论之日起5个工作日内，将复检结论通知申请人，并通报不合格食品生产经营者住所地市场监督管理部门。

第三十六条 复检申请人应当向复检机构先行支付复检费用。复检结论与初检结论一致的，复检费用由复检申请人承担。复检结论与初检结论不一致的，复检费用由实施监督抽检的市场监督管理部门承担。

复检费用包括检验费用和样品递送产生的相关费用。

第三十七条 在食品安全监督抽检工作中，食品生产经营者可以对其生产经营食品的抽样过程、样品真实性、检验方法、标准适用等事项依法提出异议处理申请。

对抽样过程有异议的，申请人应当在抽样完成后7个工作日内，向实施监督抽检的市场监督管理部门提出书面申请，并提交相关证明材料。

对样品真实性、检验方法、标准适用等事项有异议的，申请人应当自收到不合格结论通知之日起7个工作日内，向组织实施监督抽检的市场监督管理部门提出书面申请，并提交相关证明材料。

向国家市场监督管理总局提出异议申请的，国家市场监督管理总局可以委托申请人住所地省级市场监督管理部门负责办理。

第三十八条 异议申请材料不符合要求或者证明材料不齐全的，市场监督管理部门应当当场或者在5个工作日内一次告知申请人需要补正的全部内容。

市场监督管理部门应当自收到申请材料之日起5个工作日内，出具受理或者不予受理通知书。不予受理的，应当书面说明理由。

第三十九条 异议审核需要其他市场监督管理部门协助的，相关市场监督管理部门应当积极配合。

对抽样过程有异议的，市场监督管理部门应当自受理之日起20个工作日内，完成异议审核，并将审核结论书面告知申请人。

对样品真实性、检验方法、标准适用等事项有异议的，市场监督管理部门应当自受理之日起30个工作日内，完成异议审核，并将审核结论书面告知申请人。需商请有关部门明确检验以及判定依据相关要求的，所需时间不计算在内。

市场监督管理部门应当根据异议核查实际情况依法进行处理，并及时将异议处理申请受理情况及审核结论，通报不合格食品生产经营者住所地市场监督管理部门。

第六章 核查处置及信息发布

第四十条 食品生产经营者收到监督抽检不合格检验结论后，应当立即采取封存不合格食品，暂停生产、经营不合格食品，通知相关生产经营者和消费者，召回已上市销售的不合格食品等风险控制措施，排查不合格原因并进行整改，及时向住所地市场监督管理部门报告处理情况，积极配合市场监督管理部门的调查处理，不得拒绝、逃避。

在复检和异议期间，食品生产经营者不得停止履行前款规定的义务。食品生产经营者未主动履行的，市场监督管理部门应当责令其履行。

在国家利益、公共利益需要时，或者为处置重大食品安全突发事件，经省级以上市场监督管理部门同意，可以由省级以上市场监督管理部门组织调查分析或者再次抽样检验，查明不合格原因。

第四十一条 食品安全风险监测结果表明存在食品安全隐患的，省级以上市场监督管理部门应当组织相关领域专家进一步调查和分析研判，确认有必要通知相关食品生产经营者的，应当及时通知。

接到通知的食品生产经营者应当立即进行自查，发现食品不符合食品安全标准或者有证据证明可能危害人体健康的，应当依照食品安全法第六十三条的规定停止生产、经营，实施食品召回，并报告相关情况。

食品生产经营者未主动履行前款规定义务的，市场监督管理部门应当责令其履行，并可以对食品生产经营者的法定代表人或者主要负责人进行责任约谈。

第四十二条 食品经营者收到监督抽检不合格检验结论后，应当按照国家市场监督管理总局的规定在被抽检经营场所显著位置公示相关不合格产品信息。

第四十三条 市场监督管理部门收到监督抽检不合格检验结论后，应当及时启动核查处置工作，督促食品生产经营者履行法定义务，依法开展调查处理。必要时，上级市场监督管理部门可以直接组织调查处理。

县级以上地方市场监督管理部门组织的监督抽检，检验结论表明不合格食品含有违法添加的非食用物质，或者存在致病性微生物、农药残留、兽药残留、生物毒素、重金属以及其他危害人体健康的物质严重超出标准限量等情形的，应当依法及时处理并逐级报告至国家市场监督管理总局。

第四十四条 调查中发现涉及其他部门职责的，应当将有关信息通报相关职能部门。有委托生产情形的，受托方食品生产者住所地市场监督管理部门在开展核查处置的同时，还应当通报委托方食品生产经营者住所地市场监督管理部门。

第四十五条 市场监督管理部门应当在90日内完成不合格食品的核查处置工作。需要延长办理期限的，应当书面报请负责核查处置的市场监督管理部门负责人批准。

第四十六条 市场监督管理部门应当通过政府网站等媒体及时向社会公开监督抽检结果和不合格食品核查处置的相关信息，并按照要求将相关信息记入食品生产经营者信用档案。市场监督管理部门公布食品安全监督抽检不合格信息，包括被抽检食品名称、规格、商标、生产日期或者批号、不合格项目，标称的生产者名称、地址，以及被抽样单位名称、地址等。

可能对公共利益产生重大影响的食品安全监督抽检信息，市场监督管理部门应当在信息公布前加强分析研判，科学、准确公布信息，必要时，应当通报相关部门并报告同级人民政府或者上级市场监督管理部门。

任何单位和个人不得擅自发布、泄露市场监督管理部门组织的食品安全监督抽检信息。

第七章 法律责任

第四十七条 食品生产经营者违反本办法的规定，无正当理由拒绝、阻挠或者干涉食品安全抽样检验、风险监测和调查处理的，由县级以上人民政府市场监督管理部门依照食品安全法第一百三十三条第一款的规定处罚；违反治安管理处罚法有关规定的，由市场监督管理部门依法移交公安机关处理。

食品生产经营者违反本办法第三十七条的规定，提供虚假证明材料的，由市场监督管理部门给予警告，并处1万元以上3万元以下罚款。

违反本办法第四十二条的规定，食品经营者未按规定公示相关不合格产品信息的，由市场监督管理部门责令改正；拒不改正的，给予警告，并处2000

元以上3万元以下罚款。

第四十八条　违反本办法第四十条、第四十一条的规定，经市场监督管理部门责令履行后，食品生产经营者仍拒不召回或者停止经营的，由县级以上人民政府市场监督管理部门依照食品安全法第一百二十四条第一款的规定处罚。

第四十九条　市场监督管理部门应当依法将食品生产经营者受到的行政处罚等信息归集至国家企业信用信息公示系统，记于食品生产经营者名下并向社会公示。对存在严重违法失信行为的，按照规定实施联合惩戒。

第五十条　有下列情形之一的，市场监督管理部门应当按照有关规定依法处理并向社会公布；构成犯罪的，依法移送司法机关处理。

（一）调换样品、伪造检验数据或者出具虚假检验报告的；

（二）利用抽样检验工作之便牟取不正当利益的；

（三）违反规定事先通知被抽检食品生产经营者的；

（四）擅自发布食品安全抽样检验信息的；

（五）未按照规定的时限和程序报告不合格检验结论，造成严重后果的；

（六）有其他违法行为的。

有前款规定的第（一）项情形的，市场监督管理部门终身不得委托其承担抽样检验任务；有前款规定的第（一）项以外其他情形的，市场监督管理部门五年内不得委托其承担抽样检验任务。

复检机构有第一款规定的情形，或者无正当理由拒绝承担复检任务的，由县级以上人民政府市场监督管理部门给予警告；无正当理由1年内2次拒绝承担复检任务的，由国务院市场监督管理部门商有关部门撤销其复检机构资质并向社会公布。

第五十一条　市场监督管理部门及其工作人员有违反法律、法规以及本办法规定和有关纪律要求的，应当依据食品安全法和相关规定，对直接负责的主管人员和其他直接责任人员，给予相应的处分；构成犯罪的，依法移送司法机关处理。

第八章　附　　则

第五十二条　本办法所称监督抽检是指市场监督管理部门按照法定程

序和食品安全标准等规定,以排查风险为目的,对食品组织的抽样、检验、复检、处理等活动。

本办法所称风险监测是指市场监督管理部门对没有食品安全标准的风险因素,开展监测、分析、处理的活动。

第五十三条 市场监督管理部门可以参照本办法的有关规定组织开展评价性抽检。

评价性抽检是指依据法定程序和食品安全标准等规定开展抽样检验,对市场上食品总体安全状况进行评估的活动。

第五十四条 食品添加剂的检验,适用本办法有关食品检验的规定。

餐饮食品、食用农产品进入食品生产经营环节的抽样检验以及保质期短的食品、节令性食品的抽样检验,参照本办法执行。

市场监督管理部门可以参照本办法关于网络食品安全监督抽检的规定对自动售卖机、无人超市等没有实际经营人员的食品经营者组织实施抽样检验。

第五十五条 承检机构制作的电子检验报告与出具的书面检验报告具有同等法律效力。

第五十六条 本办法自 2019 年 10 月 1 日起施行。

食品召回管理办法

(2015 年 3 月 11 日国家食品药品监督管理总局令第 12 号公布
根据 2020 年 10 月 23 日国家市场监督管理总局令第 31 号修订)

第一章 总 则

第一条 为加强食品生产经营管理,减少和避免不安全食品的危害,保障公众身体健康和生命安全,根据《中华人民共和国食品安全法》及其实施条例等法律法规的规定,制定本办法。

第二条 在中华人民共和国境内,不安全食品的停止生产经营、召回和处置及其监督管理,适用本办法。

不安全食品是指食品安全法律法规规定禁止生产经营的食品以及其他有证据证明可能危害人体健康的食品。

第三条　食品生产经营者应当依法承担食品安全第一责任人的义务,建立健全相关管理制度,收集、分析食品安全信息,依法履行不安全食品的停止生产经营、召回和处置义务。

第四条　国家市场监督管理总局负责指导全国不安全食品停止生产经营、召回和处置的监督管理工作。

县级以上地方市场监督管理部门负责本行政区域的不安全食品停止生产经营、召回和处置的监督管理工作。

第五条　县级以上市场监督管理部门组织建立由医学、毒理、化学、食品、法律等相关领域专家组成的食品安全专家库,为不安全食品的停止生产经营、召回和处置提供专业支持。

第六条　国家市场监督管理总局负责汇总分析全国不安全食品的停止生产经营、召回和处置信息,根据食品安全风险因素,完善食品安全监督管理措施。

县级以上地方市场监督管理部门负责收集、分析和处理本行政区域不安全食品的停止生产经营、召回和处置信息,监督食品生产经营者落实主体责任。

第七条　鼓励和支持食品行业协会加强行业自律,制定行业规范,引导和促进食品生产经营者依法履行不安全食品的停止生产经营、召回和处置义务。

鼓励和支持公众对不安全食品的停止生产经营、召回和处置等活动进行社会监督。

第二章　停止生产经营

第八条　食品生产经营者发现其生产经营的食品属于不安全食品的,应当立即停止生产经营,采取通知或者公告的方式告知相关食品生产经营者停止生产经营、消费者停止食用,并采取必要的措施防控食品安全风险。

食品生产经营者未依法停止生产经营不安全食品的,县级以上市场监督管理部门可以责令其停止生产经营不安全食品。

第九条 食品集中交易市场的开办者、食品经营柜台的出租者、食品展销会的举办者发现食品经营者经营的食品属于不安全食品的,应当及时采取有效措施,确保相关经营者停止经营不安全食品。

第十条 网络食品交易第三方平台提供者发现网络食品经营者经营的食品属于不安全食品的,应当依法采取停止网络交易平台服务等措施,确保网络食品经营者停止经营不安全食品。

第十一条 食品生产经营者生产经营的不安全食品未销售给消费者,尚处于其他生产经营者控制中的,食品生产经营者应当立即追回不安全食品,并采取必要措施消除风险。

第三章 召 回

第十二条 食品生产者通过自检自查、公众投诉举报、经营者和监督管理部门告知等方式知悉其生产经营的食品属于不安全食品的,应当主动召回。

食品生产者应当主动召回不安全食品而没有主动召回的,县级以上市场监督管理部门可以责令其召回。

第十三条 根据食品安全风险的严重和紧急程度,食品召回分为三级:

(一)一级召回:食用后已经或者可能导致严重健康损害甚至死亡的,食品生产者应当在知悉食品安全风险后24小时内启动召回,并向县级以上地方市场监督管理部门报告召回计划。

(二)二级召回:食用后已经或者可能导致一般健康损害,食品生产者应当在知悉食品安全风险后48小时内启动召回,并向县级以上地方市场监督管理部门报告召回计划。

(三)三级召回:标签、标识存在虚假标注的食品,食品生产者应当在知悉食品安全风险后72小时内启动召回,并向县级以上地方市场监督管理部门报告召回计划。标签、标识存在瑕疵,食用后不会造成健康损害的食品,食品生产者应当改正,可以自愿召回。

第十四条 食品生产者应当按照召回计划召回不安全食品。

县级以上地方市场监督管理部门收到食品生产者的召回计划后,必要时可以组织专家对召回计划进行评估。评估结论认为召回计划应当修改的,食品生产者应当立即修改,并按照修改后的召回计划实施召回。

第十五条 食品召回计划应当包括下列内容:

(一)食品生产者的名称、住所、法定代表人、具体负责人、联系方式等基本情况;

(二)食品名称、商标、规格、生产日期、批次、数量以及召回的区域范围;

(三)召回原因及危害后果;

(四)召回等级、流程及时限;

(五)召回通知或者公告的内容及发布方式;

(六)相关食品生产经营者的义务和责任;

(七)召回食品的处置措施、费用承担情况;

(八)召回的预期效果。

第十六条 食品召回公告应当包括下列内容:

(一)食品生产者的名称、住所、法定代表人、具体负责人、联系电话、电子邮箱等;

(二)食品名称、商标、规格、生产日期、批次等;

(三)召回原因、等级、起止日期、区域范围;

(四)相关食品生产经营者的义务和消费者退货及赔偿的流程。

第十七条 不安全食品在本省、自治区、直辖市销售的,食品召回公告应当在省级市场监督管理部门网站和省级主要媒体上发布。省级市场监督管理部门网站发布的召回公告应当与国家市场监督管理总局网站链接。

不安全食品在两个以上省、自治区、直辖市销售的,食品召回公告应当在国家市场监督管理总局网站和中央主要媒体上发布。

第十八条 实施一级召回的,食品生产者应当自公告发布之日起 10 个工作日内完成召回工作。

实施二级召回的,食品生产者应当自公告发布之日起 20 个工作日内完成召回工作。

实施三级召回的,食品生产者应当自公告发布之日起 30 个工作日内完成召回工作。

情况复杂的,经县级以上地方市场监督管理部门同意,食品生产者可以适当延长召回时间并公布。

第十九条　食品经营者知悉食品生产者召回不安全食品后,应当立即采取停止购进、销售,封存不安全食品,在经营场所醒目位置张贴生产者发布的召回公告等措施,配合食品生产者开展召回工作。

第二十条　食品经营者对因自身原因所导致的不安全食品,应当根据法律法规的规定在其经营的范围内主动召回。

食品经营者召回不安全食品应当告知供货商。供货商应当及时告知生产者。

食品经营者在召回通知或者公告中应当特别注明系因其自身的原因导致食品出现不安全问题。

第二十一条　因生产者无法确定、破产等原因无法召回不安全食品的,食品经营者应当在其经营的范围内主动召回不安全食品。

第二十二条　食品经营者召回不安全食品的程序,参照食品生产者召回不安全食品的相关规定处理。

第四章　处　　置

第二十三条　食品生产经营者应当依据法律法规的规定,对因停止生产经营、召回等原因退出市场的不安全食品采取补救、无害化处理、销毁等处置措施。

食品生产经营者未依法处置不安全食品的,县级以上地方市场监督管理部门可以责令其依法处置不安全食品。

第二十四条　对违法添加非食用物质、腐败变质、病死畜禽等严重危害人体健康和生命安全的不安全食品,食品生产经营者应当立即就地销毁。

不具备就地销毁条件的,可由不安全食品生产经营者集中销毁处理。食品生产经营者在集中销毁处理前,应当向县级以上地方市场监督管理部门报告。

第二十五条　对因标签、标识等不符合食品安全标准而被召回的食品,食品生产者可以在采取补救措施且能保证食品安全的情况下继续销售,销售时应当向消费者明示补救措施。

第二十六条　对不安全食品进行无害化处理,能够实现资源循环利用的,食品生产经营者可以按照国家有关规定进行处理。

第二十七条 食品生产经营者对不安全食品处置方式不能确定的，应当组织相关专家进行评估，并根据评估意见进行处置。

第二十八条 食品生产经营者应当如实记录停止生产经营、召回和处置不安全食品的名称、商标、规格、生产日期、批次、数量等内容。记录保存期限不得少于2年。

第五章 监督管理

第二十九条 县级以上地方市场监督管理部门发现不安全食品的，应当通知相关食品生产经营者停止生产经营或者召回，采取相关措施消除食品安全风险。

第三十条 县级以上地方市场监督管理部门发现食品生产经营者生产经营的食品可能属于不安全食品的，可以开展调查分析，相关食品生产经营者应当积极协助。

第三十一条 县级以上地方市场监督管理部门可以对食品生产经营者停止生产经营、召回和处置不安全食品情况进行现场监督检查。

第三十二条 食品生产经营者停止生产经营、召回和处置的不安全食品存在较大风险的，应当在停止生产经营、召回和处置不安全食品结束后5个工作日内向县级以上地方市场监督管理部门书面报告情况。

第三十三条 县级以上地方市场监督管理部门可以要求食品生产经营者定期或者不定期报告不安全食品停止生产经营、召回和处置情况。

第三十四条 县级以上地方市场监督管理部门可以对食品生产经营者提交的不安全食品停止生产经营、召回和处置报告进行评价。

评价结论认为食品生产经营者采取的措施不足以控制食品安全风险的，县级以上地方市场监督管理部门应当责令食品生产经营者采取更为有效的措施停止生产经营、召回和处置不安全食品。

第三十五条 为预防和控制食品安全风险，县级以上地方市场监督管理部门可以发布预警信息，要求相关食品生产经营者停止生产经营不安全食品，提示消费者停止食用不安全食品。

第三十六条 县级以上地方市场监督管理部门将不安全食品停止生产经营、召回和处置情况记入食品生产经营者信用档案。

第六章　法律责任

第三十七条　食品生产经营者违反本办法有关不安全食品停止生产经营、召回和处置的规定，食品安全法律法规有规定的，依照相关规定处理。

第三十八条　食品生产经营者违反本办法第八条第一款、第十二条第一款、第十三条、第十四条、第二十条第一款、第二十一条、第二十三条第一款、第二十四条第一款的规定，不立即停止生产经营、不主动召回、不按规定时限启动召回、不按照召回计划召回不安全食品或者不按照规定处置不安全食品的，由市场监督管理部门给予警告，并处1万元以上3万元以下罚款。

第三十九条　食品经营者违反本办法第十九条的规定，不配合食品生产者召回不安全食品的，由市场监督管理部门给予警告，并处5000元以上3万元以下罚款。

第四十条　食品生产经营者违反本办法第十三条、第二十四条第二款、第三十二条的规定，未按规定履行相关报告义务的，由市场监督管理部门责令改正，给予警告；拒不改正的，处2000元以上2万元以下罚款。

第四十一条　食品生产经营者违反本办法第二十三条第二款的规定，市场监督管理部门责令食品生产经营者依法处置不安全食品，食品生产经营者拒绝或者拖延履行的，由市场监督管理部门给予警告，并处2万元以上3万元以下罚款。

第四十二条　食品生产经营者违反本办法第二十八条的规定，未按规定记录保存不安全食品停止生产经营、召回和处置情况的，由市场监督管理部门责令改正，给予警告；拒不改正的，处2000元以上2万元以下罚款。

第四十三条　食品生产经营者停止生产经营、召回和处置不安全食品，不免除其依法应当承担的其他法律责任。

食品生产经营者主动采取停止生产经营、召回和处置不安全食品措施，消除或者减轻危害后果的，依法从轻或者减轻处罚；违法情节轻微并及时纠正，没有造成危害后果的，不予行政处罚。

第四十四条　县级以上地方市场监督管理部门不依法履行本办法规定的职责，造成不良后果的，依照《中华人民共和国食品安全法》的有关规定，对直接负责的主管人员和其他直接责任人员给予行政处分。

第七章　附　　则

第四十五条　本办法适用于食品、食品添加剂和保健食品。

食品生产经营者对进入批发、零售市场或者生产加工企业后的食用农产品的停止经营、召回和处置，参照本办法执行。

第四十六条　本办法自2015年9月1日起施行。

最高人民法院、最高人民检察院关于办理危害食品安全刑事案件适用法律若干问题的解释

（2013年4月28日最高人民法院审判委员会第1576次会议、2013年4月28日最高人民检察院第十二届检察委员会第5次会议通过　2013年5月2日公布　法释〔2013〕12号　自2013年5月4日起施行）

为依法惩治危害食品安全犯罪，保障人民群众身体健康、生命安全，根据刑法有关规定，对办理此类刑事案件适用法律的若干问题解释如下：

第一条　生产、销售不符合食品安全标准的食品，具有下列情形之一的，应当认定为刑法第一百四十三条规定的"足以造成严重食物中毒事故或者其他严重食源性疾病"：

（一）含有严重超出标准限量的致病性微生物、农药残留、兽药残留、重金属、污染物质以及其他危害人体健康的物质的；

（二）属于病死、死因不明或者检验检疫不合格的畜、禽、兽、水产动物及

其肉类、肉类制品的；

（三）属于国家为防控疾病等特殊需要明令禁止生产、销售的；

（四）婴幼儿食品中生长发育所需营养成分严重不符合食品安全标准的；

（五）其他足以造成严重食物中毒事故或者严重食源性疾病的情形。

第二条　生产、销售不符合食品安全标准的食品，具有下列情形之一的，应当认定为刑法第一百四十三条规定的“对人体健康造成严重危害”：

（一）造成轻伤以上伤害的；

（二）造成轻度残疾或者中度残疾的；

（三）造成器官组织损伤导致一般功能障碍或者严重功能障碍的；

（四）造成十人以上严重食物中毒或者其他严重食源性疾病的；

（五）其他对人体健康造成严重危害的情形。

第三条　生产、销售不符合食品安全标准的食品，具有下列情形之一的，应当认定为刑法第一百四十三条规定的“其他严重情节”：

（一）生产、销售金额二十万元以上的；

（二）生产、销售金额十万元以上不满二十万元，不符合食品安全标准的食品数量较大或者生产、销售持续时间较长的；

（三）生产、销售金额十万元以上不满二十万元，属于婴幼儿食品的；

（四）生产、销售金额十万元以上不满二十万元，一年内曾因危害食品安全违法犯罪活动受过行政处罚或者刑事处罚的；

（五）其他情节严重的情形。

第四条　生产、销售不符合食品安全标准的食品，具有下列情形之一的，应当认定为刑法第一百四十三条规定的“后果特别严重”：

（一）致人死亡或者重度残疾的；

（二）造成三人以上重伤、中度残疾或者器官组织损伤导致严重功能障碍的；

（三）造成十人以上轻伤、五人以上轻度残疾或者器官组织损伤导致一般功能障碍的；

（四）造成三十人以上严重食物中毒或者其他严重食源性疾病的；

（五）其他特别严重的后果。

第五条　生产、销售有毒、有害食品，具有本解释第二条规定情形之一的，应当认定为刑法第一百四十四条规定的“对人体健康造成严重危害”。

第六条 生产、销售有毒、有害食品，具有下列情形之一的，应当认定为刑法第一百四十四条规定的“其他严重情节”：

（一）生产、销售金额二十万元以上不满五十万元的；

（二）生产、销售金额十万元以上不满二十万元，有毒、有害食品的数量较大或者生产、销售持续时间较长的；

（三）生产、销售金额十万元以上不满二十万元，属于婴幼儿食品的；

（四）生产、销售金额十万元以上不满二十万元，一年内曾因危害食品安全违法犯罪活动受过行政处罚或者刑事处罚的；

（五）有毒、有害的非食品原料毒害性强或者含量高的；

（六）其他情节严重的情形。

第七条 生产、销售有毒、有害食品，生产、销售金额五十万元以上，或者具有本解释第四条规定的情形之一的，应当认定为刑法第一百四十四条规定的“致人死亡或者有其他特别严重情节”。

第八条 在食品加工、销售、运输、贮存等过程中，违反食品安全标准，超限量或者超范围滥用食品添加剂，足以造成严重食物中毒事故或者其他严重食源性疾病的，依照刑法第一百四十三条的规定以生产、销售不符合安全标准的食品罪定罪处罚。

在食用农产品种植、养殖、销售、运输、贮存等过程中，违反食品安全标准，超限量或者超范围滥用添加剂、农药、兽药等，足以造成严重食物中毒事故或者其他严重食源性疾病的，适用前款的规定定罪处罚。

第九条 在食品加工、销售、运输、贮存等过程中，掺入有毒、有害的非食品原料，或者使用有毒、有害的非食品原料加工食品的，依照刑法第一百四十四条的规定以生产、销售有毒、有害食品罪定罪处罚。

在食用农产品种植、养殖、销售、运输、贮存等过程中，使用禁用农药、兽药等禁用物质或者其他有毒、有害物质的，适用前款的规定定罪处罚。

在保健食品或者其他食品中非法添加国家禁用药物等有毒、有害物质的，适用第一款的规定定罪处罚。

第十条 生产、销售不符合食品安全标准的食品添加剂，用于食品的包装材料、容器、洗涤剂、消毒剂，或者用于食品生产经营的工具、设备等，构成犯罪的，依照刑法第一百四十条的规定以生产、销售伪劣产品罪定罪处罚。

第十一条 以提供给他人生产、销售食品为目的，违反国家规定，生产、销售国家禁止用于食品生产、销售的非食品原料，情节严重的，依照刑法第二百二十五条的规定以非法经营罪定罪处罚。

违反国家规定，生产、销售国家禁止生产、销售、使用的农药、兽药，饲料、饲料添加剂，或者饲料原料、饲料添加剂原料，情节严重的，依照前款的规定定罪处罚。

实施前两款行为，同时又构成生产、销售伪劣产品罪，生产、销售伪劣农药、兽药罪等其他犯罪的，依照处罚较重的规定定罪处罚。

第十二条 违反国家规定，私设生猪屠宰厂（场），从事生猪屠宰、销售等经营活动，情节严重的，依照刑法第二百二十五条的规定以非法经营罪定罪处罚。

实施前款行为，同时又构成生产、销售不符合安全标准的食品罪，生产、销售有毒、有害食品罪等其他犯罪的，依照处罚较重的规定定罪处罚。

第十三条 生产、销售不符合食品安全标准的食品，有毒、有害食品，符合刑法第一百四十三条、第一百四十四条规定的，以生产、销售不符合安全标准的食品罪或者生产、销售有毒、有害食品罪定罪处罚。同时构成其他犯罪的，依照处罚较重的规定定罪处罚。

生产、销售不符合食品安全标准的食品，无证据证明足以造成严重食物中毒事故或者其他严重食源性疾病，不构成生产、销售不符合安全标准的食品罪，但是构成生产、销售伪劣产品罪等其他犯罪的，依照该其他犯罪定罪处罚。

第十四条 明知他人生产、销售不符合食品安全标准的食品，有毒、有害食品，具有下列情形之一的，以生产、销售不符合安全标准的食品罪或者生产、销售有毒、有害食品罪的共犯论处：

（一）提供资金、贷款、账号、发票、证明、许可证件的；

（二）提供生产、经营场所或者运输、贮存、保管、邮寄、网络销售渠道等便利条件的；

（三）提供生产技术或者食品原料、食品添加剂、食品相关产品的；

（四）提供广告等宣传的。

第十五条 广告主、广告经营者、广告发布者违反国家规定，利用广告对保健食品或者其他食品作虚假宣传，情节严重的，依照刑法第二百二十二条的规定以虚假广告罪定罪处罚。

第十六条 负有食品安全监督管理职责的国家机关工作人员，滥用职权或者玩忽职守，导致发生重大食品安全事故或者造成其他严重后果，同时构成食品监管渎职罪和徇私舞弊不移交刑事案件罪、商检徇私舞弊罪、动植物检疫徇私舞弊罪、放纵制售伪劣商品犯罪行为罪等其他渎职犯罪的，依照处罚较重的规定定罪处罚。

负有食品安全监督管理职责的国家机关工作人员滥用职权或者玩忽职守，不构成食品监管渎职罪，但构成前款规定的其他渎职犯罪的，依照该其他犯罪定罪处罚。

负有食品安全监督管理职责的国家机关工作人员与他人共谋，利用其职务行为帮助他人实施危害食品安全犯罪行为，同时构成渎职犯罪和危害食品安全犯罪共犯的，依照处罚较重的规定定罪处罚。

第十七条 犯生产、销售不符合安全标准的食品罪，生产、销售有毒、有害食品罪，一般应当依法判处生产、销售金额二倍以上的罚金。

第十八条 对实施本解释规定之犯罪的犯罪分子，应当依照刑法规定的条件严格适用缓刑、免予刑事处罚。根据犯罪事实、情节和悔罪表现，对于符合刑法规定的缓刑适用条件的犯罪分子，可以适用缓刑，但是应当同时宣告禁止令，禁止其在缓刑考验期限内从事食品生产、销售及相关活动。

第十九条 单位实施本解释规定的犯罪的，依照本解释规定的定罪量刑标准处罚。

第二十条 下列物质应当认定为“有毒、有害的非食品原料”：

（一）法律、法规禁止在食品生产经营活动中添加、使用的物质；

（二）国务院有关部门公布的《食品中可能违法添加的非食用物质名单》《保健食品中可能非法添加的物质名单》上的物质；

（三）国务院有关部门公告禁止使用的农药、兽药以及其他有毒、有害物质；

（四）其他危害人体健康的物质。

第二十一条 “足以造成严重食物中毒事故或者其他严重食源性疾病”“有毒、有害非食品原料”难以确定的，司法机关可以根据检验报告并结合专家意见等相关材料进行认定。必要时，人民法院可以依法通知有关专家出庭作出说明。

第二十二条　最高人民法院、最高人民检察院此前发布的司法解释与本解释不一致的，以本解释为准。

最高人民法院关于审理食品药品纠纷案件适用法律若干问题的规定

（2013年12月9日最高人民法院审判委员会第1599次会议通过、2013年12月23日公布、自2014年3月15日起施行　根据2020年12月23日最高人民法院审判委员会第1823次会议通过、2020年12月29日公布、自2021年1月1日起施行的《最高人民法院关于修改〈最高人民法院关于在民事审判工作中适用《中华人民共和国工会法》若干问题的解释〉等二十七件民事类司法解释的决定》修正）

为正确审理食品药品纠纷案件，根据《中华人民共和国民法典》《中华人民共和国消费者权益保护法》《中华人民共和国食品安全法》《中华人民共和国药品管理法》《中华人民共和国民事诉讼法》等法律的规定，结合审判实践，制定本规定。

第一条　消费者因食品、药品纠纷提起民事诉讼，符合民事诉讼法规定受理条件的，人民法院应予受理。

第二条　因食品、药品存在质量问题造成消费者损害，消费者可以分别起诉或者同时起诉销售者和生产者。

消费者仅起诉销售者或者生产者的，必要时人民法院可以追加相关当事人参加诉讼。

第三条　因食品、药品质量问题发生纠纷，购买者向生产者、销售者主张权利，生产者、销售者以购买者明知食品、药品存在质量问题而仍然购买为由进行抗辩的,人民法院不予支持。

第四条 食品、药品生产者、销售者提供给消费者的食品或者药品的赠品发生质量安全问题,造成消费者损害,消费者主张权利,生产者、销售者以消费者未对赠品支付对价为由进行免责抗辩的,人民法院不予支持。

第五条 消费者举证证明所购买食品、药品的事实以及所购食品、药品不符合合同的约定,主张食品、药品的生产者、销售者承担违约责任的,人民法院应予支持。

消费者举证证明因食用食品或者使用药品受到损害,初步证明损害与食用食品或者使用药品存在因果关系,并请求食品、药品的生产者、销售者承担侵权责任的,人民法院应予支持,但食品、药品的生产者、销售者能证明损害不是因产品不符合质量标准造成的除外。

第六条 食品的生产者与销售者应当对于食品符合质量标准承担举证责任。认定食品是否安全,应当以国家标准为依据;对地方特色食品,没有国家标准的,应当以地方标准为依据。没有前述标准的,应当以食品安全法的相关规定为依据。

第七条 食品、药品虽在销售前取得检验合格证明,且食用或者使用时尚在保质期内,但经检验确认产品不合格,生产者或者销售者以该食品、药品具有检验合格证明为由进行抗辩的,人民法院不予支持。

第八条 集中交易市场的开办者、柜台出租者、展销会举办者未履行食品安全法规定的审查、检查、报告等义务,使消费者的合法权益受到损害的,消费者请求集中交易市场的开办者、柜台出租者、展销会举办者承担连带责任的,人民法院应予支持。

第九条 消费者通过网络交易第三方平台购买食品、药品遭受损害,网络交易第三方平台提供者不能提供食品、药品的生产者或者销售者的真实名称、地址与有效联系方式,消费者请求网络交易第三方平台提供者承担责任的,人民法院应予支持。

网络交易第三方平台提供者承担赔偿责任后,向生产者或者销售者行使追偿权的,人民法院应予支持。

网络交易第三方平台提供者知道或者应当知道食品、药品的生产者、销售者利用其平台侵害消费者合法权益,未采取必要措施,给消费者造成损害,消费者要求其与生产者、销售者承担连带责任的,人民法院应予支持。

第十条 未取得食品生产资质与销售资质的民事主体，挂靠具有相应资质的生产者与销售者，生产、销售食品，造成消费者损害，消费者请求挂靠者与被挂靠者承担连带责任的，人民法院应予支持。

消费者仅起诉挂靠者或者被挂靠者的，必要时人民法院可以追加相关当事人参加诉讼。

第十一条 消费者因虚假广告推荐的食品、药品存在质量问题遭受损害，依据消费者权益保护法等法律相关规定请求广告经营者、广告发布者承担连带责任的，人民法院应予支持。

其他民事主体在虚假广告中向消费者推荐食品、药品，使消费者遭受损害，消费者依据消费者权益保护法等法律相关规定请求其与食品、药品的生产者、销售者承担连带责任的，人民法院应予支持。

第十二条 食品、药品检验机构故意出具虚假检验报告，造成消费者损害，消费者请求其承担连带责任的，人民法院应予支持。

食品、药品检验机构因过失出具不实检验报告，造成消费者损害，消费者请求其承担相应责任的，人民法院应予支持。

第十三条 食品认证机构故意出具虚假认证，造成消费者损害，消费者请求其承担连带责任的，人民法院应予支持。

食品认证机构因过失出具不实认证，造成消费者损害，消费者请求其承担相应责任的，人民法院应予支持。

第十四条 生产、销售的食品、药品存在质量问题，生产者与销售者需同时承担民事责任、行政责任和刑事责任，其财产不足以支付，当事人依照民法典等有关法律规定，请求食品、药品的生产者、销售者首先承担民事责任的，人民法院应予支持。

第十五条 生产不符合安全标准的食品或者销售明知是不符合安全标准的食品，消费者除要求赔偿损失外，依据食品安全法等法律规定向生产者、销售者主张赔偿金的，人民法院应予支持。

生产假药、劣药或者明知是假药、劣药仍然销售、使用的，受害人或者其近亲属除请求赔偿损失外，依据药品管理法等法律规定向生产者、销售者主张赔偿金的，人民法院应予支持。

第十六条 食品、药品的生产者与销售者以格式合同、通知、声明、告示等方式作出排除或者限制消费者权利，减轻或者免除经营者责任、加重消费者责任等对消费者不公平、不合理的规定，消费者依法请求认定该内容无效的，人民法院应予支持。

第十七条 消费者与化妆品、保健食品等产品的生产者、销售者、广告经营者、广告发布者、推荐者、检验机构等主体之间的纠纷，参照适用本规定。

法律规定的机关和有关组织依法提起公益诉讼的，参照适用本规定。

第十八条 本规定所称的“药品的生产者”包括药品上市许可持有人和药品生产企业，“药品的销售者”包括药品经营企业和医疗机构。

第十九条 本规定施行后人民法院正在审理的一审、二审案件适用本规定。

本规定施行前已经终审，本规定施行后当事人申请再审或者按照审判监督程序决定再审的案件，不适用本规定。